KB272993

드레퓌스 옥중 서신

드레퓌스 옥중 서신

드레퓌스 옥중 서신

– 결백한 자의 편지들

Lettres d'un innocent

알프레드 드레퓌스 지음

진인혜 옮김

도서출판 b

1. 이 책은 Alfred Dreyfus, *Lettres d'un innocent* (Paris: P.–V. STOCK, ÉDITEUR, 1898)을 완역한 것이다.
2. 첨부된 각주 가운데 원주는 [원주]로 표기했고, 나머지는 모두 내용 이해를 돕기 위해 옮긴이가 붙인 것이다.
3. 원서의 고딕체는 진한 명조체로, 이탤릭체는 고딕체로 표기하였다.
4. 본서의 도판들은 독자의 이해를 위해 편집자가 첨부한 것이다.

| 차례 |

진실의 증인이 전하는 한 사법적 오류의 역사[1]

I

비밀문서

불과 여섯 달 전만 해도,[2] 프랑스에서 드레퓌스 대위를 위해 감히 목소리를 높이는 사람은 백 명도 찾기 어려웠다. 오늘날에는 1894년 재판의 재심을 지지하는 사람들이 수십만 명에 이르고, 온갖 어려움에도 불구하고 그 숫자는 빠르게 증가하고 있다.

그런데 이미 많은 저항을 극복한 생각에 여전히 격렬하게 반대하는 사람들이 많은 이유는 무엇일까?

그 이유는 간단하다. 사실을 잘 아는 최초의 사람들이 있고, 그다음에는 그 사실을 의심하는 것 같지 않은 사람들이 있다. 이 후자의 사람들이

1. 이 서문은 원서의 출판사에서 붙인 것이며, 저자는 밝혀져 있지 않다.
2. 이 책이 출간된 연도는 1898년이다.

진상을 알게 될 때, 나라 전체가 진실에 굴복하게 될 것이다.

많은 언론이 조직한 것으로 보이는 거짓이나 침묵의 음모로 인해 빛의 침투가 불행히도 지연되고 있다.

대부분의 신문은 독자에게 밝힐 수 있는 것에 대해 독자들을 완전한 무지 속에 내버려두거나 몇 가지 정보를 제공하더라도 그것을 왜곡하고 변질시킨다. 명백한 증거를 강요하여 신문들이 더 정확한 정보를 제공하지 않을 수 없게 되면, 우리를 분열시키는 모든 오해는 곧 사라질 것이다.

우리는 신문들이 진실해지기를 원하는 날에 이야기해야 할 내용을 가르쳐줌으로써 그런 결과를 앞당기게 되기를 바란다.

드레퓌스는 심리가 종결된 후에 제출된 **비밀문서**에 따라 부당하게 유죄 판결을 받았다.

부인할 수 없는 첫 번째 사실은 심리가 종결된 후 군사 재판소에 전달된 비밀문서를 근거로 드레퓌스가 유죄 판결을 받았다는 것이다.

이를 입증하기 위해서는 메르시에Mercier 장군, 전쟁부[3] 장관, 정부의 임원들이 이 문제에 대해 설명을 요구받을 때마다 침묵을 지켰다는 사실만으로도 충분하다. 그들이 부인했더라면 더 이상 질문받지 않았을 것이다. 그러나 그들은 그렇게 대단한 거짓말을 하고 싶지 않아서 침묵을 지켰다! 그들이 말할 수 있었을 때 해명을 거부한 것은 명백한 자백이나 마찬가지이다.

저질러진 불법을 공개적으로 인정할 용기가 없는 그들에게 그것을

----

3. 프랑스 국방부(Ministère des Armées)의 전신으로 1791년부터 1946년까지 전쟁부 (Ministère de la Guerre)로 불렸다.

부인할 뻔뻔함인들 있었겠는가? 진실이 "예"라고 명령할 때 그들이 "아니오"라고 대답하려 했다면 그들의 말에 강력한 반박이 쏟아졌을 텐데, 그들은 그런 위험을 무릅쓰지 않는다.

이제 논쟁의 여지가 없는 이 "예"의 증인들은 이미 많다.

드망주Demange 변호사는 자신의 동료 살Salle이 1894년 군사 재판소의 한 구성원으로부터 어느 날 어떻게 명확한 진술을 받았는지 선서하에 이야기했다.

드망주의 비서는 그의 기억을 확인해 주었다.

편집자 스톡Stock도 살Salle처럼 같은 군사 재판소의 또 다른 구성원으로부터 비슷한 고백을 받았다. 게다가 그는 부당하게 전달된 비밀문서의 숫자와 성격을 명시했는데, 아무 반박도 받지 않았다.

피카르Picquart 중령은 1894년 12월에 어떻게 뒤 파티 드 클람[4] 소령에게 비밀 서류가 건네져서 전달되도록 준비되었는지 알게 해 주었다.

1896년 9월 15일자[5] 〈레클레르L'Éclair〉의 기사도 있다.

4. Armand du Paty de Clam (1853~1916). 주로 필적 분석에 대한 전문 지식 덕분에 드레퓌스 사건의 조사를 맡았던 프랑스의 장교이다. 그는 손에 부상을 입은 척하며 드레퓌스에게 받아쓰기를 부탁해 받아낸 필적 샘플을 드레퓌스의 유죄 증거로 제시했을 뿐만 아니라, 1894년 12월의 재판에서 비공개적으로 군사 재판소에 비밀문서를 전달한 사람이기도 하다. 이것이 바로 본문에서 말하는 비밀문서로서, 물적 증거 부족으로 인한 무죄 판결의 위험에 대비하여 드레퓌스 대위의 유죄를 증명하는 4가지 "절대적" 증거와 설명 메모를 담은 것이다. 이 비밀 서류의 내용은 오늘날에도 여전히 불확실한데, 별로 중요하지 않은 개인적인 편지들이나 심지어 위조된 편지도 포함되어 있었다고 한다. 뒤 파티 드 클람은 나중에 드레퓌스를 유죄 판결한 공로로 중령으로 진급했다.

5. 당시 보수적이고 민족주의적인 시각을 대표하는 신문 〈레클레르〉가 드레퓌스의 유죄가 확실하다는 것을 입증하기 위해 군사 재판소에 전달된 비밀문서를 강조했는데, 이를 통해 오히려 비밀문서 사용이 불법이라는 점이 드러나면서 군사 재판소의

마지막으로 군사 재판소의 모든 구성원이 사적인 비밀을 제외하고 입을 열고자 할 날이 올 것이다.

이 문제에 대해 제공된 증거는 1894년의 재판 전체를 무너뜨리기에 충분하다. 피고인의 첫 번째 권리는 자신이 무엇으로 기소되었는지 알고 자신을 변호할 수 있는 상태에 놓이는 것이기 때문이다. 그것은 법의 이익을 위해 파기원[6] 총장이 선언한 바이다.

사람들을 안심시키기 위해 전쟁부 장관은 드레퓌스가 정상적이고 합법적으로 유죄 판결을 받았다고 의회에 말하는 것을 두려워하지 않았다.

반대의 사실이 확인되었다. 드레퓌스 대위는 **변칙적이고 불법적으로** 유죄 판결을 받았다.

II

드레퓌스는 1894년에 그가 쓴 것으로 잘못 지적되었고 유죄 판결의 근거가 될 수 있는 유일한 죄목이었던 명세서[7]의 작성자가 아니다.

절차적 위법성이 밝혀졌고 재심을 요구하는 불씨가 되었다. 공식 연대기와 역사적 기록에 따르면, 비밀문서 사용에 대한 최초의 기사는 1896년 9월 14일자 기사였는데, 일부 문헌이나 회고록에서는 9월 15일로 언급되기도 한다. 이는 인쇄 시점과 배포 시점의 차이, 혹은 후속 기사와의 혼동 때문일 수 있다.

6. Cour de cassation. 하급심 판결에 대해 파기 권한을 가진 프랑스의 민사 및 형사상의 최고 상소법원을 말한다. 사실 관계는 다루지 않고, 법률 적용의 오류가 있는 경우 판결을 파기할 수 있다. 한국의 대법원과 유사하지만, 프랑스에서는 별도의 명칭으로 존재한다.

사실에 대한 간략한 설명이 필요하다.

1894년 어느 날, 한 스파이가 독일 대사관에서 발견했다고 하는 편지를 전쟁부에 가져왔다. 그 편지는 우리 장교 중 한 명이 독일 대사관의 무관武官인 슈바르츠코펜Schwartzkoppen 씨에게 국가 방위 비밀을 넘기고 있다는 사실을 입증하고 있었다.

그 편지는 무관에게 전달된 문서들의 목록을 담고 있었기 때문에 **명세서**라고 불렸다.

명세서의 작성자를 찾는 것은 배신자를 잡는 일이었다. 불행하게도 배신은 바로 전쟁부의 사무실에서 저질러진 것이 틀림없다는 선입견에서 출발했다. 따라서 모든 직원의 필적 샘플이 수집되었다. 비교해 본 후 몇 가지 필적이 선택되었는데, 그 필적들의 특징은 고발된 문서와 그다지 유사하지 않았다. 곧 한 가지 샘플만 남게 되었고, 그것은 유일한 유대인인 드레퓌스 대위의 것이었다. 드레퓌스는 곧바로 고발되었고, 필연적으로 범인일 수밖에 없는 것처럼 보였다.

검찰청과 프랑스 은행의 필적 감정사이며 평소 전쟁부의 필적 감정도 담당하는 존경스러운 고베르Gobert 씨에게 의견을 요청했다. 그는 분명 잘못된 길을 가고 있다는 견해를 밝혔지만, 사람들은 그 불편한 조언에도 멈추지 않았다. 똑같은 조심성을 보였던 펠르티에Pelletier 씨에 대해서도 마찬가지였다. 마침내 베르티용Bertillon, 테이소니에르Teyssonnières, 샤

<hr>

7. 독일 대사관에서 빼내 온 문제의 문서에는 비밀 정보가 적혀 있는 것이 아니라 독일에 넘겨준 프랑스 군대의 비밀문서 목록이 적혀 있다. 그래서 나중에 '명세서 (bordereau)'라고 불리게 된다. 원본은 현재 사라졌고 사진 촬영된 필름이 존재하는데, 여섯 조각으로 찢어져 이를 테이프로 붙인 흔적이 보인다.

라베이 Charavay 씨의 결론으로 고발을 강화할 수 있게 되었을 때야 비로소 만족해서 자제했다. 그 세 감정사에게 악의가 전혀 없었다는 것을 부인할 이유는 없지만, 그들의 감정은 가장 명백한 개연성에 어긋났다. 그것은 그들의 보고서의 표현 자체에서 명백하게 드러났다.

그들은 드레퓌스의 필적과 명세서의 필적이 같은 사람의 것이라고 선언했지만, 사실 두 필적이 서로 다르다는 것을 처음으로 확인한 건 바로 그들이었다. 그들은 그 차이점을 설명해야 했다. 그런데 그들은 지극히 간단하게 그 차이점이 **처음부터** 의도된 것이었다고 선언했다. 그들에 의하면, 드레퓌스는 틀림없이 의심을 피하고 싶어서 자신의 글씨체와 필기 습관을 어느 정도 바꾸려고 애썼다는 것이다.

그런 가정은 터무니없는 만큼 더욱더 무모한 것이었다. 만약 드레퓌스가 명세서를 쓸 때 자신의 필적으로 인해 고발될 것을 두려워했다면, 어째서 필적을 완전히 변조하지 않고 모든 의심을 피하기에 불충분하게 몇 가지만 바꾸는 것으로 만족했을까? 그가 그렇게 어리석다고 간주할 수는 없는 일이니, 모든 감정은 오직 잘못된 추론에 근거한 것이었다. 확인된 필적 차이는 의도된 것일 수 없었고, 드레퓌스가 명세서의 작성자가 아님을 증명하는 것이었다. 이것이 바로 상식적인 판단이었다. 아마도 그토록 설득력이 부족한 필적 감정의 취약성 때문에 일단 심리가 끝났는데도 비밀문서의 전달이 필요하다고 판단했을 것이다. 그러나 그 감정이 유죄 판결의 진지한 근거가 될 수 없다면, 그리고 다른 한편 드레퓌스에게 통지되지 않았던 문서로 그를 재판할 수 없다면, 무엇을 근거로 군사 재판소의 판결을 정확하다고 받아들일 수 있겠는가?

재판소가 실수할 수도 있지만 단지 실수의 가능성만으로는 판결을 되돌릴 수 없다고 사람들은 말한다. 좋다, 우리도 그것을 모르는 바가 아니다. 그러나 단지 실수의 가능성만을 말하는 것이 아니다. 더 이상 재판상의 허구를 내세우며 눈 감아버릴 수 없는 새로운 평가 요소가 등장했을 때, 그 사건은 실수가 확실하다는 것을 증명해 주었다.

베르티용과 테이소니에르가 지목한 대로 드레퓌스를 명세서 작성자로 선언해야 한다고 생각했을 때, 1894년의 군사 재판소가 모든 것을 알고 있었던 것은 아니다. 1896년에 피카르 중령이 발견한 것, 즉 그 명세서가 에스테라지Esterhazy 소령의 필적이라는 사실을 알지 못했던 것이다.

그 순간부터, 드레퓌스의 필적과 유사성이 부족한 것에 대해 해석하고 그것이 계산과 은폐의 결과일 수 있다고 추정할 필요가 없어졌다. 드레퓌스의 필적은 명세서의 필적과 전적으로 다르다. 그 이유는 아주 자연스럽게도 두 필적이 같은 손에 의해 쓰이지 않았기 때문이다. 더 이상 의심의 여지가 없다. 한 치의 차이도 없이 정확하게 에스테라지의 필적이 발견된 곳에서 드레퓌스의 필적을 문제 삼을 수는 없을 것이다.

누가 그 사실을 부인하겠는가?

아무도 없다. 세 명의 감정사, 쿠아르Couard, 바리나르Varinard, 벨롬Belhomme 씨는 명세서를 직접 쓴 사람은 분명 소령이 아니라고 주장했다. 그러나 그들은 그의 필적의 고유한 특징을 잘 알아볼 수 있었으므로 그 필적이 그의 서신을 보고 베껴 쓴 것이 틀림없다고 인정했다.

그것은 압도적인 유사성에 자기 자신도 놀라서 분명 누군가가 자신의 글씨를 베껴 쓴 것이라고 주장하려고 애썼을 때 에스테라지가 생각해 낸 가설을 기꺼이 받아들이는 것이다. 그러나 이 베끼기 이야기는 상식에도 맞지 않을 뿐만 아니라, 설령 사실이라 하더라도 그것은 여전히 드레퓌스의 결백을 밝히기에 충분하다고 덧붙여야 한다. 에스테라지의 필적을 베껴 쓴 것이었다면, 그것을 작성한 사람이 드레퓌스라는 증거는 대체 어디에 있단 말인가?

그에게 혐의를 씌우는 것이 다른 누군가에게 혐의를 씌우는 것보다 더 타당하지도 않을 뿐만 아니라, 심지어 그에게는 모든 의심에서 벗어나게 할 특별한 상황이 있다. 만약 그가 에스테라지의 필적을 모방하여 명세서를 작성했다면, 배신이 발각되었을 때 실제로 고발의 방향을 에스테라지에게 돌리려고 생각했다고 추정해야 할 것이다. 그런데 그는 1894년에 자신의 계략을 이용하려고 하지 않은 채 그대로 유죄 판결을 받았다. 악마의 섬에서 3년 동안 고통을 겪으면서도 에스테라지의 이름을 입 밖에 내지 않았고, 그를 구해줄 것이 틀림없는 사실을 발견한 사람은 전적으로 그와 무관한 전쟁부 정보국의 책임자였다. 그것을 어떻게 설명할 수 있겠는가?

따라서 드레퓌스는 그 증거가 명백한 사실상의 오류의 희생자였다.

에스테라지가 직접 명세서를 만들었거나(명백해 보이는 것) 에스테라지의 필적을 베껴 썼거나(감정사들의 믿기 어려운 버전) 둘 중 하나이다. 그러나 어떤 가설을 선택하든, 두 가지 모두 드레퓌스 대위의 필적과 관계있다는 생각을 배제한다.

III

드레퓌스의 배신을 입증해 주는 비밀문서는 없다.

명세서로 고발하기가 어려워지자 사람들은 비밀문서로 만회해야 한다고 생각했고, 일부 신문에서 거짓된 암시를 대대적으로 사용하며 대중에게 공개할 수 없는 드레퓌스의 유죄 증거가 있다고 소문을 냈다.

우선 그에게 전달되지 않아 그가 반박할 수 없는 한, 소위 증거라는 것은 그에게 불리한 증거로서의 가치가 없다는 것은 말할 필요도 없다. 그러나 우리에게는 그 내용을 알고 있는 이점이 있으므로, 그의 입장에서 그것들을 검토해 보자. 그것들은 아무런 효력이 없다.

군사 재판소에 비밀리에 전달된 서류들 중 사실 드레퓌스 대위 개인을 겨냥한 것은 하나도 없었다. 따라서 그것들은 그의 동료 중 누구에게도 적용되지 않는 것과 마찬가지로 그에게 적용되지 않는 것이었다. 한 가지 서류만이 애매하게 해석될 수 있었다. 그것은 대사관 무관이 자기 친구인 다른 무관에게 쓴 편지의 유명한 구절, "그 D — 라는 놈, 등등"이다.

드레퓌스의 이니셜과 이 편지의 D가 일치하는 것을 토대로, 불행한 대위가 독일과 이탈리아의 무관들과 관계를 유지했다는 모든 전설을 만들어 낸 것이다. 이 소설 같은 음모에는 너무도 많은 경솔함과 불성실이 담겨 있어 대중의 맹신이 가장 잘 받아들일 수 있도록 거짓을 저지르기까지 했다.

1896년 9월 15일, 〈레클레르〉 신문은 앞서 언급된 구절이 군사 재판소에 미친 결정적인 영향에 관해 이야기하면서, 이니셜 D를 드레퓌스의 이름으로 대체하여 텍스트를 다음과 같이 변경했다. "그 드레퓌스라는 자가 정말 요구가 많아졌어."

그 순간부터 이 대담한 위조에 속은 많은 사람은 드레퓌스가 관련되었다는 것을 더 이상 의심하지 않게 되었다. 그러나 그 원인이 되었던 속임수가 드러났을 때도 그들의 잘못된 생각이 계속될 수 있을까?

이니셜 D가 수백 개의 다른 이름을 나타낼 수 있는데도 특정 이름을 지칭한다고 주장하는 것은 완전히 미친 짓이다. 그리고 어쩌면 그런 주장만으로 드레퓌스의 유죄 판결을 끌어냈을지도 모른다고 생각하면 정말로 끔찍하다!

게다가 참모부가 그런 증거의 무효성을 가장 늦게 깨달은 것은 아니었다. 펠리외Pellieux 장군은 졸라 소송에서 우리를 안심시켜야 한다고 생각했다.

그는 1894년 판결 당시에는 아직 확실한 유죄 증거가 없었을 수 있다고 인정했다. 그러나 그는 그 증거가 2년 후인 1896년 11월에 전쟁부에 도착했다고 덧붙였다.

그렇다면 나중에 나타나서 어떤 오류도 두려워할 필요가 없었다는 것을 보여주는 그 새로운 비밀의 발견은 무엇인가?

존경스러운 장군에 따르면, 그것은 서명은 없지만 명함이 동반된 편지의 한 부분이었다. 편지에서는 독일과 이탈리아 대사관의 두 무관 중 한 명이 카스틀랭[8]의 대정부 질문 전날 그의 동료에게 "그 유대인 놈"에 대해 한마디도 하지 말라고 조언하고 있었다.

"그 유대인 놈"은 드레퓌스를 가리키는 것으로, 그에 대해 침묵해야 한다는 것이었다.

정보부를 통해 도착한 그 불완전한 형태의 메모를 참모부가 진지하

---

8. André Castelin (1858~1912). 프랑스의 정치가. 본문에서 말하는 것은 1896년 11월에 민족주의자 카스틀랭 의원이 드레퓌스 사건과 관련하여 질의한 것을 말한다. 여기서 전쟁부 장관은 "드레퓌스는 정당하게 합법적으로 유죄 판결을 받았다"라고 단언했다.

게 받아들였다는 것은 인정해야 한다. 그들은 그것을 가장 중요한 논거로 내세우기 때문이다. 그러나 사실 그들은 그것에 대해 거의 심사숙고하지 않은 것이 틀림없었고, 비판적 사고 능력이 심각하게 부족했다.

노통[9]의 거짓 문서와 르메르시에-피카르[10]의 가짜 서류들은 이 믿을 수 없고 우스꽝스럽고 터무니없는 각서, 대사관 관리가 썼다고 하는 "우리는 그 유대인 놈에 대해 한마디도 하지 않을 것이다!"라는 각서에 비하면 진짜처럼 보였을 것이다.

에스테라지 소령이 심각하게 의심받게 된 이후 교묘한 위조자가 재판의 방향을 바꾸기 위해 사용했던 수많은 발명품 중 하나가 명백하

9. Louis-Alfred Véron (1850~1894). 일명 노통(Norton)으로 불리는 사기꾼으로 문서나 화폐를 위조한 자이다. 그는 1893년에 민족주의 운동가들과 공모하여 여러 프랑스 언론인과 정치인, 특히 공화파 정치인이자 반교권주의자이던 조르주 클레망소(Georges Clemenceau, 1841~1929)를 영국 요원인 것처럼 보이게 하여 신뢰를 떨어뜨리려는 의도로 거짓 영국 외교 문서를 작성했다. 노통은 프랑스 사회를 떠들썩하게 만들었던 이 사건으로 유죄 판결을 받고 감옥에서 사망하였다.

10. Lemercier-Picard (1853~1898). 여러 가지 가명을 사용한 사기꾼이자 위조범이다. 본문에서 말하는 1896년 11월의 문서는 사실 프랑스의 장교 앙리(Hubert-Joseph Henry, 1846~1898)에 의해 작성된 것이었다. 드레퓌스의 아내가 재판을 재검토해 달라고 요청하는 동안, 앙리는 1896년 11월 2일에 상관들에게 독일 대사관에서 회수했다고 주장하는 문서를 보냈다. 그것은 사실 그가 직접 작성한 것으로, 두 편지의 요소를 수정하고 모방한 몽타주였다. 이탈리아 군인이자 외교관인 파니차르디(Panizzardi)가 슈바르츠코펜에게 편지를 쓰면서 자신이 그 "유대인"과 관계가 있다는 것을 밝히지 말라고 요청하는 내용으로 구성되어 있었다. 드레퓌스를 명백하게 반역죄로 고발하기 위해 위조 서류를 작성한 덕분에 앙리는 정보국 수장으로 임명되었으나(1897) 이듬해인 1898년 사건의 전모가 밝혀지며 범죄를 자백하고 체포되자 감방에서 면도날로 자살하였다. 르메르시에-피카르는 앙리의 하수인 중 한 명으로 추측되는데, 1896년의 위조 사건에 연루된 수상한 상황에서 하숙집에서 목을 매달아 자살했다고 알려져 있다.

게 눈앞에 있는 것을 어째서 보지 못했을까? 모든 정황이 그것의 가짜 특성을 보여주지 않는가?

우선 슈바르츠코펜 씨와 파니차르디 씨는 1894년부터 합의하여 침묵을 지켜왔는데, 어떤 필요로 1896년에 서로 침묵을 촉구했을까?

그들은 어떤 생각으로 서로에게 편지를 써서 행동 지침을 전하려고 했을까? 그것은 적어도 조심성 없는 사람의 손에 닿을 수 있는 신중하지 못한 일이다. 그들은 매일 서로 보았고, 하루에 여러 번 보는 일도 자주 있었는데 말이다.

마지막으로 그들이 경고하기 위해 사용한 표현은 어떤 것이었나?

"유대인 놈"이라는 용어가 개연성이 있는가? 틀림없이 두 외교관에게 습관이 되었을 신중한 성향에 그 용어가 부합하는가?

"이것은 가짜 냄새가 난다"라고 즉시 피카르 중령은 말했다. 그는 누군지 쉽게 짐작할 수 있는 사람이 드레퓌스를 좀 더 곤경에 빠뜨리려고 에스테라지에 대한 공개수사를 방해하려고 했다는 것을 이해했다. 그리고 피카르 중령 이후, 출처가 불확실한 문서의 증거 가치를 숙련된 솜씨로 평가할 줄 아는 모든 사람은 주저 없이 "이것은 가짜다!"라고 반복한다.

따라서 군사 재판소의 작업을 뒷받침하기 위한 근거로 사용되었던 납득하기 힘든 증거들은 다음과 같은 것으로 귀착된다. 즉 그것은 진정성이 없는 몇몇 조각의 서신으로 누가 보냈는지 모르는 상태로 참모부 정보국에 전달되었으며, 어떤 것은 출처가 의심스럽고 다른 것은 적용 불가능한 것들이다. 게다가 모든 증거가 드레퓌스에게는 제공되지 않아서, 그는 법적으로 항변할 수 없었다.

IV

드레퓌스 재판의 재검토가 절대적으로 필요하고, 누가 배신자인지 알 수 있는 모든 수단을 갖게 될 것이다.

드레퓌스가 비밀문서의 불법적인 제출에 근거해서, 그리고 명세서 작성자라는 누명으로 유죄 판결을 받았다는 두 가지 사실의 발견은 필연적으로 그의 재판의 재검토를 초래할 수밖에 없다.

그가 다시 재판받기 위해 동료들 앞에 재출두해야 할 때 무슨 일이 일어날까? 그때 그의 사건에 대한 심리는 새로운 오류의 모든 원인을 피하기 위해 확대되어야 하고, 그에 대한 혐의와 동시에 에스테라지 소령에 대한 혐의도 명확히 밝히는 것이 반드시 필요할 것이다.

필적이 놀랍도록 유사한 것을 보면, 기소의 출발점이었던 명세서가 에스테라지의 것이 틀림없다고 생각하게 된다. 그의 결백을 밝히거나 그의 죄를 확정 짓기 위해 참고할 증언은 오직 하나뿐이다. 그것은 바로 명세서에 나열된 문서를 건네받은 장교의 증언이다.

만약 그 장교가 말할 수 있는 것에 대해 드러난 것이 아무것도 없었다면, 아마 그가 숨기고 싶어 할 비밀을 묻기가 조심스러울 것이다. 그러나 반대로 그가 공개적으로 말하기 전에 우리는 그가 무엇을 말할지 이미 알고 있다. 진실이 우회적인 방법으로 이미 드러났기 때문이다.

독일 의회에서의 불로Bulow 국무장관의 공식적 진술과 이탈리아 의회에서의 보닌Bonnin 국무차관의 공식적 진술에 따라, 독일과 이탈리

아의 무관들은 드레퓌스 대위와 어떤 관계도 맺지 않았다는 것을 우리는 알고 있다. 대사관에서 흔히 들리는 이야기와 〈시에클Siècle〉지에 보낸 카셀라Casella 씨의 편지에 따라, 에스테라지 소령은 슈바르츠코펜 대령에게 많은 군사 문서를 넘겼고 대령은 그를 "무엇이든 할 수 있는 사람"이라고 선언했다는 것도 알고 있다.

마지막으로, 그런 주장들이 공개적으로 제기되었을 때 그것들이 거짓이라면 필연적으로 초래했을 반박이 전혀 없었다는 것도 알고 있다. 진실이 드러나는 것을 막으려는 사람들조차 그 주장들을 반박하기 위해 반쯤 자백하는 것처럼 보이는 이야기들을 만들어 내는 것밖에 하지 못했다. 즉 에스테라지 소령이 슈바르츠코펜 대령에게 문서를 전달한 적이 있었다면, 그는 단지 상관들의 동의하에 행동했고 직업 용어로는 대간첩 활동이라 불리는 행동을 했을 뿐이라는 것이다.

상황이 이 정도로 명확해졌는데, 의심할 여지 없이 완전하게 밝히기 위한 마지막 발걸음을 어떻게 거부할 수 있겠는가?

국가 방어가 관련될 수 있는 문제에 외국인을 끌어들여서는 안 된다고? 그렇다면 단지 재판을 이끌고 필요한 증인에게 도움을 청하는 것에 불과할 때, 순수한 정직성의 문제에 나라의 방어가 걸려 있단 말인가?

외부에서 온 증언이라는 이유만으로 우리를 속일 이해관계가 전혀 없는 증언의 진실성을 의심한다면 대체 우리의 정신 상태는 어떤 것인가? 물론 단순히 일반적인 반역 사건이었다면 외국 국적의 장교들에게 아무것도 묻지 않을 것이다. 아마 그들도 자신들이 알고 있을 수 있는 것에 대해 우리에게 가르쳐 주기를 거부할 것이다. 그러나 추구하는 목표가 국가의 대외적인 안전과 관련된 범죄의 진압이 아니라는 것을 잊고 있는 것인가? 이것은 인도주의적 문제를 제기하는 사법적 오류를 재검토하는 것이다.

이 참을 수 없는 부정행위, 즉 결백한 사람의 정신적 고문을 멈추기 위해서라면, 정의와 권리에 대한 존중을 첫 번째 원칙으로 양심에 새겨야 하는 사람들은 어떤 대가라도 치를 수 있어야 한다.

그들은 필요하다면 모든 자존심과 자만심을 희생해야 한다. 그런 경우 이루어진 희생은 희생에 이르기 위해 극복해야 했던 감정보다 더 고귀하고 더 영광스럽다.

V

침착함, 이성, 올바름을 호소하는 말

드레퓌스의 무죄를 믿으면서도 진실이 드러나는 것을 억누를 생각을 흔쾌히 할 수 있을까?

자신이 책임지게 될 수도 있을 것을 걱정하고 어디서나 국익 우선주의를 고려해야 한다고 생각하는 사람들이 있다면, 그들은 아마 그런 지경까지 이를 것이다. 그러나 어떤 개인적인 염려에도 동요되지 않고 침착함을 유지하는 사람들이 그런 무관심을 보이리라고는 믿을 수 없다.

우리는 잘못된 애국심의 편협함에 맹목적으로 빠져들어 속을 수 있다. 그러나 우리는 이기적인 민족이 아니다. 진실이 억압되고 불의가 승리하는 것을 볼 때, 우리의 타고난 관대함이 깨어날 것이다.

우리가 모두 드레퓌스 대위에 대한 연민의 감정을 공유하고 그의 편에서 법의 도움을 호소하려면 무엇이 필요할까?

편견 없이 올바른 정신으로 그의 사건의 세부 사항을 깊이 파고들기만 하면 된다. 아무것도 모르는 체하지 않는 것을 의무로 삼고, 특히 그의 사건을 정치적 지렛대로 변모시키려는 혐오스러운 선동에 귀를 기울이지 않을 줄 알면 된다.

악마의 섬에 유배된 사람이 희생자라는 생각은 점점 커지고 있는데, 그 생각이 국민의 마음속에 더 깊이 파고 들어가는 날 그 생각을 뿌리 뽑을 수 있는 것은 아무것도 없을 것이다. 바로 그날이 잘못을 바로잡는 시간이 될 것이다.

그 위안의 날을 기다리며, 지금까지 이 글을 읽은 여러분께 그의 편지들을 주의 깊게 더 읽어주시기를 부탁드린다. 여러분은 그의 사건에 무감각하게 있을 수 없으며, 우리는 이 편지들을 우리의 호소에 대한 감동적인 보충 자료로 여기에 재수록한다.

이 편지들에는 설명도, 논쟁도, 불평도 없을 것이다. 그러나 여러분은 양심의 외침을 듣게 될 것이다. 그리고 3년간의 이루 말할 수 없는 고통에도 아직도 모든 희망을 잃지 않고 항의하는 당당하고 진실한 어조에 마음 깊이 감동할 것이다.

드레퓌스 대위의 편지들

1894년 12월

셰르슈미디 교도소[11]

---

11. Prison du Cherche-Midi. 1847년부터 1950년까지 운영된 파리의 옛 감옥으로, 1966년에 철거되었다.

'군사법정에 출두한 드레퓌스 대위'(《르 프티 주르날》 1894년 12월 23일, 드레퓌스 1차 군사재판)

1894년 12월 5일 화요일

사랑하는 뤼시,

마침내 당신에게 한 마디 쓸 수 있게 되었군. 이번 달 19일에 공판에 넘겨진다고 통보받았어. 당신을 만날 권리는 거부되었고.

내가 겪은 모든 고통을 묘사하고 싶지는 않아. 그걸 표현할 수 있을 만큼 강렬한 단어는 이 세상에 없지.

내가 당신에게 우리가 얼마나 행복한지 말했을 때가 기억나? 인생의 모든 것이 우리에게 미소 지었었지. 그런데 갑자기 닥친 무시무시한 날벼락으로 내 머릿속은 아직도 흔들리고 있어. 나는 군인이 저지를 수 있는 가장 끔찍한 범죄로 고발당했지! 오늘도 여전히 나는 무시무시한 악몽의 노리개가 되었다고 생각해.

하지만 나는 신과 정의를 기대하고 있고, 결국 진실은 밝혀질 거야. 내 양심은 평온하고 고요하며, 나는 양심에 비추어 아무것도 비난받을 것이 없어. 항상 내 의무를 다했고, 결코 고개를 숙이지 않았어. 나는 어두운 감옥에서 혼자 머릿속으로 골몰하며 괴로워하고 망연자실했지. 격렬한 광기의 순간을 겪었고 심지어 헛소리도 했지만, 내 양심은 깨어 있었어. 양심은 나에게 "고개를 들고 세상을 똑바로 봐! 양심의 힘으로 다시 일어나 똑바로 걸어! 이건 끔찍한 시련이지만, 견뎌야 해."라고 말하더군.

더 길게 쓰지 않겠어. 이 편지를 오늘 밤에 보내고 싶거든.

당신은 길게 써줘, 우리 가족이 무엇을 하고 있는지 모두 써줘.

당신을 사랑하는 만큼, 열렬히 사랑하는 만큼, 당신에게 수없이 키스를 보내, 사랑하는 뤼시.

아이들에게도 수많은 키스를. 아이들에 대해 더 길게 말할 용기가 없네. 아이들 생각만 해도 눈물이 나서.

빨리 편지 써줘.

알프레드

가족 모두에게 내 모든 애정을 전해줘. 오늘도 어제와 다름없이 내 의무를 다하는 것만이 내 유일한 걱정이라고 잘 말해줘.

드망주 변호사가 내 변호를 맡을 거라고 정부 위원[12]이 알려주더군. 그래서 내일 그를 만날 것 같아. 감옥으로 편지를 보내줘. 당신 편지는 내 편지들처럼 정부 위원을 통해 전달될 거야.

---

12. 프랑스에는 행정 법원 또는 분쟁 법원의 일원으로서 독립적인 방식으로 공개적으로 소송을 분석하고 해결책을 제안하는 역할을 하는 "공공 보고관"(Rapporteur public)이라는 직책이 있는데, 1849년부터 2009년까지는 "정부 위원"(Commissaire du gouvernement)으로 불렸다.

1894년 12월 7일 목요일 아침

당신 편지를 간절히 기다리고 있어. 당신은 나의 희망이자 위안이야. 그렇지 않으면 삶이 내게 버거울 거야. 그렇게 무시무시한 범죄, 그렇게 끔찍한 범죄로 고발당했다는 생각만으로도, 온몸이 떨리고 몸 전체가 반항해. 평생을 오직 하나의 목표, 우리 사랑하는 알자스를 빼앗아 간 그 비열한 약탈자에게 복수하겠다는 목표를 위해 일해왔는데, 이 나라에 대한 배신으로 고발당하다니 — 아니, 사랑하는 여보, 내 머리로는 이해가 안 돼! 10년 전쯤 뮐루즈[13]에 있었을 때, 9월 어느 날 스당[14]의 기념일을 축하하는 독일 음악이 우리 창문 아래로 들렸다고 내가 당신에게 이야기했던 것을 기억해? 나는 어찌나 고통스러웠는지 격분해서 눈물을 흘렸고, 분노로 이불을 물어뜯었지. 그리고 그렇게 알자스인의 고통을 모욕한 그 나라에 맞서 내 나라를 위해 내 모든 힘과 지성을 바치기로 맹세했어.

아니, 아니, 계속하고 싶지 않아. 그러면 미칠 것 같은데, 나는 이성을 온전히 유지해야 하거든. 게다가 이제 내 인생의 목표는 오직 하나뿐이야. 조국을 배신한 비열한 자를 찾아내는 것, 어떤 처벌도 지나치지

---

13. Mulhouse. 프랑스 동부 알자스 지방에 있는 도시로, 스위스와 독일 국경에 가깝다.
14. Sedan. 프랑스 북동부의 지역으로, 1870년 프랑스의 황제였던 나폴레옹 3세가 10만 명의 군사를 이끌고 스당 전투를 치렀던 곳이다. 스당 전투는 프랑스-프로이센 전쟁 때 프랑스군이 참패한 전투로, 이 전투에서 나폴레옹 3세가 프로이센 군대에 항복하고 포로로 잡히면서 제2제정이 붕괴하고 제3공화국이 수립되는 계기가 되었다. 독일에서는 스당 전투에서 승리한 1870년 9월 2일을 'Sedantag'라고 부르며, 1871년부터 1918년까지 매년 기념일로 축하했다.

않을 배신자를 찾아내는 것이지. 오! 사랑하는 프랑스여, 내가 온 영혼과 마음을 다해 사랑하는 그대여, 내가 온 힘과 지성을 바친 그대여, 어떻게 내가 그런 무시무시한 범죄를 저질렀다고 고발당할 수 있나요? 여보, 이 주제에 대해 더 이상 이야기하지 않을게. 목이 경련을 일으키고 있거든. 당신도 알겠지만, 어떤 사람도 결코 내가 견디고 있는 수난을 겪어본 적이 없어. 어떤 육체적 고통도 그 고발이 생각날 때 내가 느끼는 정신적 고통과 비교될 수는 없지. 명예를 지킬 수 없다면, 단언컨대 차라리 죽는 편이 나아. 그러면 적어도 잊혀질 테니까.

빨리 편지해 줘. 모두에게 내 애정을.

1894년 12월

여보,

어제 긴 편지를 보내줘서 고마워. 나는 당신의 대단한 헌신과 커다란 애정을 결코 의심하지 않았어. 어두운 날들에 내가 생각했던 사람은 특히 당신이야. 당신이 느꼈을 슬픔과 비통함을 생각했지. 그게 내 유일한 약점이었어.

나에 대해서는 아무것도 염려하지 마. 많은 고통을 받았어도, 나는 한 번도 고개를 숙이거나 굽힌 적이 없어. 내가 가장 슬펐던 순간은 사랑하는 당신과 모든 우리 가족을 생각했을 때야.

나에 대한 소식도 모른 채 지내면서 당신과 가족이 느꼈을 고통을 짐작할 수 있었지.

나는 기나긴 하루와 잠 못 이루는 밤에 혼자서 머릿속으로 골몰하며 당신과 가족 모두를 생각하며 시간을 보냈어. 읽을 것도, 쓸 것도 없었지. 나는 우리에 갇힌 사자처럼 왔다 갔다 하며 이해할 수 없는 수수께끼를 풀려고 애썼어.

하지만 이 세상의 모든 것은 결국 인내와 활력을 통해 밝혀지게 마련이지. 나는 그 파렴치한 짓을 저지른 비열한 놈을 반드시 찾아내겠다고 맹세해.

그러니 용기를 잃지 마, 여보, 그리고 세상을 정면으로 바라봐. 당신에게는 그럴 권리가 있어.

내 사건에 놀랍도록 헌신하는 모든 사람에게 감사해. 사랑하는 우리 아이들과 온 가족에게 내 인사를 전해줘.

당신의 충실한 남편이 수많은 키스를 보내며,

알프레드

1894년 12월

여보,

간절히 기다리던 당신의 편지는 나에게 큰 위안을 느끼게 해 주었지만, 동시에 사랑하는 당신을 생각하니 눈물이 났어.

나는 완벽하지 않아. 어떤 사람이 그렇다고 자부할 수 있겠어? 하지만 내가 언제나 의무와 명예의 길을 걸어왔다는 것은 장담할 수 있어. 그 문제에 관해 나는 결코 양심과 타협한 적이 없었어. 그래서 나는 많은 고통을 겪었지만, 상상할 수도 없을 만큼 지독한 수난을 겪었지만, 이 끔찍한 싸움에서 항상 똑바로 굳건히 지켜보는 양심의 지지를 받았어.

다소 거만한 나의 신중한 태도, 내 말과 판단의 자유로움, 나의 엄격함이 오늘 나에게 가장 큰 해를 끼치고 있어. 나는 융통성도 없고, 약삭빠르지도 않으며, 아첨하는 사람도 아니야.

우리는 결코 사교 모임에 다니지 않았고, 집에 머물며 행복한 것에 만족했지.

그리고 오늘 나는 군인이 저지를 수 있는 가장 흉악한 범죄로 고발되었어.

아! 나라를 배신했을 뿐만 아니라 자신의 치욕을 내게 덮어씌우려고 한 그 파렴치한 놈을 잡는다면, 내게 겪게 한 그 순간들에 대해 벌주기 위해 어떤 형벌을 만들어 내야 할지 모르겠어.

하지만 결국 범인을 찾아내게 될 거라고 희망을 가져야 해. 그렇지 않으면, 이 세상에서 정의를 단념할 수밖에.

범인 수색에 당신들의 모든 노력과 지성, 그리고 필요하다면 내 전 재산을 바쳐도 좋아.

돈은 아무것도 아냐, 명예가 전부지.

그 일에 대해 내가 M[15]에게 기대를 걸고 있다고 그에게 전해줘. 그 일은 그가 할 수 있는 일이야. 하늘과 땅을 뒤집어서라도 그 파렴치한 놈을 반드시 찾아내야 해.

당신을 사랑하는 만큼 당신에게 수없이 키스를 보내며.

당신의 충실한 남편,
알프레드

아이들에게 수많은 키스를.

우리 모든 가족에게 내 모든 애정을, 그리고 결백한 사람을 위한 그들의 헌신에 감사하며.

- -

15. [원주] Mathieu Dreyfus (1857~1930. 알프레드 드레퓌스의 형으로, 드레퓌스 사건에서 가장 충실하게 지지와 도움을 주었다. — 옮긴이)

1894년 12월 11일 월요일

여보,

어제 당신 편지를 받았고, 처제와 앙리의 편지도 받았어.

곧 나에게 정의가 회복되고, 내가 가족과 함께하게 되기를 바라자.

당신과 사랑하는 우리 아이들 사이에서, 모든 가족 사이에서 나는 내게 절실히 필요한 평온을 되찾게 될 거야.

내 마음이 깊은 상처를 입었다는 것, 당신도 쉽게 이해할 수 있을 거야.

평생을, 모든 힘과 지성을 조국을 위해 바친 후에 군인이 저지를 수 있는 가장 흉악한 범죄로 고발당한다는 건 끔찍한 일이야.

그 생각만 해도 내 존재 전체가 반감을 느끼고 분노에 떨어. 어떤 기적으로 내가 미치지 않을 수 있었는지, 내 뇌가 어떻게 그런 끔찍한 충격을 견뎌낼 수 있었는지 아직도 궁금해.

여보, 제발 심리에 참석하지 마. 당신에게 새로운 고통을 또 안겨줄 필요는 없어. 내가 자랑스럽게 여기는 위대한 영혼과 영웅적 행위로 당신이 이미 견뎌낸 고통은 충분하고도 남아. 우리 아이들을 위해 건강을 지켜줘. 이 끔찍한 시련, 인간의 힘으로 감당할 수 있는 가장 끔찍한 시련을 잊기 위해서는 우리 둘 다 서로 보살펴 줘야 할 필요도 있을 거야.

내가 직접 할 수 있을 때까지, 사랑하는 우리 아이들에게 나 대신 키스해 줘.

모두에게 정다운 추억을.

당신을 사랑하는 만큼 당신에게 키스를 보내며.

당신의 충실한 남편,

알프레드

1894년 12월 12일 화요일

사랑하는 뤼시,

우리 두 가족의 모든 구성원과 내게 관심이 있는 모든 사람에게, 그들의 친절한 편지와 공감의 표시에 내가 얼마나 감동했는지 내 대변인이 되어 전해주겠어?

나는 그들에게 답장할 수가 없어. 내가 무슨 말을 하겠어? 내가 겪는 고통? 그들은 이해하고 있을 테고, 나는 불평하고 싶지 않아. 게다가 내 뇌는 기진맥진한 상태이고, 머릿속의 생각들이 때때로 혼란스러워. 나의 영혼만이 첫날처럼, 내 얼굴에 던져진 끔찍하고 무시무시한 고발에 맞서 용감하게 남아 있을 뿐이야. 그 생각을 하면 내 존재 전체가 아직도 반감을 느껴.

하지만 진실은 항상 모든 어려움을 무릅쓰고 드러나게 마련이지. 지금은 빛을 억누를 수 있는 세기가 아니야. 틀림없이 빛은 온전하고 완전무결하게 빛날 것이고, 내 목소리는 사랑하는 우리 프랑스 전체에 들리게 될 거야. 나의 고발이 그랬던 것처럼 말이야. 나는 내 명예만이 아니라 내가 속해 있고 내게 합당한 장교단 전체의 명예도 지켜야 해.

당신이 보내준 옷은 잘 받았어. 기회가 되면, 내 망토를 보내줘. 모피 코트는 필요 없고. 내 망토는 대기실 옷장에 있어.

사랑하는 우리 아이들에게 나 대신 키스해 줘. 사랑하는 우리 피에로[16]의 편지를 읽고 울었어. 피에로와 가족들 모두에게 한시바삐 키스하고 싶다.

당신에게 수많은 키스를.

당신의 충실한 남편,

알프레드

16. 드레퓌스는 아들 '피에르'를 가끔 '피에로'라는 애칭으로 부르고 있다.

사랑하는 뤼시,

가족의 새로운 편지들과 함께 당신의 친절한 편지를 받았어. 나를 대신해서 그들 모두에게 감사드려 줘. 그 모든 애정과 존중의 표현에 나는 이루 말로 표현할 수 없을 만큼 감동하고 있어.

나는 여전히 똑같아. 양심이 깨끗하고 평화로우면 무엇이든 견딜 수 있는 법이지. 나는 결국 빛이 드러나고 내가 결백하다는 확신이 모든 사람의 마음에 자리 잡을 것이라고 믿어 의심치 않아.

나는 나처럼 충성스럽고 정직한 군인들을 상대하고 있어. 그들은 저질러진 실수를 인정할 거라고 확신해.

불행히도 실수는 이 세상에 있게 마련이야. 누가 절대 틀린 적이 없었다고 말할 수 있겠어?

아이들에 관한 좋은 소식을 전해줘서 기뻐. P에게 대구 간유를 먹게 하는 건 옳은 일이야. 지금이 적기야. 나 대신 그 녀석에게 키스해 줘. 사랑하는 아이들을 내 품에 안을 수 있기를 얼마나 기다리는지!

당신처럼 나도 당신에게 키스하는 것이 내게 허락되기를 바라고 있어. 그날은 내 인생에서 가장 행복한 날 중 하나가 될 거고, 내가 견뎌온 모든 고통에 대한 위로가 될 거야.

알프레드

사랑하는 뤼시,

당신의 친절한 편지와 함께 어머니의 편지를 받았어. 어머니의 편지가 내게 보여주는 애정에 감사해. 나는 그 애정을 한 번도 의심한 적이 없었고, 항상 그 애정을 받을 자격이 있었다고 분명하게 말할 수 있어.

마침내 내가 출두하는 날이 다가오니, 이 정신적 고통도 끝나게 되겠지. 내 확신은 확고해. 양심이 깨끗하고 평화로우면, 어디든 고개를 높이 들고 갈 수 있는 법이야. 내가 상대하게 될 군인들은 내 말을 듣고 나를 이해해 줄 거야. 내 결백에 대한 확신이 그들의 마음에도 자리 잡게 될 거야. 내 친구들과 나를 잘 알았던 사람들의 마음속에 내 결백에 대한 확신이 언제나 있었듯이 말이야.

내 인생 전체가 그것을 가장 잘 보증해 주지. 나에 대해 퍼부어진 익명의 비열한 중상모략에 대해서는 말하지 않을 거야. 그 중상모략들은 내게 충격을 주지 않았어. 난 그냥 무시하고 있지.

사랑하는 우리 아이들에게 나 대신 키스해 줘. 그리고 당신의 충실한 남편이 당신한테 보내는 부드러운 키스를 받아줘.

알프레드

1894년 12월 17일 일요일

사랑하는 뤼시,

사무실이 문을 닫았기 때문에 이 편지가 오늘 당신에게 도착할지 잘 모르겠네. 하지만 나는 당신에게 한 마디라도 쓰지 않은 채 하루를 보내고 싶지는 않아. 당신이 온 가족에 둘러싸여 있다는 것을 알게 되어 기뻐. 그러면 당신의 슬픔이 좀 줄어들겠지. 사람들이 보여주는 애정만큼 힘을 북돋아 주는 건 없으니까.

나에 대해서는, 여보, 조금도 걱정하지 마. 나는 평온한 마음으로 재판관들 앞에 설 준비가 되어 있어.

언젠가 하느님 앞에 서듯이, 고개를 들고 깨끗한 양심으로 그들 앞에 설 수 있어.

아이들뿐만 아니라 가족 모두 건강하다는 소식을 들으니 기뻐.

여보, 당신 자신을 계속 잘 돌보고 용기를 잃지 마. 시련이 큰 것은 사실이지만, 내 용기도 그에 못지않게 커.

끔찍한 낙담의 순간이 있었지만, 내게 가해진 의심으로 지독한 정신적 고통을 겪었지만, 반면에 내 머리는 항상 꼿꼿했어. 어제와 마찬가지로 오늘도 나는 세상을 정면으로 바라볼 수 있고, 우리 병사들을 지휘할 자격이 있지.

나 대신 아이들에게 키스해 줘, 충실한 당신 남편의 다정한 키스를 보내며.

알프레드

사랑하는 뤼시,

오늘에서야 토요일에 보낸 당신의 편지를 받았어. 마찬가지로 어제 일요일에는 나도 당신에게 편지를 보낼 수가 없었지. 사무실이 닫혀 있어서 내 편지가 전해질 수 없었거든.

당신은 얼마나 고통스러울까, 나의 가엾은 당신! 내가 당신을 볼 수 없어서 느끼는 고통과 당신의 고통을 비교하면, 당신이 얼마나 고통스러울지 상상이 돼. 하지만 고통에 맞서 자신을 단련하고, 체념하고, 존엄성을 유지할 줄 알아야 해.

우리가 서로에게 합당한 사람들이라는 것을, 가장 잔인하고 가장 부당한 시련조차 우리를 무너뜨릴 수 없다는 것을 보여주자.

양심에 거리낄 것이 없으면 모든 것을 참고 견딜 수 있지. 당신이 아주 정확하게 말한 것처럼 말이야. 내가 버틸 수 있었던 것은 오로지 내 양심 덕분이었어. 그렇지 않았다면 나는 고통으로 죽었거나 적어도 정신병원에 갇혔을 거야.

나는 아직도 공포에 떨지 않고는 첫날들을 떠올릴 수가 없어. 내 머릿속은 끓는 가마솥과 같았지. 매 순간 나는 정신을 놓치게 될까 두려웠어.

내 편지가 불규칙하다고 걱정하지 마. 내가 마음대로 편지를 쓸 수 없다는 걸 당신도 알잖아. 그러니 꿋꿋하게 힘내. 건강 잘 챙기고.

가족들 소식을 전해줘서 고마워. 내가 자주 그들을, 그들이 겪었을 고통을 생각했다고 말해줘. 우리는 그 무엇도 깨뜨릴 수 없도록 흔들리지 말고 하나로 뭉쳐야 해. 우리의 순수하고 정직한 삶, 우리 모든 가족의 과거 전체, 프랑스에 대한 우리의 헌신은 우리가 누구인지에 대한 최고의 보증이야.

J와 R한테서도 두 통의 편지를 받았어. 내게 큰 기쁨을 주는 편지였지.

아이들 소식도 전해줘서 고마워. 아! 불쌍한 녀석들! 여보, 당신과 아이들에게 키스할 수 있다면 얼마나 기쁠까. 하지만 그런 이야기를 늘어놓고 싶지는 않아. 그러면 모든 것이 내 안에서 녹아내리기 때문에….

쓴맛이 가슴에서 입술로 올라오는군…. 온 힘을 다해야 해.

M과 내 형제자매들, 모든 가족이 나를 위해 하는 일에 감사하고 있어. 그들에게 내 인사를 전해줘.

여기서 그만 멈춰야겠네. 가족 모두와 함께했던 행복의 모든 추억이 고통을 되살리고 있어서 말이야.

조국을 위해 모든 것을 희생하고, 온 힘과 모든 지성을 다해 완전한 헌신으로 조국에 봉사했는데… 그토록 끔찍한 범죄로 고발당하다니! 안 돼… 안 돼…!

자주, 길게 편지해 줘. 나의 가장 좋은 순간은 모든 가족의 소식을 들을 때야.

당신과 아이들에게 수많은 키스를 보내며.

당신의 충실한 남편,
알프레드

1894년 12월 13일 화요일

여보,

마침내 고통의 끝, 고난의 끝에 도달했군. 내일 나는 고개를 높이 들고 평온한 마음으로 재판관들 앞에 설 거야.

내가 겪은 시련, 최고로 혹독한 이 시련은 내 영혼을 정화시켰어. 나는 이전보다 더 나은 모습으로 당신에게 돌아갈 거야. 당신에게, 나의 아이들에게, 사랑하는 우리 가족들에게 내게 남은 평생을 모두 바치고 싶어.

당신한테 말한 것처럼, 나는 끔찍한 위기를 겪었어. 그토록 흉악한 범죄로 고발당한다는 생각에 정말 미칠 듯이 화가 나는 순간도 있었지.

나는 자책할 것이 아무것도 없는 군인으로서 군인들 앞에 설 준비가 되었어. 그들은 내 얼굴을 보고, 내 영혼을 읽고, 나를 아는 모든 사람처럼 내가 결백하다고 확신하게 될 거야.

내 모든 힘과 지성을 바쳐 나라에 충성했으니, 나는 아무것도 두렵지 않아.

그러니 편안히 자, 여보, 그리고 아무 걱정하지 마. 우리가 곧 서로의 품에 안겨 이 슬프고 우울한 날들을 재빨리 잊으면서 느끼게 될 기쁨만 생각해.

곧 만나, 여보, 당신과 사랑하는 우리 아이들에게 키스하는 기쁨을 곧.

그 행복한 순간을 기다리며 수많은 키스를.

알프레드

여보,

나는 몹시 괴롭지만, 나보다 당신이 더 가엾네. 당신이 나를 얼마나 사랑하는지 알아. 당신의 마음은 피를 흘리고 있겠지. 내 사랑, 내 생각은 밤낮으로 늘 당신을 향했어.

결백하고 흠잡을 데 없는 삶을 살았는데 군인이 저지를 수 있는 가장 흉악한 범죄로 유죄 판결을 받다니, 이보다 더 끔찍한 일이 있을까! 때때로 내가 지독한 악몽의 노리개가 된 것 같아.

오늘까지 내가 버틴 것은 오직 당신 때문이야. 내 사랑, 오직 당신을 위해 나는 오랜 고난을 견뎌냈어. 내 힘이 끝까지 갈 수 있을까? 모르겠어. 내게 용기를 줄 수 있는 사람은 오직 당신뿐이야. 나는 당신의 사랑 안에서 용기를 얻게 되기를 바라.

때때로 지금까지 나를 버리신 하느님께서 결백한 사람의 이 고난을 끝내 주시고 진짜 범인을 찾게 해 주시기를 바라기도 해. 하지만 그때까지 내가 버틸 수 있을까?

재심 청구서에 서명했어.

아이들에 대해 말할 엄두가 안 나네. 아이들에 대한 추억이 내 가슴을 찢어놓으니까. 아이들에 대해 말해줘, 아이들이 당신의 위안이 되기를.

내 비통함은 너무나 크고 내 마음은 상처가 너무 깊어서, 만약 당신의 추억이 나를 멈추지 않았다면, 당신의 슬픔이 더욱 커질지도 모른다는 두려움이 내 팔을 붙잡지 않았다면, 나는 이미 이 슬픈 삶에서 벗어났을 거야.

양심에 맹세코 결코 잘못을 범한 적도 없었고 가장 사소한 과실조차 저지른 적이 없었다는 것을 알고 있을 때, 내가 들은 모든 말을 듣는다는 것은 가장 끔찍한 정신적 고문이지.

그러니 나는 당신을 위해 살려고 노력할 거야, 하지만 당신의 도움이 필요해.

특히 필요한 것은, 내게 무슨 일이 일어나더라도 진실을 찾는 거야. 진실을 발견하기 위해 하늘과 땅을 뒤집고, 필요하다면 우리 재산을 그 속에 쏟아부어 진흙 속에 묻힌 내 이름을 회복하는 것이야. 그 부당한 얼룩을 반드시 씻어내야 해.

당신에게 더 길게 편지를 쓸 용기가 없네. 사랑하는 당신 부모님, 우리 아이들, 그리고 모든 사람에게 내 인사를 전해줘.

수많은, 수많은 키스를 보내며,

알프레드

내 면회 허락을 받아내도록 애써 봐. 지금은 거절당할 수도 있을 것 같아.

1894년 12월 24일 월요일 저녁

여보,

당신에게 또 편지를 쓰고 있어. 당신은 나와 삶을 연결하는 유일한 끈이기 때문이야.

내 가족 모두가, 당신의 가족 모두가 나를 사랑하고 존중한다는 것을 잘 알고 있어. 하지만 결국 내가 사라진다면, 그들의 크나큰 슬픔도 세월과 함께 사라지게 되겠지.

가엾은 내 사랑, 내가 싸우기로 한 것은 오직 당신을 위해서야. 내 팔을 멈추게 한 것은 바로 당신 생각이야. 이 순간, 내가 당신을 얼마나 사랑하는지 느끼고 있어. 내 사랑이 이토록 크고 절대적인 적은 없었어. 그리고 희미한 희망이 아직도 조금은 나를 지탱해 주고 있어. 언젠가는 내 이름을 회복시킬 수 있으리라는 것 말이야. 그러나 무엇보다도 내가 이 수난에 맞서 끝까지 싸우게 된다면, 가엾은 내 사랑, 그건 오직 당신을 위해서라는 걸 믿어줘. 그건 당신이 지금까지 겪어온 모든 슬픔에 새로운 슬픔이 또 더해지는 것을 막기 위해서야. 내 면회를 오기 위해 인간적으로 가능한 모든 것을 다해 줘.

당신을 사랑하는 만큼 수많은 키스를 보내며,

알프레드

1894년 12월 24일(월요일 밤부터 화요일)

내 사랑,

방금 당신의 편지를 받았어. 당신도 내 편지를 받았으면 좋겠네. 가엾은 당신, 당신이 얼마나 괴로울까, 당신이 얼마나 가여운지 몰라! 당신 편지를 읽고 많은 눈물을 흘렸어. 나는 당신의 희생을 받아들일 수 없어. 당신은 남아야 해, 당신은 아이들을 위해 살아야 해. 나를 생각하기 전에 먼저 아이들을 생각해. 가엾은 아이들에게는 당신이 꼭 필요해.

내 생각은 언제나 나를 당신에게로 데려가고 있어.

방금 왔던 드망주 변호사가 당신이 얼마나 훌륭한지 말해주더군. 당신에 대한 그의 찬사가 내 마음속에 울려 퍼졌지.

맞아, 여보, 당신은 용기와 헌신이 탁월한 사람이야. 당신이 나보다 나아. 나는 이미 온 마음과 영혼을 다해 당신을 사랑했어. 오늘은 그보다 더해서 당신에게 감탄하고 있어. 당신은 분명히 세상에서 가장 고귀한 여성 중 한 명이야. 당신에 대한 내 감탄이 어찌나 대단한지, 만약 내가 끝까지 고난의 잔을 마시게 된다면 그건 당신의 영웅적 행위에 합당한 사람이 되기 위해서일 거야.

하지만 이런 수치스러운 굴욕을 당하는 것은 정말 끔찍할 거야. 차라리 총살 집행 소대 앞에 서는 게 나을 것 같아. 나는 죽음은 두렵지 않아, 경멸받고 싶지 않아.

어쨌든 제발 부탁인데, 내가 그러듯이 당신도 모든 사람에게 머리를 꼿꼿이 들고 약해지지 말고 세상을 똑바로 바라보도록 해. 당신들 모두 절대로 고개를 숙이지 말고, 큰 소리로 내 결백을 선언하길.

여보, 이제 나는 다시 베개에 머리를 대고 당신을 생각하러 갈 거야.

당신을 내 품에 꼭 안고 키스하며,

알프레드

나를 대신해 아이들에게 키스해 줘.

교도소 서기과에 200프랑을 위탁해 주면 좋겠어.

여보,

이 편지에 날짜를 쓸 수가 없네. 오늘이 무슨 요일인지도 모르겠거든. 화요일인가? 수요일인가? 모르겠어. 어쨌든 밤이야. 잠이 눈꺼풀에서 달아나는 바람에, 일어나서 당신에게 편지를 쓰는 거야.

가끔은 이 모든 일이 일어나지 않았고 내가 당신을 떠난 적이 없는 것 같아.

환각 속에서는 우리에게 일어난 모든 일이 나쁜 악몽처럼 보여. 하지만 깨어나면 끔찍하지.

나는 당신의 사랑, 우리 가족 모두의 애정 외에는 더 이상 아무것도 믿을 수 없어.

계속해서 진짜 범인을 찾아야 해. 어떤 수단이든 다 좋아. 우연만으로는 충분하지 않아.

곧 받게 될 불명예스러운 처벌이 내게 불러일으키는 끔찍한 공포를 어쩌면 내가 극복할 수 있을지도 모르지. 명예로운 사람으로서, 결백한데도 명예가 박탈되는 것보다 더 끔찍한 일이 있을까? 그건 모든 고문 가운데 가장 끔찍한 고문이고, 죽음보다 더 나빠. 아! 내가 끝까지 간다면, 그건 당신 때문일 거야, 내 사랑. 당신이 나를 삶에 묶어주는 유일한 끈이니까.

우리는 얼마나 서로 사랑했는지!

오늘은 특히 당신이 내 마음속에서 얼마나 큰 자리를 차지하고 있는지 느껴지네. 하지만 무엇보다 당신 자신을 돌보고, 건강에 신경

쓰도록 해. 아이들을 위해서 반드시 그래야 해. 아이들에겐 당신이 필요해.

그러니까 당신들은 거기서나 파리에서나 조사를 계속하도록 해. 모든 것을 시도하고, 아무것도 소홀히 여겨서는 안 돼. 범인의 이름을 아는 사람들이 분명히 있어.

키스를 보내며,

알프레드

1894년 12월 26일(수요일, 2시)

여보,

방금 당신 편지 두 통과 마리의 편지를 받았어.

당신은 훌륭해, 내 사랑, 당신의 용기와 영웅적 행위에 감탄하고 있어. 나는 이미 당신을 사랑했는데, 오늘은 당신 앞에 무릎을 꿇고 있어. 당신은 숭고한 여성이니까. 하지만 제발 지쳐 쓰러지지 않도록 해. 당신을 필요로 하는 우리 아이들을 생각해.

어쩌면 나는 당신과 같은 수준에 도달할 수 있도록 버텨내게 될 거야. 내가 두려워하는 건 육체적 고통이 아니야. 그런 고통은 결코 나를 무너뜨릴 수 없었고, 그저 내 피부 위로 미끄러져 지나가지. 하지만 내 이름, 결백한 사람의 이름, 명예로운 사람의 이름이 진흙 속으로 끌려간 것을 알게 되는 건 정신적 고문이야. 큰 소리로 외쳐 줘, 내 사랑. 나는 결백하고 끔찍한 운명의 희생자라고 모두가 외쳐 주길.

우리가 진짜 범인을 찾아내게 될까? 그러기를 바라자. 안 그러면 모든 것에 절망하게 될 테니까.

당신을 곧 만나게 되기를 바라. 나를 위로해 주는 건 바로 그거야. 온종일, 밤새도록, 내 생각은 당신을, 가족 모두를 향해 가고 있어. 나는 우리가 누렸던 행복을 생각하고, 어떤 설명할 수 없는 운명 때문에 그 행복이 이렇게 산산이 조각났는지 아직도 의아해하고 있어.

이건 내가 읽어본 드라마 중 가장 끔찍한 드라마인데, 불행히도 실제로 겪는 일이군.

마지막으로, 당신 자신을 잘 돌보도록 해, 여보. 당신이 그토록 고귀하게 착수한 임무를 잘 완수하려면 온전한 건강과 신체적 활력이 필요해.

감히 생각할 엄두도 못 내는 가엾은 내 아이들과 당신에게 키스를 보내.

수없는 키스를,

알프레드

1894년 12월 26일(수요일, 4시)

여보,

하루 종일 내가 무엇을 하는지 물었지. 나는 당신을 생각해, 가족 모두를 생각해. 위안을 주는 그 생각이 나를 지탱해 주지 않는다면, 감옥의 두꺼운 벽 너머로 가족들의 공감하는 힘찬 숨결을 느끼지 못한다면, 나는 될 대로 되라고 체념하여 절망이 내 영혼 안으로 들어오게 될 것 같아. 내게 살아갈 용기를 주는 것은 당신의 사랑, 모든 가족의 애정이야.

드망주 변호사가 와서 잠시 나와 함께 있었어. 그가 나를 믿는 믿음은 완전하고 절대적이야. 그것 또한 나에게 용기를 주지.

나를 두렵게 하는 것은 육체적 고통이 아니야. 육체적 고통은 견딜 수 있어. 하지만 이 끊임없는 정신적 고문, 어디서나 나를, 매우 자존심 강하고 내 명예를 너무도 확신하는 나를 쫓아다닐 경멸, 바로 그것이 나는 무섭고 두려워.

끝으로, 여보, 나는 당신의 영혼을 더 이상 괴롭히고 싶지 않아. 당신의 슬픔은 이미 충분히 커.

당신에게 매우 강렬한 키스를 보내며,

알프레드

수요일 저녁 10시

잠이 안 와서 다시 당신에게 돌아왔어. 도대체 내게는 그토록 많은 쓰라린 경험을 실컷 하라는 치명적인 인장이 찍혀 있는 것일까? 지금 이 순간 나는 평온해. 내 영혼은 강하고 밤의 고요함 속에서 고양되고 있어. 우린 정말 행복했지, 여보! 인생의 모든 것이 우리에게 미소 지었어. 재산, 사랑, 사랑스러운 아이들, 화합된 가족, 간단히 말해 모든 것이. 그러다가 이 끔찍하고 무시무시한 천둥이 친 거야. 부탁인데, 새해를 맞아 아이들에게 장난감을 사주면 좋겠어. 아빠가 보낸 거라고 아이들한테 말해줘. 인생을 시작하는 그 가엾은 아이들이 벌써 우리의 아픔으로 고통받아서는 안 돼.

아! 여보, 내게 당신이 없었다면 얼마나 기쁘게 이 세상을 떠났을까! 당신의 사랑이 나를 붙잡고 있어. 오직 그것만이 내게 온 국민의 증오를 견딜 수 있게 해 주지.

국민이 그러는 건 당연해. 그들은 내가 반역자라고 들었으니까. 아! 반역자라는 그 끔찍한 단어, 얼마나 내 마음을 찢어발기는지!

내가… 반역자! 내가 그토록 흉악한 범죄로 고발당하고 유죄 판결을 받을 수 있다니!

모두 내 결백을 큰 소리로 외쳐 주세요. 있는 힘을 다해 힘껏 소리치세요. 벽이 흔들리도록 모든 지붕 위에서 내 결백을 소리쳐 주세요.

그리고 범인을 찾아주세요. 우리에게 필요한 건 바로 그자예요.

당신을 사랑하는 만큼 당신에게 키스를 보내며,

알프레드

1894년 12월 27일(목요일, 저녁 6시)

사랑하는 뤼시,

당신의 영웅적 행위가 내 마음을 사로잡고 있어. 당신의 사랑에 힘입어, 내 양심과 우리 두 가족에게서 발견되는 변함없는 지원에 힘입어 나는 용기가 다시 생기는 것을 느껴.

그래서 나는 마지막 숨을 쉴 때까지 싸울 거야, 마지막 피 한 방울에 이를 때까지 싸울 거야.

언젠가는 빛이 비치겠지. 당신의 심장이 내 심장 바로 가까이에서 뛰는 것을 느끼면서, 나는 머리를 숙이지 않은 채 모든 고난과 굴욕을 견뎌낼 거야. 여보, 당신을 생각하면 나에게 필요한 힘이 생길 거야.

내 사랑, 확실히 우리 남자들보다 여성이 더 우월해. 그중에서도 당신은 내가 아는 가장 아름답고 가장 고귀한 여성 중 한 명이야.

당신도 알다시피 나는 당신을 깊이 사랑했어. 오늘은 거기에 더해, 당신에게 감탄하고 경의를 표해. 당신은 성녀이고, 고귀한 여성이야. 나는 당신이 자랑스럽고 당신에게 걸맞은 사람이 되기 위해 노력할 거야.

그래, 삶을 버리는 건 비겁한 일이야. 그러면 내 이름, 사랑하는 내 아이들의 이름이 영원히 더럽혀지고 모욕받게 되겠지. 오늘 나는 그렇게 느끼고 있어. 하지만 어쩌겠어, 타격이 너무 잔인해서 용기가 사라졌던 거지. 용기를 다시 불어넣어 준 사람은 바로 당신이야.

당신의 영혼은 내 영혼을 떨게 하지.

그러니까 우리는 서로 의지하고, 우리 자신을 자랑스러워하면서,

우리의 의지로 우리 이름을 회복하게 될 거야. 결코 망가진 적이 없었던 우리의 명예를 회복할 거야.

당신을 사랑하는 만큼 당신에게 키스하며,

알프레드

오늘 밤에도 당신 편지를 또 받을 수 있을까 거의 기대하고 있었어. 내가 당신 편지를 얼마나 기쁘게 받고, 하루 종일 얼마나 열정적으로 읽고 또 읽는지 당신이 안다면!

안녕, 잘 자, 여보.

우리는 또 서로를 위해 살게 될 거야.

1894년 12월 28일(금요일, 아침 10시)

사랑하는 뤼시,

어제 정오 날짜가 적힌 당신의 친절한 편지를 받았어. 당신 말이 맞아, 난 살아야 해. 당신을 위해, 사랑하는 우리 아이들을 위해 살아서 그 이름을 회복해야 해. 아무리 끔찍한 정신적 고문을 겪게 되더라도 나는 버텨야 해. 내겐 내 자리를 떠날 권리가 없어.

만약 나 혼자 이 사건에 연루되었다면, 나는 주저하지 않았을 거야. 하지만 당신의 이름, 우리 가족의 이름, 모든 것이 상처를 입었지. 그러니까 싸우기 위해 용기로 무장해야 해. 에너지와 의지의 힘으로 우린 승리할 거야. 결국 진실을 말하게 될 거야. 당신의 흔들리지 않는 용기로 우리는 성공할 거야.

자주 편지해 줘. 가족들이 돌아가면서 교대로 써 줘. 가족들 편지 하나하나가 나를 안심시켜 주거든. 당신이 하는 말이, 사랑하는 당신 부모님이 하는 말이 들리는 것 같으니까.

당신과 당신의 사랑하는 가족 모두에게 키스를 보내.

아이들에게 수많은 키스를,

알프레드

　목요일 저녁 날짜가 적힌 당신의 편지와 피에로의 따뜻한 몇 마디 말을 받았어. 사랑스러운 그 아이에게 나 대신 키스해 줘, 잔느에게도. 그래, 난 살아야 해. 내 아이들의 머리에 묻은 얼룩을 씻어내기 위해 내 모든 에너지를 모아야 해. 내 자리를 떠난다면, 나는 비겁한 놈이 되는 거야. 나는 살 거야. 살고 싶어.

　당신에게 키스를 보내며,

알프레드

12월 31일 월요일

사랑하는 뤼시,

어젯밤에도 아버지와 내 가족 전체를 오래도록 생각했어. 내가 많이 울었다는 걸 숨기지 않을게. 하지만 그 눈물은 나를 진정시켜주었어. 우리에게 위안이 되는 것은 우리 모두를 하나로 묶는 깊은 애정이야. 그 애정은 당신 가족에게서도 볼 수 있지.

이토록 강력하게 하나가 된 사람들과 또한 놀라운 헌신을 보여주는 드망주 변호사의 도움이 있는데, 우리가 조만간 진실을 발견하지 못할 리가 없어. 내가 삶을 버리고 싶어 한 것은 잘못이었고, 내겐 그럴 권리도 없어. 나는 마지막 숨을 거둘 때까지 싸울 거야. 기나긴 낮과 슬픈 밤들 속에서 내 영혼은 정화되고 강화되고 있지. 내 의무는 분명하게 제시되었어. 나는 내 아이들에게 깨끗하고 흠 없는 이름을 물려주어야 해.

여보, 중단도 휴식도 없이 그것을 위해 노력하자. 당신들은 어떤 행동에도, 어떤 시도에도 틀림없이 물러서지 않을 거야. 모든 것을 시도해야 해.

지금으로서는 당신이 보내준 벨Bayles 씨의 책들로 충분해. 나중에는 연습 문제와 해답이 같이 있는 책이 필요할 것 같아. 그래야 내가 스스로 공부할 수 있으니까.

이제 나는 나를 기다리는 끔찍한 굴욕을 견디기 위해 내 모든 힘을 모아야 해.

하지만 당신들은 잠시도 긴장을 풀지 않도록 해. 어쩌면 내가 오늘

저녁에 드망주 변호사에게 말한 상황을 당신들이 살펴볼 수 있을
거야. 아무것도 소홀히 하지 말고 모든 것을 시도해야 해.
　당신을 사랑하는 만큼 당신에게 키스를 보내며,

알프레드

　사랑하는 아이들에게 키스를. 나는 당신에게 새해 첫날 인사를
할 엄두가 도무지 안 나네. 그런 명절은 우리가 현재 겪고 있는 불행과
어울리지 않아서 말이야.
　장모님께 생신 축하드린다는 인사조차 잊고 있었어. 이런 우울한
상황에서 용서될 수 있는 실수겠지만, 당신이 바로 잡아 주기 바라.
　아빠를 대신해 당신이 아이들에게 장난감을 주었을 거로 생각해.
그 어린 영혼들이 우리의 고통으로 벌써 괴로움을 겪어서는 안 돼.
　잉크병 받았어. 고마워.

예상했던 대로 상고는 기각되었어. 방금 내게 통고하더군. 즉시 내 면회 허락을 구하도록 해.

내가 요청한 것을 보내줘. 검, 요대, 옷 가방 말이야. 잔혹하고 끔찍한 고문이 다가오고 있어. 나는 깨끗하고 평온한 양심의 품위로 맞설 거야. 고통스럽지 않을 거라고 말한다면 거짓말이겠지만, 나는 약해지지 않을 거야.

당신들은 중단 없이, 쉬지 말고 계속해.

1895년 1월 1일

여보,

더 이상 일요일이 아니네. 곧 월요일이야.

사실 내가 촛불을 켜는 순간에 자정이 울렸어. 도저히 잠이 안 와서, 침대에서 뒤척이느니 일어나는 게 낫겠더라고. 당신과 이야기하는 것보다 더 즐거운 일이 어디 있겠어?

마치 당신이 내 곁에 있는 것 같아. 행복했던 추억의 즐거운 저녁나절들처럼. 그때는 내가 책상에 앉아 있는 동안 당신은 내 옆에서 일하곤 했는데.

그 행복이 다시 우리를 위해 빛나기를 바라자. 진실이 드러나지 않을 리가 없어. 나는 마티유의 활기찬 성격을 잘 알고, 당신의 성격과 깊은 헌신을 높이 평가할 수 있었지. 나는 심지어 당신의 행위를 영웅적이라고까지 말했어. 그러니 나는 당신들의 조사가 성공하리라는 것을 더 이상 의심하지 않아.

더 확실한 성과를 거두려면 차분하고 체계적으로 행동하는 것이 좋아.

게다가 나는 그 모든 것에 대해 곧 당신과 이야기하고 싶어.

이제부터 고통스러운 수난이 시작될 거야. 먼저 그 굴욕적인 의식이 있고, 다음에는 고통이 이어지겠지. 나는 침착하고 품위 있게 감당할 거야. 믿어도 좋아.

내가 때때로 격렬한 반항의 움직임을 느끼지 않는다고 말한다면, 그건 거짓말이겠지. 부당함이 너무나도 명백하니까. 하지만 나는 미래를 믿고, 보상받기를 기대해.

그때는 나의 행복과 사랑하는 우리 아이들의 행복을 보장하는 것
외에 더 이상 다른 걱정거리가 없을 거라고 기꺼이 생각하고 있어.

마리의 멋진 편지를 한 통 받았는데, 조만간 답장하려고 해.

항상 용기 내, 여보, 건강을 잘 돌보고. 당신에게는 모든 힘이 필요할
테니까. 결정적인 순간에 힘이 빠지지 않도록.

안녕, 잘 자.

당신을 사랑하는 만큼 키스를 보내며,

알프레드

1895년 1월 1일 화요일

여보,

오늘 아침 당신의 편지를 받지 못했어. 아쉽네. 다른 편지들은 몇 통 받았지만, 사실 감히 말하자면 그건 똑같은 것이 아니잖아?

어제 드망주 변호사가 가면서 오늘 와서 나와 몇 시간 같이 지내고 싶다고 했었지. 하지만 슬프게도! 그가 떠난 직후 내 상고가 기각되었다는 통보를 받았어. 그때부터 그에게 문이 닫히고 말았지. 그는 오늘 아침에 그것에 대해 통지 받았을 거야. 그러니 나는 오늘 하루를 혼자 보내게 될 거야.

얼마나 슬픈 새해 첫날인지 몰라, 여보! 하지만 그런 얘기는 계속하지 말자. 울고 신음해도 소용없어. 그런다고 감옥 문이 열리지 않을 테니까. 오히려 우리의 모든 육체적, 정신적 에너지를 보존하고, 한순간도 멈추지 말고 싸우며 수수께끼를 풀어야 해. 아무것도 당신들을 무너뜨리지 않기를, 절대 희망을 잃지 말기를. 그물을 온 사방에 펼치면, 결국 범인은 잡힐 거야.

당신의 요청에 대한 답변을 받았어? 지금 나는 당신을 내 품에 안을 수 있는 순간을 애타게 기다리고 있어.

아이들에게 장난감은 사 줬는지? 아이들이 좋아했어? 나는 오직 당신과 아이들만 생각해, 언젠가 이 끔찍한 악몽이 사라지는 것을 보게 되는 생각만 하면서 살고 있어. 그렇게 되지 않을 수가 없다고 생각해. 더구나 우리가 그렇게 되도록 도울 거야, 약속해.

당신을 사랑하는 만큼 키스를 보내며,

알프레드

1895년 1월 2일 월요일, 밤 11시

여보,

새로운 한 해가 곧 시작되는군! 새해는 우리에게 뭘 마련해 두고 있을까? 새해는 지난해보다 더 낫기를 바라자. 그렇지 않으면 죽는 편이 낫겠지. 나를 둘러싼 이 고요하고 깊은 밤에 나는 가족 모두를, 당신과 사랑하는 우리 아이들을 생각해. 얼마나 끔찍한 운명의 일격인지, 부당하고 잔인해!

내 심정을 조금 토로하고, 당신 품에 안겨 실컷 울게 해 줘. 그 때문에 내 용기가 약해진다고 생각하지는 마. 나는 당신에게 살겠다고 약속했고, 약속을 지킬 거야. 하지만 나는 당신의 영혼이 내 영혼 가까이에서 진동하는 것을 끊임없이 느껴야 하고, 당신의 사랑으로 지지받는 것을 느껴야 해.

우리에게는 용기가 필요하고, 거의 초인적인 에너지가 필요해. 나로 서는 앞으로 닥쳐올 모든 고문을 또 견뎌내기 위해 힘을 모을 수 있을 뿐이야.

안녕, 키스를 보내며,

알프레드

목요일 정오

여보,

　최고의 굴욕이 모레 있을 거라고 들었어. 나는 그것을 예상했고 준비도 했지만, 타격이 너무나 심했어. 나는 버틸 거야, 당신한테 약속했잖아. 당신의 사랑에서, 모든 가족의 애정에서, 사랑하는 내 아이들에 대한 추억에서, 진실이 밝혀질 거라는 최고의 희망에서 여전히 내게 필요한 힘을 끌어낼 거야. 하지만 나는 가족 모두의 애정이 내 주변으로 퍼져나가는 것을 느껴야 해. 당신들이 나와 함께 싸우고 있다는 것을 느껴야 해. 그러니 당신들은 멈추지 말고 쉬지도 말고 조사를 계속해 줘.

　곧 당신을 만나 당신의 눈 속에서 힘을 얻고 싶다. 어떤 역경에도 불구하고 우리 서로 지지해 주자.

　나는 살기 위해 당신의 사랑이 필요해. 당신의 사랑이 없다면 커다란 태엽이 끊기고 말 거야.

　내가 떠나면, 모든 사람에게 멈춰서는 안 된다고 설득해 줘.

　토요일 이후로는 라 상테 교도소로 나를 면회하러 올 수 있도록 필요한 조치를 즉시 취해 줘. 특히 그런 부분에서 내가 지지받고 있다는 것을 느껴야 해.

　어제 내가 말한 것에 대해서도 알아봐 줘. 내 출발 시기, 교통수단 등 말이야.

　모든 것에 대비하고 놀라지 않도록 해야 해.

　곧 봐, 여보. 키스를 보내며,

알프레드

4시부터 심장이 터질 듯이 뛰고 있어. 당신은 아직 여기 오지 않았네, 여보, 내겐 몇 초가 몇 시간처럼 느껴져. 누군가가 나를 찾으러 오는지 들으려고 내 귀가 잔뜩 긴장하고 있는데. 아무 소리도 들리지 않네⋯ 계속 기다리고 있어.

이제 마음이 더 평온해. 당신을 보니 진정이 되었어.

당신을 온전히, 충분히 껴안는 기쁨이 내게 큰 도움이 되었어.

나는 그 순간을 기다릴 수 없었어. 당신이 내게 준 기쁨에 감사해. 내가 얼마나 당신을 사랑하는지, 여보! 마침내 이 모든 일이 끝나기를 바라자. 나는 내 모든 에너지를 보존해야 해.

또다시 수없는 키스를, 여보.

알프레드

여보,

밤이 길다. 내가 의지하는 사람은 바로 당신이야. 나는 당신의 시선에서 내 모든 힘을 끌어내고, 당신의 깊은 사랑에서 살아갈 용기를 얻어. 싸움이 두렵지는 않지만, 내게 운명은 정말 너무 잔인하다. 결백한 사람에게 이보다 더 끔찍하고 비극적인 상황을 상상할 수 있을까? 이보다 더 고통스러운 수난을 상상할 수 있을까?

다행히 우리 가족 모두가 내게 깊은 애정을 보여주고 있고, 당신의 사랑은 내 모든 고통을 보상해 주지.

내가 때때로 한탄하더라도 용서해 줘. 그렇다고 내 영혼이 꿋꿋하지 못하다고 생각하지는 마. 하지만 그런 외침 자체는 나에게 도움이 되거든. 사랑하는 아내인 당신이 아니라면 내가 누구에게 그런 외침을 들려줄 수 있겠어?

당신과 아이들에게 수없이 키스를 보내며,

알프레드

여보,

당신이 내일 아침 깨어났을 때 볼 수 있도록 몇 마디 또 쓰려고 해.

감옥 창살 너머로라도 우리의 대화는 나에게 도움이 되었어. 내려가면서 다리가 떨렸지만, 감정에 휩쓸려 바닥에 쓰러지지 않으려고 안간힘을 썼지. 지금 이 순간에도 내 손은 아직 안정이 안 되었어. 그 면회가 나를 몹시 동요시켰으니까. 내가 당신에게 더 오래 머물라고 간청하지 않은 것은 진이 다 빠져 있었기 때문이야. 숨어서 조금 울 필요도 있었고. 그렇다고 내 영혼이 꿋꿋하지 못하거나 약하다고 생각하지는 마. 하지만 바깥 공기를 마시지 않은 채 3개월간 감옥에 갇혀 있어서 몸은 조금 약해졌지. 이 모든 고문을 견뎌낼 수 있도록 체격이 건장해야 했는데.

당신이 나에 대한 애정에 가득 차서 너무도 용감하고 꿋꿋하다는 것이 느껴져서 내게는 가장 큰 위안이 되었어. 계속 그렇게 해, 사랑하는 내 아내, 우리의 태도와 용기로 세상 사람들에게 존경심을 불러일으키도록 하자. 내가 무엇이든 하겠다고 결심했다는 것을 분명 당신도 느꼈을 거야. 나는 내 명예를 원하고 그것을 얻을 거야. 어떤 장애물도 나를 막을 수 없어.

모두에게 감사드리고, 결백한 사람을 위해 해 준 모든 것에 대해 드망주 변호사에게 나 대신 감사드려 줘. 그에게 내 모든 감사를 전해줘. 나 자신은 그것을 표현할 수 없었어. 내 명예를 위한 이 싸움에서 내가 그를 믿고 있다고 전해줘.

나 대신 아기들에게 키스해 줘. 수없는 키스를 보내며,

알프레드

내일 목요일 1시부터 4시 사이에는 면회실이 꽉 차. 그러니까 오전 10시에서 11시 사이나 오후 4시에 와야 할 거야.

목요일과 일요일에만 그래.

1895년 1월

라 상테 교도소[17]

---

17. **Prison de la Santé**. 파리 14구 몽파르나스 지역에 있는 교도소이다. 1867년에 개소한 역사적인 시설로, 유명한 수감자들을 수용한 것으로 잘 알려져 있으며, 현재 파리 내에 남아 있는 마지막 교도소이다.

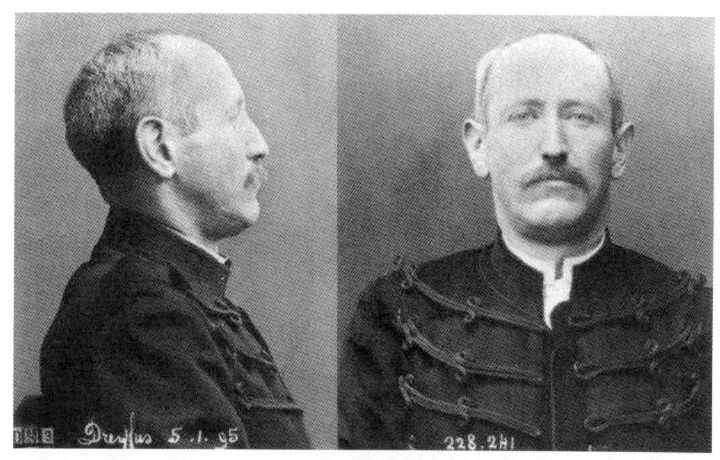

드레퓌스의 신원 확인 사진(1895년 1월 5일)

1895년 1월 5일 토요일, 라 상테 교도소

여보,

오늘 내가 겪은 고통을 당신에게 말하고 싶지 않아. 당신의 슬픔이 이미 충분히 큰데, 내가 그 슬픔을 더 키우지는 않겠어.

당신에게 살겠다고 약속함으로써, 내 이름을 회복할 때까지 버티겠다고 약속함으로써, 나는 명예를 박탈당한 정직하고 정의로운 남자가 할 수 있는 가장 큰 희생을 당신에게 바쳤어. 제발, 체력이 떨어지지만 않는다면! 정신력은 잘 버티고 있고, 거리낄 것이 전혀 없는 양심은 나를 지지해 주고 있지만, 인내심과 힘이 고갈되기 시작했어. 명예를 위해 평생을 바쳤고, 결코 비난받을 일을 하지 않았는데, 군인에게 가해질 수 있는 가장 참혹한 모욕을 겪은 후에 이곳에 있게 되다니!

그러니, 여보, 당신들은 진짜 범인을 찾기 위해 세상에서 할 수 있는 모든 것을 다하고, 한순간도 지체하지 말아줘. 그것이 나를 괴롭히는 끔찍한 불행 속에서 내 유일한 희망이니까. 내가 곧 그곳에 가서 우리가 재회할 수만 있다면! 당신은 나에게 힘과 용기를 주는데, 내겐 그게 필요해. 오늘의 감정은 내 마음에 깊은 상처를 주었는데, 내 감방은 아무런 위로도 주지 못하는군.

4m 20쯤 되는 작고 텅 빈 방을 상상해 봐. 창살 천창으로 막혀 있고… 벽에 붙여놓은 접힌 침대 등등. 아니, 나는 당신 마음을 아프게 하고 싶지 않아, 가엾은 당신.

나중에 다시 우리가 행복해지면, 오늘 내가 무슨 일을 겪었는지, 진짜 범인들 사이에서 수없이 이동하는 가운데 내 가슴이 얼마나 피를 흘렸는지 이야기해 줄게. 내가 거기서 뭘 하고 있는지, 왜 거기에 있는지 의아스러웠지… 마치 내가 환각의 노리개가 된 것 같았어. 하지만 슬프게도 찢기고 더렵혀진 내 옷은 잔인하게 진실을 상기시켜 주었고, 나를 향해 던져진 경멸의 눈초리들은 내가 왜 거기에 있는지 너무나 분명하게 말해주더군.

아! 슬프다, 왜 우리는 메스로 사람들의 마음을 열어서 읽을 수 없는 걸까! 내가 지나가는 것을 본 모든 선량한 사람들은 내 마음에 금박으로 새겨진 "이 사람은 명예로운 사람입니다."라는 글을 읽었을 텐데. 하지만 나는 그들을 이해해! 나라도 반역자라고 들은 장교를 보고 경멸을 참을 수 없었을 거야… 하지만 안타깝게도 그 반역자가 내가 아니라는 것이 비극이지!

다들 빨리 나한테 편지해 줘, 내가 가족을 빨리 볼 수 있도록 무슨 일이든 다 해줘. 내 힘이 떨어지고 있어서 지원이 필요하거든. 끝으로 우리가 최대한 빨리 재회할 수 있게 해줘, 그리고 당신 마음속에서 내게 필요한 힘을 얻을 수 있게 해줘.

당신을 사랑하는 만큼 당신에게 키스를 보내며,

(토요일 오후)

알프레드

1895년 1월 토요일 6시

어두운 감방에서, 왜 내가 이런 고통을 겪는지, 도대체 무슨 이유로 신이 나를 이렇게 벌하는지 이해할 수 없는 영혼의 고문 속에서, 나는 항상 당신에게로 돌아가, 사랑하는 내 아내, 이런 슬프고 끔찍한 상황 속에서 나를 위해 무한한 헌신과 한없는 애정을 보여준 당신에게로.

당신은 훌륭했고, 지금도 훌륭해. 나는 나약해질 때마다 당신의 영웅적 행위에 부응하지 못해 부끄러워. 하지만 이 슬픔은 가장 강인한 영혼마저 결국 갉아먹게 되지. 현실보다는 환상에서 비롯된 음모로 인해 조국에 헌신하기 위한 수많은 노력과 수년간 쌓아온 명예가 사라지는 것을 보는 슬픔 말이야. 어떤 때는 믿을 수가 없어. 그러나 그런 순간은 안타깝게도 여기서는 드물어. 가장 엄격한 독방 체제에 처해 있으니 모든 것이 나를 암울한 현실로 되돌려 놓거든.

계속 깊은 사랑으로 나를 응원해 줘, 여보, 내 명예를 위한 이 끔찍한 싸움에서 나를 도와줘. 내 영혼 가까이에서 당신의 아름다운 영혼이 진동하는 걸 느낄 수 있도록.

언제 당신을 볼 수 있을까?

이 슬픈 불행 속에서 내겐 애정과 위로가 필요한데.

아아, 나는 군인의 용감한 영혼을 가지고 있지. 그런데 순교자의 영웅적인 영혼도 가지고 있는지는 모르겠어!

당신과 사랑하는 우리 아이들에게 수없는 키스를 보내!

아이들이 당신에게 위안이 되기를,

A. 드레퓌스

모두 나에게 자주, 그리고 많이 편지해 줘. 내가 여기 아침부터 저녁까지, 또 저녁부터 아침까지 혼자 있다는 것을 생각해 주길. 나의 암울한 슬픔을 달래줄 동정심 많은 사람은 한 사람도 없거든. 그래서 나는 한시바삐 당신과 함께 거기에 있고 싶어, 여보, 한시바삐 내가 복권되고 내 명예가 회복되기를 평화롭고 고요하게 기다릴게.

방금 나는 완전히 긴장이 풀려서 눈물범벅이 되어 오열했고 온몸이 열에 들떠 떨렸어. 그건 낮에 있었던 끔찍한 고통에 대한 반응으로, 반드시 일어날 일이었지. 하지만 아쉽게도 당신의 품에 안겨 흐느끼지 못한 채, 당신에게 기대지 못한 채, 내 흐느낌은 감옥의 허공에 울려 퍼졌지.

이제 괜찮아, 기운 내! 나는 내 모든 에너지를 집중하고 있어. 내게는 깨끗하고 흠 없는 양심으로 내 가족에게, 내 이름에 헌신해야 할 의무가 있어. 생명의 숨결이 남아 있는 한, 내게는 저버릴 권리가 없어. 나는 곧 빛이 비치는 것을 보리라는 희망으로 싸울 거야. 그러니까 당신들은 계속해서 조사해. 내가 바라는 유일한 것은 최대한 빨리 떠나서 거기서 당신을 다시 만나 우리가 정착하는 것뿐이야. 그동안 우리 친구들과 가족들은 여기서 진짜 범인을 찾는 일에 전념하겠지. 언젠가 우리가 가장 끔찍하고 눈물겨운 시련을 견뎌낸 순교자로서 사랑하는 조국으로 돌아올 수 있도록 말이야.

이제 잠자리에 들어야 하는 시간이야. 나는 어떻게 될까? 짚 매트를 쇠막대로 받쳐놓은 내 침대에서 나는 무엇을 하게 될까? 육체적 고통은 아무것도 아니야. 당신도 알다시피 나는 육체적 고통을 두려워하지 않아. 하지만 정신적 고통은 조금도 끝나지 않는군. 오 여보, 내가 살겠다고 당신에게 약속한 날, 나는 대체 무엇을 한 거지! 나는 정말 내 영혼이 더 강하다고 생각했어. 결백한데도 체념하는 것은 말하기는 쉽지만 받아들이기 어렵네.

빨리 나한테 편지 써줘, 여보. 나를 보러 오도록 애써줘. 당신의 사랑스러운 눈에서 새로운 힘을 끌어내고 싶어.

수없는 키스와 함께, 알프레드

1895년 1월 6일 일요일 5시

내 사랑, 어제 편지에서 내 괴로움을 토로하고 고통을 늘어놓았다면 용서해 줘. 나는 누군가에게 털어놓지 않을 수 없었어! 흘러넘치는 내 마음을 당신보다 더 잘 받아줄 마음의 준비가 된 사람이 어디 있겠어! 내게 살아갈 용기를 준 것은 바로 당신의 사랑이야. 나는 그 사랑이 내 사랑 가까이에서 진동하는 것을 느껴야 해. 우리가 서로에게 합당한 사람들이라는 것을, 그리고 당신이 고귀하고 훌륭한 여성이라는 것을 보여주자.

그러니 용기를 내, 여보. 내 생각 너무 하지 마, 당신에게는 완수해야 할 다른 의무들이 있잖아. 당신은 사랑하는 우리 아이들과 회복시켜야 하는 우리 이름에 이바지할 의무가 있어. 그러니까 당신에게 맡겨진 모든 고귀한 사명들을 생각해. 그건 무거운 짐이지만, 난 당신이 지쳐 쓰러지지 않는다면, 힘을 보존한다면, 해낼 수 있다는 걸 알아.

그러니 당신 자신과 싸우고, 모든 에너지를 모으고, 오로지 당신의 의무만 생각해야 해.

나로 말하자면, 여보, 어제 내가 얼마나 고통스러워했는지 당신도 알지. 당신이 상상할 수 있는 것보다 훨씬 더 심했어. 언젠가 우리가 다시 만나 행복해할 때, 얘기해줄게.

지금 당장 내가 원하는 것은 단 하나야. 내가 여기 있어봤자 당신들한 테 아무 쓸모가 없으니까, 게다가 걱정스럽게도 범인을 찾기 위한 조사는 길고 세심한 작업이 될 테니까, 최대한 빨리 가장 좋은 조건으로 그곳으로 보내지는 거야. 그리고 우리 가족 모두가 힘을 합친 조사가 성공할 때까지 그곳에서 당신과 함께 기다리는 거야. 독방 생활이 나를 몹시 지치게 해서 내가 바라는 것은 단 한 가지, 가능한 한 빨리 그곳으로 보내달라는 거야.

오늘 아침에 나는 아직 편지를 받지 못해 매우 슬펐어. 다행히 오후 2시에 교도소장이 편지 한 뭉치를 가져다주더군. 정말 기뻤지. 그 편지들은 내 슬픈 감방에 기쁨의 빛이었어.

여행용 담요를 보내줄 수 있을까? 사실 감방 안이 몹시 춥거든.

가능한 한 빨리 나를 만날 허락을 받아줘.

수많은 키스를 보내며,

알프레드

가엾은 아이들에게도 키스를!

맙소사! 내 영혼이 얼마나 슬픈지. 도대체 내가 살면서 무슨 잘못을 했기에 이런 벌을 받는 걸까? 나를 파멸시키는 반역죄를 저지른 파렴치한 놈은, 신이 있다면, 끔찍한 형벌을 받아 마땅해. 그자의 가족들에게도 벌이 내려지기를. 불쌍한 내 아이들의 이름으로, 그놈을 저주해.

1895년 1월 7일 월요일 저녁 5시

여보,

내 사랑, 나는 당신을 위해, 사랑하는 내 아이들이 지닌 이름을 위해 깨끗하고 정직한 사람에게 가장 고통스럽고 끔찍한 고난을 견뎠어. 내가 어떻게 아직도 살고 있는지 모르겠어. 나를 지탱해 주는 것은 무엇보다 그곳에서 당신과 곧 다시 만난다는 희망이지. 그래서 내가 결백해도, 당신의 깊은 사랑에 힘입어 내 이름이 회복될 때까지 유배지에서 인내심을 갖고 기다릴 거야. 그리고 일하고 바쁘게 지내면서 육체적 피로로 인해 두뇌와 심장이 침묵하게 만들 거야. 하지만 나는 감옥에서는 살 수 없을 거야. 언제나 반드시 내 상황을 생각하게 되니까.

오늘은 당신 편지가 내게 전달되지 않았네. 내 편지가 정기적으로 당신에게 도착하지 않더라도 당신도 걱정하지 마, 여보. 하지만 허락되는 한, 나는 매일 당신한테 편지를 쓸게.

월요일과 금요일마다 당신을 볼 수 있다고 알려주더군. 아아! 월요일이 지났으니, 금요일까지 기다려야 하네. 당신에게 키스하고 당신 품에 안길 순간을 지극히 기쁜 마음으로 기다릴 거야. 나는 당신의 눈과 당신의 고귀한 마음에서 끔찍한 정신적 고통을 견디는 데 필요한 힘을 얻을 수 있어.

차라리 양심에 비추어 뭔가 지은 죄가 있다면 좋겠어. 그러면 적어도 뭔가 속죄할 것이 있을 테니까. 하지만 슬프게도! 여보, 내 삶이 늘 얼마나 정직하고 올곧았는지 당신도 알잖아.

나는 살기 위해 모든 것을 할 거야, 내 이름의 명예를 내게 돌려줄 최후의 그 순간까지 저항하기 위해 모든 것을 할 거야.

하지만 당신이 거기, 유배지에서, 내 옆에 있을 때 나는 그 기다림을 훨씬 더 잘 견딜 거야.

그러면 우리 둘 다, 서로에게 합당하고 자랑스럽게, 정직하고 깨끗한 두 마음, 항상 사랑하는 우리 조국 프랑스만을 생각했던 두 마음의 평온함을 유배지에서 보여주자.

가엾은 아이들에게 키스를. 모두에게 키스를.

당신을 사랑하는 만큼 당신에게 키스하며,

알프레드

1895년 1월 8일 화요일 저녁 6시

여보,

R., H., A.가 내게 보낸 편지들과 함께 일요일의 당신 편지가 오늘 내게 전달되었어.

모두에게 감사해. 그들에게 내 소식을 전해주고 내게 편지를 써 달라고 부탁해 줘. 하지만 내가 그들 모두에게 답장할 수는 없다고 말해줘. 답장 쓸 시간이 없어서가 아니야. 아아! 내 모든 편지를 읽어야 하는 교도소장의 시간과 호의를 남용하고 싶지 않아.

희망으로 살고 있다는 의미에서 나는 비교적 건강해. 하지만 이 상황이 더 오래 연장되면 안 될 것 같아.

때때로 내가 운명의 부당함에 격하게 반항하게 되는 것은 쉽게 이해되는 일이지. 사실 거의 석 달 전부터 짓지도 않은 죄로 나처럼 고통받는다는 것은 끔찍한 일이야. 그 모든 충격을 겪은 후에 내 뇌가 진짜 길을 잃고 방황하는 순간도 있어.

오늘 저녁 드망주 변호사를 만나 내가 원하는 조건에 따라 당신과 함께 유배에 보내져 빛이 밝혀지기를 기다릴 수 있도록 담당자에게 필요한 절차를 밟아달라고 부탁하고 싶었어. 빛이 밝혀진다는 관점에서, 나는 큰 희망을 품고 있어. 내 모든 노력이 결국에는 결실을 맺게 될 거야. 하지만, 세상에, 전혀 예상하지 못했던 그 많은 충격으로 흔들린 내 뇌가 회복되려면 신선한 공기, 육체적인 노동, 그리고 사랑하는 당신과 함께 있는 것이 필요해.

그러니 내 면회 허락을 받은 드망주 변호사에게 최대한 빨리 와

달라고 부탁해 줘. 결백한 사람이 온전한 정의를 되찾게 되기를 기다리면서 어떤 친절을 요구할 것인지 그에게 설명할 수 있게 말이야.

여보, 내가 아침부터 저녁까지, 그리고 저녁부터 아침까지 무엇을 하는지 내게 물었지. 나는 내 우울한 생각들을 당신에게 전하고 싶지 않아. 당신의 고통은 이미 충분히 큰데, 그걸 더 증가시킬 필요는 없지. 지금 이 순간 내가 무엇을 바라는지 당신에게 이해시키기 위해서는 위에서 말한 것으로 충분해. 명예 회복을 기다리면서 당신과 함께하는 야외에서의 유배 생활 말이야.

나머지에 대해서는 나중에, 우리가 다시 만나 행복할 때 얘기해줄게.

그래도 한 가지는 말해야겠어. 그건 내가 가장 슬픈 순간에, 격한 발작의 순간에, 별 하나가 갑자기 내 머릿속에서 반짝이며 내게 미소 짓는다는 것이야. 바로 당신의 모습이지, 여보, 내가 곧 다시 보고픈 사랑하는 당신의 모습. 나는 그 모습 옆에서, 이 세상에서 내가 가진 보다 소중한 것, 내 명예, 결코 더럽혀진 적이 없었던 내 명예를 되돌려주기를 참을성 있게 기다릴 거야.

모든 사람에게 내 인사를 전해줘. 아이들에게 키스를.

수없이 당신에게 키스를 보내며,

알프레드

얼마나 금요일이 기다려지는지! 오늘 당신이 교도소장의 점심시간이 아닐 때 오지 못한 것이 너무 안타까워. 어쩌면 당신에게 나를 포옹할 수 있도록 허락했을 수도 있었을 텐데.

방금 편지 한 뭉치가 내게 전달되었어. 장메르^{Jeanmaire}, 당신 아버지, 루이즈의 편지들과 당신 편지들이야. 모두에게 고마워. 편지를 보고 울긴 했지만, 편지들 덕분에 깊이 상처 입은 내 영혼이 편안해졌어.

나를 대신해 모두에게 답장해 줘.

1895년 1월 9일 수요일 5시

여보,

나도 똑같이 당신 편지들을 아주 늦게 받고 있어. 그래서 화요일 아침의 당신 편지만 내게 전달되었어. 전 가족의 수많은 편지가 동봉되어 있었는데 말이야. 어쩌겠어, 여보, 체념하고 조용히 참는 수밖에.

정말이지, 또 그 생각을 하면, 유죄 판결을 받은 후에 당신에게 살겠다고 약속하는 용기를 내가 어떻게 가질 수 있었는지 모르겠어. 토요일의 그날이 내 마음속에 불꽃처럼 선명하게 새겨져 있어. 나는 위험에 정면으로 맞서는 군인의 용기는 가지고 있지만, 아아, 과연 나는 순교자의 영혼도 갖게 될까?

하지만 여보, 안심해. 나는 살아서 내 명예가 회복될 때까지 저항하려고 노력할 거야.

나는 자책할 것이 전혀 없는 사람에게 부과될 수 있는 가장 참혹한 형벌을 꿋꿋하게 견뎠어. 내 마음은 피를 흘렸고 아직도 피 흘리고 있지만, 언젠가 계급장을 돌려받으리라는 희망만으로 살고 있어. 고귀하게 받았고 한 번도 더럽힌 적이 없었던 그 계급장 말이야.

게다가 나를 또 기다리고 있는 고통이 어떤 것이든 간에, 내 마음은 살라고 내게 명령하고 있어! 사랑하는 내 아이들이 지닌 이름을 위해, 전 가족의 이름을 위해 나는 저항해야 하니까.

하지만 때때로 의무를 이행하기가 힘들군!

이곳의 내 생활을 당신에게 말하는 것 — 당신을 슬프게 해서 무슨 소용이 있겠어, 여보? 당신의 슬픔은 이미 너무 커서 내 하소연으로 당신의 슬픔을 증가시킬 수는 없어.

나는 희망으로 살고 있어, 여보. 진실이 드러나지 않을 리가 없다는 확신, 항상 내 모든 지력과 체력을 바쳤고 내 모든 피를 기꺼이 바쳤을 사랑하는 내 조국 프랑스가 반드시 내 결백을 인정하고 선포하리라는 확신 속에서 살고 있어.

내겐 인내가 필요해. 나는 당신의 사랑, 우리 가족 모두의 애정, 마침내 명예가 회복되리라는 확신에서 인내를 끌어내야 해.

사랑하는 사람들에게 키스를 보내며.

당신을 사랑하는 만큼 당신에게 키스를 보내,
알프레드

드망주 변호사에게 내 면회 허락이 거절되었다는 소식을 당신 편지를 보고 알았어. 하지만 곧 허락될 거라고 기대해.

당신에 대해서는, 금요일까지 시간을 세고 있어.

모두에게 받는 친절한 편지들에 감사하고 있어. 나를 대신해 그들에게 감사하다고 해줘. 그리고 내겐 편지를 읽는 시간이 하루 중 가장 좋은 시간이라고 그들에게 말해줘. 하지만 나는 그들 모두에게 답장하지 못할 것 같아. 체념하고 진실이 밝혀지길 기다리고 있다는 것 말고는 할 말이 없어.

1895년 1월 10일 아침 9시

오늘 당신을 만난다는 기대감에 새벽 2시부터 더 이상 잠이 오질 않네. 사랑하는 아이들과 가족에 대해 내게 말해주는 사랑스러운 당신 목소리가 벌써 들리는 것 같아… 눈물이 나더라도 나는 창피하지 않아. 내가 견디고 있는 고통은 결백한 사람에게는 정말이지 잔인하니까.

대체 어떤 괴물이 선량하고 정직한 가족에게 불행과 불명예를 뒤집어씌운 것일까? 이 땅에 실제로 정의가 있다면, 그 괴물에게는 모든 처벌이 부과되어야 하고, 언젠가 모든 고문이 가해져야 해.

하지만 내 용기는 약해지지 않았어. 내 눈길이 현 상황에 머물 때는 고통스러운 순간도 있지. 그러나 나는 미래를 생각하며 기운을 차려. 당신의 영웅적인 헌신과 당신들 모두의 힘찬 노력 덕분에 진실이 드러나지 않을 수 없거든. 게다가 꼭 그렇게 돼야 해. 의지는 강력한 지렛대니까.

조금 이따 봐, 여보, 당신을 내 품에 꼭 껴안고 키스하는 기쁨, 그 행복한 순간과 나를 갈라놓는 시간을 일 분, 일 분 세고 있어.

여보, 시간이 너무 빨리, 너무 짧게 지나가서 당신에게 해야 할 말을 20분의 1도 못한 것 같아. 내 사랑, 당신의 희생과 헌신은 얼마나 영웅적이고 숭고한지! 나는 당신에게 감탄할 뿐이야.

그런 헌신적인 호의와 노력 앞에서, 나는 의심할 자격이 없어.

따라서 조용히 견딜 거야. 하지만 이따금 잔이 또 넘칠 때는 당신에게 내 마음을 털어놓게 허락해 줘.

내게 잔인한 일은 내가 견디고 있는 육체적 고통이 아니라 내 이름과 내가 사랑하는 당신의 이름을 둘러싸고 있는 경멸의 분위기야. 그건 아무리 말해도 부족하지 않아. 당신도 알다시피 나는 항상 자존심 강하고 당당했으며, 늘 의무를 무엇보다 우선시했지… 그러니 당신도 내가 어떤 고통을 견디고 있는지 상상할 수 있을 거야.

그래서 나는 아직 살고 싶고, 세상에 내 결백을 소리치고 싶어. 날마다, 내 마지막 숨이 끊어질 때까지, 내 마지막 핏방울이 흐를 때까지.

나는 당신의 눈에서 고난에 필요한 용기를 발견할 거야. 내 시련에 저항하는 데 필요한 힘을 아이들에 대한 추억에서 끌어낼 거야.

당신 초상 사진도 내게 가져다줘. 우리 아이들 초상 사진 사이에 놓게. 세 사람의 얼굴을 보면서 날마다, 매 순간 내 의무를 생각할 거야.

모든 사람에게 내 인사를 전해줘.

알프레드 드레퓌스

나를 기쁘게 해 준 훌륭한 편지에 대해 처제 알리스에게 감사하다고
해줘. 내가 편지를 쓰지 못하는 모든 가족에게도 내 소식을 전해줘.
그들의 편지는 언제나 반갑다고 말해줘.

당신에게 강렬한 키스를 보내며,

알프레드

오늘은 당신 편지도, 그 누구의 편지도 못 받았네. 편지들이 오다가 도중에 멈췄나? 어쨌든 오늘은 내 감방을 쾌적하게 만들어 주러 오는 햇빛이 한 줄기도 없었군.

추신—잠자리에 들려는 순간 편지 뭉치가 전달되었어. 이제 감미롭게 이 편지들을 음미해야지.

1895년 1월 11일(목요일 저녁 5시)

여보,

방금 내게 전달된 당신의 지난 편지 두 통(하나는 화요일 저녁 편지, 다른 하나는 수요일 아침 편지 같아)에 대해 감사해.

아침저녁으로 편지해 줘, 당신 편지 두 통을 동시에 받더라도. 그렇게 머릿속으로 당신을 따라가고 당신이 움직이는 걸 볼게. 내가 당신 옆에서 사는 듯이.

나는 읽고 쓰는 일에 조금 전념하고 있어. 그렇게 해서 부글거리는 내 머릿속을 잠재우고 너무도 슬프고 부당한 내 상황을 더 이상 생각하지 않으려고 노력해.

용서해 줘, 여보, 때때로 내가 한탄하는 걸… 그렇지만 쓰디쓴 추억 속에서 터질 듯한 내 마음을 당신의 마음에 쏟아내고 싶을 때가 있는 걸 어쩌겠어, 우리는 항상 서로를 너무나 잘 이해했으니까, 내 사랑, 강하고 관대한 당신의 영혼이 내 영혼과 함께 분노로 요동치리라고 확신해.

우린 정말 행복했지! 인생의 모든 것이 우리에게 미소 지었어. 우린 다른 사람을 부러워할 게 아무것도 없다고 내가 말했던 거 기억나? 상황, 재산, 서로에 대한 사랑, 사랑스러운 아이들… 그야말로 우린 모든 걸 다 가졌었지.

수평선에 구름 한 점 없었어… 그러다가 예기치 않은 무시무시한 벼락이 떨어졌고, 너무 믿을 수 없어서 나는 오늘도 여전히 내가 끔찍한 악몽의 노리개가 된 것 같은 생각이 때때로 들어.

나는 육체적 고통을 한탄하는 것이 아니야. 그런 건 내가 무시한다는 걸 당신도 알잖아. 하지만 결백한데도 불구하고 비열하고 끔찍한 비방이 자기 이름 위에 드리워지는 걸 느낀다는 건… 아! 말도 안 돼! 그래서 나는 모든 고통과 모욕을 견뎠어. 조만간 진실이 밝혀지고 내게 정의를 되돌려줄 거라고 믿어 의심치 않으니까.

반역자가 있다는 것을 알게 된 고귀한 민족의 분노와 격분은 충분히 용서가 돼… 그러나 그 반역자가 내가 아니라는 것을 알려주기 위해 나는 살고 싶어.

당신의 사랑과 우리 가족 모두의 한없는 애정에 힘입어 나는 운명을 이길 거야. 때때로 의기소침해지고 절망까지 하는 순간이 이제 없을 거라고 주장하는 것은 아니야. 정말이지, 이토록 끔찍스러운 잘못을 불평하지 않으려면 감히 내가 내세울 수 없는 넓은 영혼이 필요할 거야. 하지만 내 마음은 여전히 강하고 꿋꿋할 거야.

그러니까 용기와 힘을 내, 여보. 그건 우리 모두에게 필요한 거야. 모두 자랑스럽고 당당하게 머리를 듭시다. 우린 순교자니까.

난 살 거야, 내 사랑, 당신이 지금까지 그랬던 것처럼 명예롭고 기쁘게 내 이름을 계속해서 지닐 수 있기를 바라니까. 마침내 우리 아이들에게 흠 없는 이름을 물려주기를 바라니까.

그러니 당신들 누구도 역경에 쓰러지지 말고, 중단도 휴식도 없이 진실을 찾도록 해.

나는 깨끗하고 평온한 양심의 힘으로 이 불가사의하고 비극적인 사건이 밝혀지기를 기다릴 거야.

게다가 여보, 당신도 알다시피 지금껏 내가 간청한 유일한 은총은 바로 진실이야. 오직 한 가지만 요구하는 한 인간에게 마땅히 해야 할 의무가 저버려지지 않기를 바라. 그건 바로 조사를 계속하는 것이지.

명예 회복의 서광이 비칠 때, 내가 어제와 마찬가지로 오늘도 달아마땅한 계급장을 돌려받을 때, 마침내 내가 용감한 우리 병사들의 선두에 서게 될 때, 오! 여보, 그때 나는 모든 것을 잊을 거야. 고통도, 괴로움도, 참혹한 모욕도.

신과 인간의 정의로 그 빛이 곧 비치게 되기를!

내일 봐, 내 사랑, 당신에게 키스하는 기쁨을 누리겠군. 나는 지금부터 시간을 세고, 내일은 분을 셀 거야. 당신에게 진한 키스를 보내며,

알프레드

사랑하는 우리의 두 아이에게 키스를. 나는 아이들을 생각할 엄두가 안 나. 내게 아이들 얘기를 해줘. 나를 대신해 아이들에게 약속한 선물을 사주는 거 잊지 마. 어린 영혼들이 우리의 슬픔에 고통받지 않도록.

집안의 모든 사람에게 내 인사를 전해줘.

어제의 30분은 어찌나 짧았던지. 서로 하고 싶은 말을 하나도 잊지 않으려고 분마다 뭘 할지 미리 계획하는데 말이야… 그런데 시간은 꿈속처럼 흐르고, 면회는 끝났는데 아직 서로에게 거의 아무 말도 못 했다는 걸 갑자기 깨닫지.

어떻게 우리 같은 두 사람이 이토록 가혹한 시련을 겪을 수 있을까?

이번 겨울을 위해 우리가 세웠던 멋진 계획 생각나? 마침내 약간의 자유를 즐기고, 지금쯤이면 두 젊은 연인처럼 날씨가 화창한 지방으로 산책하러 가야 했는데… 아! 그 모든 것이 불가능하고, 견디기 힘든 일만 일어나네. 신이 있다면, 이 세상에 정의가 있다면, 곧 진실이 밝혀지고 우리가 고통받은 모든 것에 대해 보상받게 되기를 기대해야지.

아이들 사진을 내 앞에, 감방 선반 위에 놓아두었어. 사진을 볼 때면 눈물로 눈꺼풀이 젖어 들고 가슴이 찢어져… 하지만 그건 동시에 내게 도움도 되어서 용기를 북돋아 주지. 당신 사진도 갖다줘. 눈앞에 있는 세 사람의 얼굴이 내 우울한 고독의 동반자가 될 거야.

아! 사랑하는 내 아내, 당신에겐 완수해야 할 고귀한 임무가 있어. 그것을 위해 당신의 모든 에너지가 필요하지. 그래서 내가 당신에게 건강을 돌보라고 간곡하게 부탁하는 거야. 당신에게는 육체적인 힘이 그 어느 때보다 더 필요하거든. 당신은 먼저 아이들에게, 그리고 아이들이 가지고 있는 이름에 대해 헌신할 의무가 있어. 그 이름이 깨끗하고 흠이 없다는 것을 온 세상에 증명해야 해.

아! 이 비극적인 사건에 대한 진실, 내가 그것을 얼마나 원하고 기대하는지. 내 전 재산뿐만 아니라, 그건 아주 당연하지만, 내 피를 대가로라도 사고 싶어!

내 뇌를 잠들게 할 수만 있다면, 내 머리로는 풀 수 없는 수수께끼를 계속 생각하지 못하게 할 수만 있다면! 내 사건을 둘러싼 암흑을 뚫고 들어갈 수 있으면 좋겠어. 땅을 파서 거기서 빛이 솟아오르게 하고 싶어.

당연히 당신은 인내심을 가져야 한다고, 진실이 발견되려면 시간이 필요하다고 대답하겠지… 나도 다 알아, 슬프게도! 하지만 어쩌겠어, 내게는 일 분이 한 시간 같은 걸… 항상 누가 와서 "미안합니다, 잘못 생각했어요, 실수가 발견되었습니다."라고 내게 말할 것만 같아.

이제 나는 월요일을 기다리고 있어. 이제부터 1주일은 당신이 나를 보러 오는 두 요일로만 이루어질 거야. 내가 당신의 희생과 영웅적 행위에 얼마나 감탄하는지, 너무도 깊고 헌신적인 당신의 사랑에서 내가 얼마나 용기를 얻는지 당신은 상상도 못 할 거야.

나를 기쁘게 해 준 훌륭한 편지에 대해 처제 알리스에게 감사하다고 해줘. 내가 편지를 쓰지 못하는 모든 가족에게도 내 소식을 전해줘. 그들의 편지는 언제나 반갑다고 말해줘.

당신에게 강렬한 키스를 보내며,

알프레드

1895년 1월 14일(월요일 아침 9시)

드디어 당신을 보고 키스하며 모든 가족의 소식을 말로 듣는 기쁨을 누리는 행복한 날이 다시 왔군. 당신에게 할 말이 많아… 하지만 당신을 보면, 감정이 북받쳐 또다시 전부 잊어버리게 되지 않을까?

어젯밤 나는 또 2시가 되어서야 잠이 들었어. 당신을, 가족 모두를, 풀고 싶은 그 지독한 수수께끼를 생각했지… 머릿속으로 더 과격하고 더 괴이한 온갖 방법들을 궁리했어. 뒤에 괴물이 숨어 있는 장막을 찢기 위해 당신에게 알려줄 방법 말이야.

어쩔 수 없이, 여보, 나는 밤이고 낮이고 그 생각만 해. 내 정신은 줄곧 그 목표를 지향하고 있는데, 나는 당신을 아무것도 도와줄 수가 없네. 나를 가장 괴롭히는 건 내가 무능력하다고 느끼는 거야.

책을 읽으려고 애쓰지만, 내 눈만 행을 따라갈 뿐 정신은 다른 곳에 가 있어.

조금 이따 봐, 여보, 당신을 보는 기쁨.

그 순간을 기다리며 나는 우리 안의 사자처럼 감방 안에서 빙빙 돌고 있어.

시간이 더디게 가네. 1분이 한 시간 같아. 어떻게 에너지를 쓰고, 어떻게 내 마음을 잠잠하게 한담! 때로는 인내심이 사라져 버려. 내게 부족한 건 용기도 에너지도 아니라는 것, 당신도 잘 알잖아… 게다가 내 양심은 내게 초인적인 힘을 주고 있지… 하지만 그건 지독히도 활동력이 없어. 내 인생의 유일한 목표인 내 명예를 앗아간 비열한 자를 찾기 위해 당신을 돕고자 하는 욕망, 내 피를 끓게 하는 것은 바로 그거야. 아, 이렇게 무력하고 활기 없이 진실이 드러나기를 수동적으로 기다리느니 차라리 혼자서 열 개의 보루를 공격하는 편이 낫겠어!

기계적인 작업에 몰두하고 있는 대로 위의 돌 깨는 사람이 부러워. 조금 이따 봐, 여보. 당신이 내게 인내심을 되돌려주겠지.

벌써 꿈속처럼 시간이 지나갔네… 당신한테 할 말이 참 많았는데… 당신 앞에 있으니, 당신을 바라보니 더 이상 아무 생각도 안 났어… 내게 일어나는 모든 일이 마치 꿈 같아, 우리가 더 이상 헤어지지 않고 마침내 끔찍한 악몽에서 깨어날 것 같은 데… 하지만 슬프게도, 헤어지는 것이 현실이네.

아, 죄를 저지르고 우리의 행복을 빼앗아 간 비열한 자, 그자에게 평범한 벌은 합당하지 않아… 마침내 그자를 찾아내는 날, 여론이 그의 이름을 역사의 형틀에 못 박고… 상상을 초월하는 고통이 그에게 가해지면 좋겠어…

나의 신경질과 참을성 없음을 용서해 줘. 하지만 여보, 이 긴 날들, 기나긴 시간이 내게 어떤 의미일지 이해해 줘!

그래도 매번 면회 후에는 더 평온해지고, 당신의 눈과 사랑에서 새로운 힘과 인내를 얻지.

아, 진실, 우리에겐 반짝이고 명확하게 빛나는 진실이 필요해. 나는 오직 그것을 위해서만 살고 있어, 그 희망 속에서만 살고 있어.

그 진실, 당신이 잘 말해주었던 것처럼, 우리에겐 온전하고 절대적인 진실이 필요해… 그 누구의 머릿속에도 의심이 남지 않아야 해. 내 결백이 완전하게 드러나야 하고, 내 명예가 이 세상의 다른 사람들만큼 고귀하다는 것을 인정받아야 해.

그것을 위해서는 분명히 인내심을 가져야 해… 나도 인정해, 당신처럼… 하지만 마음에는 이성이 알지 못하는 이유들이 있어! 만약 범인을 찾게 되는 날까지 내가 내 뇌를 잠재울 수 있다면, 나는 육체적인 고통을 용감하게 눈 하나 깜짝하지 않고 견딜 거야… 그런데 내가 아직 가야 할 길을 가는 동안 나를 감싸게 될 그 분위기를 생각해 봐!

어쨌든 내 마음을 진정시키자. 나는 당신의 눈길에서 매번 새로운 힘과 인내를 얻어.

그러니 더 이상 내 고통은 생각하지 마. 당신은 지금 하는 대로만 하면, 즉 중단도 휴식도 없이 범인을 찾기만 하면 내 고통을 덜어줄 수 있어.

마리의 편지에서 피에로가 쓴 몇 줄을 읽었어. 두 사람 모두에게, 특히 피에로의 손을 이끌어 준 손에 너무 감사해.

사랑하는 우리 아이들이 원기 왕성하고 건강하게 해줘.

당신을 사랑하는 만큼 키스를 보내며,

알프레드

1895년 1월 15일(화요일 아침 9시)

여보,

어제 당신이 내 인내심을 부추기고 단 하루에 이루어지는 것은 아무것도 없다는 것을 이해시키면서 내게 해 준 말을 어젯밤에 많이 생각했어. 아, 나도 잘 알아. 하지만 나는 현 상황에서는 결점이 되는 내 자질로 인해 고통받고 있어. 행동가인 나는 머릿속에서 나를 괴롭히는 그 수수께끼가 풀리는 것을 보고 싶어 죽겠어.

아무튼 당신은 나를 이해할 거야, 여보, 당신은 나를 잘 아니까. 때때로 나를 사로잡는 초조함의 열병과 이따금 나를 뒤흔드는 미친 듯한 분노의 발작을 날마다 다시 이야기할 필요는 없지….

어제저녁에 좋은 소식을 받았어. 오늘 장모님을 뵐 거라고 알려주더군. 나는 벌써 기뻐하고 있어.

드망주 변호사를 잠깐 봤어. 그다음에는 장모님을 만나 기뻤고.

오늘은 내가 신경이 너무 예민해져서 장모님 앞에서 거의 쓰러질 뻔했어. 어쩌겠어, 때때로 나는 모든 약점과 격정을 가진 인간으로 되돌아가는걸.

게다가 내 상황에는 가장 강한 사람도 쓰러뜨릴 만한 것이 있다는 것을 인정해 줘.

아! 당신과 사랑하는 우리 아이들을 위해서가 아니라면 나로서는 차라리 죽는 게 더 편하다는 걸 생각해 주길. 하지만 나는 고통을 꿋꿋하게 참아내야 해. 내 결백이 백일하에 드러나는 날까지 모든 고난과 시련을 견디겠다고 생각해야 해.

그렇게 하지 않을 수가 없어.

나는 끝까지 저항할 거야. 그건 믿어도 돼. 하지만 여전히 이따금 분노의 비명, 고통의 비명이 내게서 새어 나올 거야.

우리 아이들에게, 모든 사람에게 내 인사를 전해줘.

당신의 충실한 남편,

알프레드

나약함의 순간은 지나갔어. 나는 미래를 보고, 미래 속에서 살아가. 그러니 모두 용기를 내. 조만간 결백이 승리할 거야.

당신들이 그려놓은 길에서 약해지지 말고 걸어가. 나는 약해지지 않고 나의 고통스러운 길을 계속 갈 테니까.

1895년 1월 16일(수요일 아침 10시)

여보,

내 신경을 억누르고, 내 영혼의 소란스러운 움직임을 잠재우는 데 성공했어… 하긴 조급해한다고 해서 달라지는 건 없지. 나는 내 결백이 밝혀지는 걸 보기 위해 살기로 결심했으니까.

그러려면 시간이, 심지어 많은 시간이 필요하다는 걸 알아… 그러니 당신한테 약속한 것처럼, 진실이 드러나기를 침착하고 의젓하게 기다릴 거야. 내 양심은 필요한 힘을 나에게 줄 거야.

나는 여전히 나를 기다리고 있는 고난을 불평하지 않고 견디도록 내 영혼을 준비시킬 거야. 깊이 상처 입은 마음의 흐느낌을 억누를 거야.

어제는 잠시 나 자신에 대한 감각을 잃어버렸었어. 석 달째 방에 갇혀서 정의로운 사람에게 가해질 수 있는 가장 끔찍한 정신적 고문에 시달리고 있다는 것을 생각해 봐. 하지만 내 온 존재를 바쳐 맹렬하게 노력하여, 다시 정신을 차렸어.

특히 내 신경이 병든 거야. 내 정신적 에너지는 처음 그대로야.

하지만 당신들은 모두 의지와 지성과 헌신으로 뭉쳐 있지. 그러니 나는 조만간 진실이 드러나리라고 확신해. 나는 당신들의 노력을 저버리지 않을 거야.

더 이상 그런 얘기는 하지 말자.

당신한테 무슨 얘기를 해 줄까? 나의 하루 생활은 당신이 알고 있지! 나는 아주 세세한 것까지 당신한테 설명했어. 내 생각? 내 생각은 온통 당신, 사랑하는 우리 아이들, 소중한 우리 가족을 향하고 있지.

당신을 만나 키스하려면 아직도 이틀을 더 기다려야 하는군. 우리 면회 사이의 간격이 어찌나 긴지, 면회는 어찌나 짧은지! 당신이 없을 때는 시간을 빨리 가게 하고, 당신이 내 옆에 있을 때는 영원히 지속되게 하고 싶어.

당신이 내게 얼마나 살아갈 용기를 주는지 몰라, 여보. 당신의 눈에서, 당신이 내게 상기시키는 추억에서, 우리 아이들에 대한 내 의무에서 나는 많은 인내를 얻고 있어.

화요일에 당신이 쓴 소중한 편지 두 통을 방금 받았어. 사랑하는 우리 아이들에 대해 당신이 이야기해 주는 것이 좋아. 비록 아이들을 생각할 때마다 가슴이 찢어지지만, 그래도 당신이 반복해 주는 아이들의 종알거림은 내 안에 즐겁고 감동적인 추억을 일깨워. 더 좋은 날들에 대한 믿음이 되살아나지.

당신들이 계속하고 있는 일에 대해서는 전적으로 당신 의견에 동의해. 목표를 달성하려면 침착함과 시간과 인내가 필요하지… 나도 잘 알아. 내가 당신이라도 당신처럼 행동할 거야. 깊이 생각하지 않고 행동하여 모든 것을 잃느니 확실하게 성공하는 것을 선택하면서… 하지만, 나는, 슬프게도, 여기 사방에 벽으로 둘러싸인 채 피가 끓어올라도 무기력하게 있네. 당연히 내가 보는 방식과 당신들이 보는 방식이 다를 수밖에.

두 누나가 2시에 나를 보러 온다는 소식도 알려주는군. 형제를 다시 만난다는 건 얼마나 행복한 일인지.

루이즈와 라쉘을 만났어. 누나들의 심장이 내 심장과 함께 고동치며 내 고통을 함께 나누는 것을 느꼈지. 미래에 대한 누나들의 믿음은 절대적이더군. 나도 누나들처럼 희망을 갖고 있어.

훌륭한 우리 가족들과 친구들에게서 얼마나 헌신적인 모습을 보게 되는지 몰라! 그런 것들이 결국 인간성에 대한 위안을 주지. 정말로 사람은 불행 속에서만 그 진가가 판단되는 것 같아.

당신을 사랑하는 만큼 수없이 키스를 보내며.

당신의 충실한 남편,

알프레드

착한 잔느는 눈에 띄게 변하고 있네. 제 오빠가 잘생긴 소년이 된 것처럼 예쁜 소녀가 되겠지?

인간의 삶에서 이 빌어먹을 신경은 대체 무슨 역할을 하는 걸까!

왜 우리는 물질적 인격과 정신적 인격을 완전히 분리하지 못하고, 한쪽의 영향이 다른 쪽에 미치지 않게 할 수 없는 걸까?

내 정신적 인격은 언제나 아주 굳세고 강하지. 정신적 인격은 끝까지 가기로 결심했고 모든 것을 하기로 했어. 사실 나는 결코 잘못을 저지르지 않았는데도 빼앗긴 내 명예가 필요해.

하지만 내 물질적 인격은 심한 동요를 겪고 있어! 약 석 달 전부터 극도로 긴장한 신경은 때때로 끔찍하게 나를 고통스럽게 하는데, 나는 신경을 가라앉히기 위해 격한 육체적 운동을 할 여력조차 없어. 오늘은 긴장을 완화하기 위해 무슨 약이라도 받아야 할 것 같아.

아! 나를 고발해서 유죄 판결을 받게 한 자들을 생각할 때면! 그들이 양심의 가책에 시달리고 내가 겪는 형벌을 그들이 당하게 되기를!

다른 이야기 하자.

어떻게 지내고 있어, 여보? 아이들은 어떻게 지내? 가족 모두 늘 건강하기를 바라. 잘 버텨, 당신에게는 쓰러질 권리가 없어. 당신에겐 모든 용기와 에너지가 필요해. 그러려면 육체적으로 힘이 있어야 해.

드디어 내일이 금요일이군. 이날은 어찌 그리 더디게 오는지! 다행히 이번에는 시간이 조금 더 빨리 간 것 같았어. 어제와 그제, 면회 온 사람들한테 당신 이야기를 들었으니까. 내 주위에서 이 모든 우정과 애정, 이 모든 헌신을 느낄 때 내가 어떻게 자신감을 잃을 수 있겠어!

특히 내가 갖춰야 하는 것은 바로 인내심이야.

어제의 당신 편지를 건네받았어.

당신이 부추기지 않아도 나는 이미 혼자서 충분히 한탄하고 있다고 생각해. 아! 온전한 결백을 소리치고 드러나게 하고 싶을 때, 아무것도 할 수 없는 무능함이 얼마나 끔찍한지! 결국 그 모든 게 아무 소용이 없어. 내가 당신한테 아무리 여러 번 말해도 충분하지 않지만, 나를 대신해 사람들도 여러 번 말했겠지만, 중단 없이 쉬지 않고 조사해야 해.

의지는 지렛대와 같아서 모든 장애물을 들어 올려 부숴버리지.

어제 처제의 친절한 편지를 받았고, 오늘은 장모님의 편지를 받았어. 슬프게도 나는 그들에게 특별히 할 말이 아무것도 없어. 당신이 내 생활을 시시각각으로 알고 있으니, 나만큼 완전하게 그들에게 설명해 줄 수 있을 거야. 장모님한테 아무것도 염려하지 마시라고 말씀드려. 내가 신경 쇠약을 겪고 있는 건 충분히 이해할 수 있는 일이야. 하지만 영혼은 늘 굳건하고 진실과 명예를 원하고 있어. 그리고 그걸 갖게 될 거야. 그러니까 나는 당신들의 노력을 저버리지 않을 거야.

조만간, 여보, 행복이 우리에게 다시 돌아올 거야. 나는 마음속으로 그렇게 확신해. 가장 힘든 것은 인내심을 가져야 한다는 건데, 당신들에게는 행동이라는 강력한 유도제가 있어서 다행이야.

내일 봐, 여보, 당신을 보고 함께 이야기하며 키스하는 기쁨을.

수없는 키스를 보내며,

당신의 충실한 남편,

알프레드

아이들에게 키스를.

1895년 1-2월

생마르탱 드 레[18]

---

18. Saint–Martin de Ré. 프랑스 서부 해안과 스페인의 북부 해안으로 둘러싸인 비스케이
만(Bay of Biscay, 프랑스어로는 Golfe de Gascogne)에 있는 레 섬의 작은 도시이다.
한때 식민지로 보내지는 죄수들이 머물던 곳으로, 현재도 그곳에 중앙 교도소가
운영 중이다.

'배신자: 알프레드 드레퓌스의 계급 강등'
(《르 프티 주르날》 1895년 1월 13일자)

1895년 1월 19일

여보,

목요일 밤 10시쯤 누군가 와서 나를 깨우더니 여기로 데려왔어. 나는 어제저녁에야 여기 도착했지. 당신 가슴이 찢어질까 봐 내 여행에 대해서는 이야기하고 싶지 않아. 용감하고 관대한 민족이 반역자라고 믿는 사람, 즉 가장 비참한 자를 향해 소리치는 정당한 외침을 내가 들었다는 것만 알아둬. 내게 아직 마음이 남아 있는지조차 더 이상 모르겠어.

아! 내 유죄 판결의 밤에 자살하지 않겠다고 당신에게 약속한 것이 얼마나 큰 희생이었는지! 내가 겪는 모든 고통을 견디기 위해, 가엾은 내 아이들이 지닌 이름을 위해 내가 어떤 희생을 하고 있는지! 만약 신의 정의가 있다면, 이 길고 끔찍한 고문, 모든 순간의 고난에 대해 보상받을 것을 바랄 수밖에. 언젠가 장인어른이 차라리 죽고 싶다고 내게 말했었는데, 나도 그래! … 차라리 죽는 것이 십만 배는 더 나아. 그러나 우리 누구에게도 그런 권리는 없지. 내가 고통받을수록, 틀림없이 그것은 진실을 찾기 위한 당신들의 용기와 결의를 더욱 북돋겠지. 그러니 내가 감수하는 모든 고통에 비례하여, 당신들은 쉬지 말고 끊임없이 조사해 줘. 다음과 같은 허가를 받을 수 있도록 장관에게 요청해 줄 수 있겠어? 그만이 허가해 줄 수 있는 것이야. 첫째, 내 모든 가족, 아버지, 어머니, 형제자매에게 편지를 쓸 권리. 둘째, 내 감방에서 글을 쓰고 일할 권리. 현재 나는 종이도 펜도 잉크도 없어. 단지 지금 당신에게 편지 쓰고 있는 이 종이 한 장만을 받고, 나중에

펜과 잉크를 다시 가져가거든, 셋째, 흡연 허가.

당신은 완전히 회복될 때까지 오지 않는 것이 좋겠어. 기후가 매우 혹독한데, 무엇보다 사랑하는 우리 아이들을 위해, 그리고 당신이 추구하는 목표를 위해 당신에겐 온전한 건강이 필요하잖아. 여기의 내 생활에 대해서는 당신에게 말하는 것이 금지되어 있어.

마지막으로, 여기 오기 전에 나를 보고 내게 키스할 권리 등등을 요청하는 데 필요한 모든 허가를 받아야 한다는 것을 잊지 말도록.

우리가 언제 다시 만날 수 있을까, 여보? 나는 그 희망 속에서, 그리고 미래의 명예 회복에 대한 더 큰 희망 속에서 살고 있지만, 정신적으로 고통스러워. 모든 가족에게 끊임없이 쉬지 말고 애써야 한다고 말해줘, 이 모든 것이 끔찍하고 비극적이기 때문이야. 빨리 내게 편지를 써줘. 당신을 사랑하는 만큼 키스를 보내며,

알프레드

1895년 1월 21일(화요일 아침 9시)

당신은 얼마나 고통스러울까!··· 우리를 희생자로 만든 이 드라마는 분명히 이 세기의 가장 끔찍한 것이야. 자신을 위한 모든 것, 행복, 미래, 매력적인 집을 가지고 있다가 갑자기 끔찍한 범죄로 고발되고 유죄 판결을 받다니!

아! 가족에게 치욕을 안긴 그 괴물은 차라리 나를 죽였어야 했어. 적어도 나만 고통받았을 테니까.

당신도 알다시피, 나를 괴롭히는 것은 내 이름과 불명예스러운 이름이 하나가 된다는 생각이야. 육체적 고통만 견뎌야 한다면 그건 아무것도 아니겠지. 고귀한 목적을 위해 견디는 고통은 우리를 성장시키지만, 비열한 범죄로 유죄 판결을 받아 고통받는 것은, 아! 말도 안 돼. 그건 말이야, 나 같은 에너지의 소유자에게도 너무 지나친 일이야.

아, 왜 나는 죽지 않았을까? 내겐 내 의지로 인생을 떠날 권리조차 없어. 그건 비겁한 짓일 테지. 내겐 명예를 회복한 후에야 죽을 권리, 망각을 추구할 권리가 있을 거야.

며칠 전 라로셸[19]에서 모욕당할 때, 나는 교도관들의 손에서 벗어나 나에게 정당한 분노를 표출하는 사람들에게 내 가슴을 드러내고 이렇게 말하고 싶었어. "모욕하지 마세요. 당신들이 알지 못하는 내 영혼은 어떤 오염도 없이 순수합니다. 그러나 내게 죄가 있다고 믿는다면,

---

19. La Rochelle. 레 섬이 있는 비스케이만과 접한 항구 도시로서 대서양과 인접한 어항이다. 그러니까 본문의 상황은 드레퓌스가 레 섬으로 이송되면서 거쳐온 도시에서 받은 모욕을 말한다.

자, 내몸을 받으세요. 후회 없이 내몸을 내어드립니다." 적어도 그때, 육체적 고통의 쓰라린 아픔 아래에서 내가 여전히 "프랑스 만세!"라고 외친다면, 어쩌면 그때는 내 결백을 믿었을지도 모르지!

결국 내가 밤낮으로 요구하는 것은 뭐지? 정의, 정의! 우리는 19세기에 살고 있는가, 아니면 몇 세기 전으로 돌아가야 하는가? 빛과 진실의 시대에 결백이 무시되는 일이 가능할까? 조사가 이루어지길 바라. 나는 어떤 은혜도 요구하지 않지만, 모든 인간에게 마땅히 주어져야 할 정의를 요구하는 거야. 조사가 계속되기를, 강력한 조사 수단을 가진 사람들이 그 목적을 위해 그것을 사용해 주길. 그들에게 그것은 인류애와 정의에 대한 신성한 의무야. 그러면 불가사의하고 비극적인 내 사건 주위에 빛이 비치지 않을 수가 없지.

오, 신이여! 도둑맞은 내 명예를 누가 돌려줄 수 있을까요?

아, 가엾은 당신, 이 얼마나 암울한 드라마인지! 당신이 말한 것처럼, 확실히 이 드라마는 상상할 수 있는 모든 것을 넘어서고 있어.

내겐 하루 중 두 번의 행복한 순간이 있을 뿐인데, 아주 짧아. 첫 번째는 이 종이를 받아서 당신에게 편지 쓸 수 있을 때. 그럼 나는 이렇게 당신과 이야기를 나누며 잠시 시간을 보내지. 두 번째는 매일 오는 당신의 편지를 받을 때. 나머지 시간에는 내 머릿속과 마주하고 있어. 내 생각이 슬프고 암울하다는 것을 신은 알고 있지.

이 끔찍한 드라마가 언제 끝날까? 언제 마침내 진실이 밝혀질까? 아, 이 비통한 수수께끼를 풀기에 능숙하고 능란한 사람에게 내 전 재산을 주겠어!

우리 모든 가족의 소식을 내게 알려줘.

모든 사람에게 내 인사를 전해줘.

사랑스러운 우리 아이들에 대해 말할 용기가 나지 않아. 아이들 사진을 볼 때, 너무도 착하고 다정한 아이들 눈을 볼 때, 가슴에서 입술까지 눈물이 차올라. 무언가를 혹은 누군가를 위해 고통받는 것은 이해할 수 있는 일이지… 하지만 이 추악한 고난은 무엇 때문에, 특히 누구를 위한 걸까?

당신을 내 품에 꼭 안으며,

알프레드

아주 건강하게 완전히 회복되기 전에는 오지 마. 우리 아이들에겐 당신이 필요해.

1895년 1월 23일

여보,

매일 당신 편지를 받고 있어. 아직 다른 가족의 편지는 전혀 전달되지 않았어. 나 역시 그들에게 편지 쓸 허락을 아직 받지 못했고. 나는 토요일부터 매일 당신에게 편지를 썼어. 당신이 내 편지를 받고 있기를 바라.

여보, 라로셀에서의 사건에 놀랄 필요 없어. 나는 아주 자연스러운 일이라고 생각해. 내가 훨씬 더 놀라는 것은 우리 가족들이 진짜 어떤 사람들인지, 그들의 이름이 충성심이나 명예와 동의어라고 말하는 사람이 아직 아무도 없었다는 거야. 아! 인간의 비겁함이라니, 나는 이 슬프고 암울한 날들 속에서 비겁함의 범위를 헤아려 봤어!

불과 몇 달 전의 나를 생각하고 오늘날의 내 비참한 상황과 비교할 때, 솔직히 나는 운명의 부당함에 대한 격한 분노와 좌절을 느껴. 사실 나는 우리 세기의 가장 끔찍한 오류의 희생자야. 내 이성은 때때로 믿기를 거부해. 내가 마치 끔찍한 환상의 노리개가 된 것 같거든. 이 모든 것이 사라질 것 같지만… 슬프게도! 온통 내 주변에는 현실뿐이야.

왜 이 비극적인 이야기가 시작되기 전에 우리 모두 죽지 않았을까? 확실히 그게 더 나았을 텐데. 이제 우리에게는 누구도 죽을 권리가 없어. 우리는 우리 이름에 가해진 오명을 씻기 위해 살아야 해. 내 확신은 절대적이야. 조만간 진실이 밝혀질 거라고 나는 확신해. 우리 시대에 조사한 끝에도 진범을 찾지 못한다는 것은 불가능한 일이지.

하지만 그 순간에 나는 정신적으로나 육체적으로나 어떻게 되어 있을까? 그때 내게는 삶이 더 이상 아무 매력이 없을 것 같아. 만약 내가 여전히 삶에 연연한다면, 여보, 그건 이 끔찍한 상황에서 영웅적으로 헌신한 당신을 위해서, 그리고 정직한 사람으로 키우고 싶은 사랑하는 내 아이들을 위해서일 거야.

하지만 무슨 일이 일어나든, 나는 역사가 사태를 바로잡을 거라고 확신해. 쉽게 흥분하기는 해도 부당한 불행에 너그러이 마음을 쓰는 우리 아름다운 나라 프랑스에는, 진실을 밝히려는 용기 있고 정직한 사람이 있을 거야.

여보, 나에 관해서는 무슨 말을 할까? 나는 영혼이 부서졌어. 그럴 만도 하지. 하지만 걱정하지 마. 마지막 숨을 거둘 때까지 나는 고개를 숙이거나 굽히지 않을 거야. 내 명예는 세상 누구의 명예와도 다르지 않아. 당신들도 나처럼 행동하고, 정의를 요구해 줘. 그것이 내가 간청하는 유일한 호의야. 나는 진실, 오직 진실만을 요구해.

그 진실은 추구한다면 발견되지 않을 수가 없어. 그런 잘못이 드러나지 않을 수는 없거든.

뒤를 바라보면, 내 고통이 너무 끔찍해서 무서운 신경의 동요를 경험하게 되지. 나는 모든 것이 곧 밝혀지고 내 명예, 이 세상에서 내게 가장 소중한 것을 되찾을 거라는 희망과 함께 항상 앞을 바라보고 있어.

신과 정의에 의해 그 순간이 곧 오기를! 정말이지 나는 충분히 고통받았어. 우리 모두 충분히 고통받았지.

사랑하는 당신, 항상 건강을 돌보길 바라. 당신에게 가해진 정신적 고통을 견딜 수 있으려면 모든 육체적 힘이 필요하니까.

우리 두 가족은 모두 어떻게 지내? 내게 그들의 소식을 알려줘.
나는 직접 그들의 소식을 알 수 없으니까.

우리 두 아이와 모든 사람에게 내 인사를 전해줘. 온 힘을 다해
당신에게 키스를 보내며,

알프레드

1895년 1월 24일

사랑하는 뤼시,

화요일 날짜의 당신 편지에 따르면, 당신은 아직 내 편지를 한 통도 받지 못했군. 얼마나 고통스러울까, 가엾은 당신! 우리 둘 모두에게 얼마나 끔찍한 고난인지! 우리는 정말 불행하다! 도대체 우리가 무슨 짓을 했길래 이런 불행을 당하는 걸까? 가장 끔찍한 것은 바로 그거야. 자신이 무슨 죄를 저질렀는지, 어떤 잘못에 대해 속죄하는지 알 수 없는 거.

아! 정직한 가족에게 수치와 불명예를 덮어씌운 그 괴물은 어떤 연민도 받을 자격이 없어! 그자의 범죄는 너무 끔찍해서 그 많은 비겁함과 비열함을 이성적으로 이해할 수가 없네. 그런 음모가 조만간 드러나지 않는 것은 불가능해 보여. 그런 범죄는 처벌받지 않고 남을 수 없으니까.

어젯밤에는 어느 순간 현실이 끔찍하고 기이하고 초자연적인 꿈처럼 보였어… 깨어나고 싶고 벗어나고 싶은 꿈… 그러나 슬프게도 그건 꿈이 아니었어! 나는 그 끔찍한 악몽에서 벗어나 현실로, 적어도 마땅히 그래야 할 모습의 현실로 돌아가고 싶었어. 다시 말해 가족 모두의 곁에, 사랑하는 당신 품에, 그리고 사랑하는 내 아이들 곁에 말이야.

아! 그 축복받은 날이 언제 올까? 그날을 위해 당신들의 수고도, 노력도, 돈도 아끼지 말아 주길. 내가 파산하는 것은 상관없지만, 나는 내 명예를 원해. 내가 이 끔찍한 고통을 견디고 있는 것은 명예를 위해서야.

당신은 내가 고통을 어떻게 견디는지 물었지? 불행히도, 내가 할 수 있는 한 견디고 있어. 내가 견디는 정신적 고통보다 죽음이 천 배는 더 나을 것 같은 끔찍한 낙담의 순간도 때때로 있지만, 나는 의지의 지독한 노력으로 나 자신을 추스르고 있어. 어쩌겠어, 때때로 고통에 몸을 맡길 필요가 있지. 그런 후에는 더욱 꿋꿋하게 고통을 견딜 수 있거든.

마침내 이 끔찍한 고난이 끝날 것을 기대하자. 그것이 유일한 삶의 이유이며, 나의 유일한 희망이야.

나날의 낮과 밤은 길고, 내 머릿속은 풀 수 없는 끔찍한 수수께끼를 찾아 끊임없이 헤매고 있어. 아! 내 비극적인 이야기를 둘러싼 이 불가해한 장막을 칼로 찢어버릴 수 있다면! 반드시 그렇게 되겠지.

가족 모두의 소식을 전해줘. 내가 받는 편지는 당신 편지뿐이니까. 사랑하는 우리 아이들, 당신의 건강에 대해 말해줘. 당신을 사랑하는 만큼 당신에게 키스를 보내며,

알프레드

1895년 1월 25일(금요일)

사랑하는 뤼시,

어제의 당신 편지는 나를 슬프게 했어. 단어마다 고통이 배어 있었지.

어떤 불행한 사람도 우리 두 사람처럼 고통을 겪지는 않았을 거야. 미래에 대한 믿음이 없었더라면, 맑고 깨끗한 내 양심이 이런 잘못이 영원히 지속될 수 없다고 말해주지 않았더라면, 나는 확실히 가장 어두운 생각에 빠져들었을 거야. 당신도 알다시피, 이미 나는 한때 자살을 결심했지만, 당신들의 질책에 저항하지 못하고 살기로 약속했지. 당신들이 내게 삶을 저버릴 권리가 없다는 것을, 결백하니 살아야 한다는 것을 깨닫게 해 주었으니까. 하지만, 아, 때로는 사는 것이 죽는 것보다 얼마나 더 어려운지 당신이 안다면!

하지만 안심해, 여보, 나의 모든 고통에도 불구하고 나는 당신들의 자비로운 노력을 저버리지 않을 거야. 내 육체적, 특히 정신적 힘이 허락하는 한… 나는 살 거야.

밤새도록 당신을 생각했어, 내 사랑. 나는 당신과 함께 고통을 겪었어. 지난 토요일부터 날마다 당신한테 편지를 썼지. 내 편지들이 지금은 당신에게 잘 도착했길 바라.

나는 내 생각을 누구에게, 무엇에 집중해야 할지 모르겠어. 과거를 돌아보면, 화가 머리끝까지 치밀어 올라. 모든 것을 이렇게 빼앗긴다는 것이 있을 수 없는 일처럼 보이니까. 현재를 보면, 내 상황이 너무도 비참해서 모든 것을 잊기 위해 죽음을 생각하게 돼. 내가 위안의 순간을 얻는 건 미래를 바라볼 때뿐이야. 아까도 이미 말했듯이, 오직 희망만이 나를 살게 하기 때문이지.

조금 전에 잠시 사랑하는 우리 아이들의 초상 사진을 보았어. 하지만 울음이 목을 조여 오랫동안 볼 수가 없더군. 그래, 여보, 나는 살아야 해. 그 사랑스러운 아이들이 지닌 이름을 위해서 내 고난을 끝까지 견뎌야 해. 이 이름이 존경받고 명예롭게 여길 만하다는 것을 언젠가 아이들이 알게 되어야 해. 내가 많은 사람의 명예를 내 명예보다 아래에 두는 일은 있어도 어떤 명예도 내 명예보다 높게 두지는 않는다는 것을 아이들이 알아야 해.

아! 하지만 이제는 정말 우리 모두가 겪고 있는 이 끔찍한 고난이 끝나야 할 때야. 나는 감히 그 생각을 못 하겠어. 내 속에서 모든 것이 부풀어 올라 터질 것만 같아서….

당신과 우리 아이들에게 천번 만번의 키스를 보내며,

알프레드

나의 첫 번째 편지를 받았다고 알려주는 당신의 어제 편지가 금요일에 내게 전달되었어. 우리에게 취해진 조치에 대해 아무 생각도 하지 말도록 해. 앞으로 나는 일주일에 두 번만 당신에게 편지를 쓸 수 있어. 당신은 날마다 나에게 편지를 쓸 수 있으니, 그렇게 해줘, 여보. 그것이 내게 살아갈 용기를 주는 유일한 것이니까. 당신의 따뜻한 애정, 가족 모두의 애정이 내 명예를 위해 나와 함께 싸우는 것을 느끼지 못한다면, 나는 거의 초인적인 이 일을 계속할 용기를 가지지 못할 거야. 내가 어떤 가족의 편지도 받지 못하는 것과 마찬가지로 내겐 그들에게 편지를 쓸 권리도 없어.

오직 장관만이 이 상황을 바꿀 수 있어.

가엾은 내 사랑, 내가 얼마나 불행한지 당신은 상상도 할 수 없을 거야. 밤낮으로 나는 내 이름에 붙은 그 끔찍한 단어를 생각하고, 때때로 내 머릿속에서는 그런 것을 인정하기를 거부하고 있지. 불안에 사로잡힌 밤이면 내가 깨어 있는 것인지 아니면 자고 있는 것인지도 모르겠어. 게다가 내 어두운 생각에서 나를 벗어나게 해 줄 수 있는 소일거리도 전혀 없지.

모든 우리 가족과 당신에게 수없이 키스를 보내며,

알프레드

사랑하는 뤼시,

나의 슬픈 생활에서 행복한 날들 중 하루야. 당신과 함께 반 시간을 보내며 이야기하고 대화할 수 있기 때문이지. 나는 일주일에 두 번만 당신에게 편지 쓸 수 있다는 것을 당신도 알잖아.

금요일과 토요일의 당신 편지 두 통을 받았어.

당신 편지가 내게 전달될 때마다 깊이 상처 입은 내 마음속으로 기쁨의 빛이 스며들어. 토요일 편지에서 당신이 한 말은 맞아. 나도 당신처럼 모든 것이 밝혀지리라고 절대적으로 확신하고 있어. 하지만 언제? 시간이 지나면, 모든 것이, 가장 영웅적인 용기조차 약해진다는 것을 당신도 이해할 거야. 어떤 위험이든 위험에 맞서는 용기, 그리고 최악의 모욕과 경멸과 수치를 굴하지 않고 견뎌낼 수 있는 용기 사이에는 큰 차이가 있지. 나는 결코 고개를 숙이지 않았어, 믿어줘. 내 양심이 그것을 허락하지 않았으니까. 나는 모든 사람을 당당히 바라볼 권리가 있어. 하지만 어쩌겠어, 모든 사람이 내 영혼과 양심 속으로 들어올 수는 없는걸! 슬프게도, 실상은 참혹하고 끔찍해. 그래서 당신 편지를 받을 때마다, 나는 희망의 빛을 느끼고 드디어 뭔가 좋은 소식을 알게 되기를 기대하지. 레옹 가족이 조바심이 나서 기다리지 못하고 파리에 왔다면, 나는 어떤 지경일지 생각해 봐. 당신들도 모두 나처럼 고통받고 내 고통과 괴로움을 함께 나누고 있다는 것을 잘 알지만, 당신들은 하는 일이 있으니 끔찍한 고통에서 잠시나마 벗어날 수 있지. 하지만 나는 밤낮으로 내 머릿속과 마주한 채 여기서 초조하게 기다리고 있어.

정말이지, 내 뇌가 반복되는 타격을 어떻게 견뎌낼 수 있었는지, 어떻게 내가 미치지 않았는지 오늘도 여전히 궁금해.

확실히, 여보, 내가 여전히 삶을 사랑하게 할 수 있는 것은 당신의 깊은 사랑밖에 없어. 모든 힘과 지성을 나라를 위해 바쳤는데, 어느 날 군인이 저지를 수 있는 가장 끔찍하고 흉악한 범죄로 고발되어 유죄 판결을 받는다면, 솔직히 삶에 대한 혐오감을 느끼지 않을 수 없지! 그래서 내 명예가 회복되면—아, 그날이 최대한 빨리 오기를 —나는 당신과 사랑하는 우리 아이들에게 온전히 헌신할 거야.

그리고 나의 긴 이동의 끝에 다다르기 전에 아직 나에게 남아 있는 끔찍한 여정을 생각해 봐. 가혹한 조건에서 이루어지는 60일에서 80일 간의 항해. 물론 항해의 물질적인 조건을 말하는 것이 아니라—당신도 알다시피 내몸은 항상 나에게 별로 걱정을 끼치지 않았으니까— 정신 적 조건에 대해 말하는 거야. 그 시간 동안 내내 선원들과 해군 장교들, 다시 말해 정직하고 충성스러운 군인들과 마주해야 한다니, 그들은 나를 반역자, 범죄자 중에서도 가장 비열한 자로 여기는데! 그런 생각만 으로도 가슴이 옥죄여.

내가 이미 견뎠고 아직도 나를 기다리고 있는 정신적 고통을 겪은 결백한 사람은 이 세상에 결코 없었다고 생각해. 그러니 당신이 보내는 모든 편지에서 내가 그토록 기다리고 바란 희망의 말을 찾고 있다는 것을 믿을 수 있겠지.

날마다 길게 편지를 써줘. 가족 모두의 소식을 전해줘, 나는 그들의 편지를 받지도 못하고 그들에게 편지를 쓸 수도 없으니까. 당신의 편지는, 내가 이미 말했듯이, 나의 유일한 행복의 순간이야. 오직 당신만이 나를 삶에 붙잡아 두고 있어.

나는 뒤를 돌아볼 수가 없어. 지나간 우리의 행복을 생각하면 눈물이 나거든. 나는 앞만 바라볼 수밖에 없어, 곧 빛과 진실의 환한 날이 밝아오기를 간절히 희망하면서 말이야.

사랑하는 우리 아이들과 함께 모두에게 내 인사를 전해줘.

당신에게 수없는 키스를 보내며,

알프레드

1895년 1월 31일 목요일

사랑하는 뤼시,

드디어 당신에게 편지를 쓸 수 있는 행복한 날이 다시 왔군. 아, 나는 세고 있어, 행복한 날들을! 사실 지난 일요일에 전달된 편지 이후로 당신의 편지를 받지 못했어. 얼마나 끔찍한 고통인지! 지금까지는 당신 편지를 받으면서 날마다 행복한 순간이 있었어. 그것은 모든 가족의 메아리, 얼어붙은 가엾은 내 마음을 따뜻하게 해 주는 모든 공감의 메아리였지. 나는 당신 편지를 네다섯 번 읽었고, 단어 하나하나에 빠져들곤 했어. 그러면 조금씩 조금씩 글로 쓰인 단어들이 말로 변해갔지… 곧 당신이 바로 내 옆에서 말하는 것을 듣는 것 같았어. 오! 내 영혼을 울리는 감미로운 음악! 그런데 지난 나흘 동안 아무것도 없었고, 우울한 슬픔과 끔찍한 고독뿐이었지.

나는 내가 어떻게 살고 있는지 정말 의아스러워. 밤낮으로 내 유일한 동반자는 내 머릿속이고, 우리의 불행에 대해 우는 것 외에는 어떤 일도 하지 않아.

어젯밤, 나는 지나간 내 모든 삶, 명예로운 자리를 얻기 위해 얼마나 고생하고 일했는지를 생각했어… 그리고 그것을 현재 상황과 비교하자, 흐느낌으로 목이 메었어. 심장이 갈가리 찢어지는 것 같았고, 교도관들에게 들리지 않도록 이불 속에서 눈물을 삼켜야 했지. 나의 나약함이 너무 부끄러웠거든.

정말이지, 이건 너무 잔인한 일이야!

아! 때때로 죽는 것보다 사는 것이 더 어렵다는 것을 요즘 내가 뼈저리게 깨닫고 있어!

죽는 것은 순간적으로는 고통이지만 모든 불행과 괴로움을 잊는 것이지.

반면 날마다 고통의 무게를 지는 것, 피 흘리는 심장과 고통스러운 모든 신경을 느끼고 감수성의 모든 섬유가 하나씩 하나씩 떨리는 것을 느끼는 것… 그러니까 마음의 기나긴 고통을 겪는 것… 그건 정말 끔찍한 일이야!

하지만 죽을 권리는 내게 없고, 우리 모두에게도 없지. 진실이 밝혀지고 내 명예가 회복되어야만 우리는 그 권리를 가지게 될 거야. 그때까지는 살아야 해. 나는 그러기 위해 모든 노력을 기울이고 있어. 내 안의 지적이고 민감한 부분을 모두 없애고, 단지 물질적 욕구를 충족시키는 데만 전념하는 짐승으로 살려고 노력하고 있어.

도대체 언제 이 끔찍한 고난이 끝날까? 도대체 언제 진실이 밝혀질까?

가엾은 우리 아이들은 어떻게 지내고 있어? 아이들을 생각하면 눈물이 쏟아져. 그리고 당신, 건강이 좋기를 바라. 건강을 돌봐야 해, 여보. 우선 아이들, 그다음에 당신이 수행해야 할 임무, 저버릴 수 없는 의무들이 당신에게 있잖아.

내 글이 매끄럽지 못하고 산만한 것을 용서해 줘. 더 이상 글을 못 쓰겠어. 뇌가 망가져서 단어들이 더 이상 떠오르지 않네. 내 머릿속에는 오직 하나의 고정된 생각밖에 없어. 언젠가 진실을 알게 되어 내 결백이 인정되고 선언되는 것을 본다는 희망 말이야. 내가 밤낮으로, 꿈속에서나 깨어 있을 때나 중얼거리는 것은 바로 그것이야.

언제쯤 당신에게 키스하면서 당신의 깊은 사랑 속에서 이 끔찍한 고난을 끝까지 견디는 데 필요한 힘을 다시 찾을 수 있을까?

모든 사람에게 내 인사를 전해줘.

아이들에게 키스를.

당신을 사랑하는 만큼 당신에게 키스하며,

알프레드

여보,

나는 끔찍한 한 주를 보냈어. 지난 일요일부터 당신 소식을 듣지 못했어, 그러니까 8일 동안. 나는 당신이 아프다고 생각했고, 그다음엔 아이 중 하나가 아프다고 생각했어… 병든 내 머릿속에서 온갖 추측을 했고… 별의별 공상을 만들어 냈지.

여보, 당신은 내가 겪은 모든 고통과 아직도 겪고 있는 고통을 상상할 수 있을 거야. 끔찍한 외로움 속에서, 이해할 수 없을 만큼 기이한 사건들로 인해 내가 처한 비극적인 상황에서, 적어도 내겐 유일한 위안이 있었어. 그것은 당신의 심장이 내 곁에서 내 심장과 함께 뛰고 내 모든 고통을 함께 나누는 것을 느끼는 것이지.

목요일 밤부터 금요일까지는 특히 끔찍했어. 당신에게 이야기하고 싶지 않아. 당신 마음을 아프게 할 테니까. 다만 내가 당신에게 할 수 있는 말은 이런 거야. 나는 나에게 제기된 고발에 맞서 싸우고 있었고, 말도 안 되는 일이라고 생각했어… 그러다가 잠에서 깨어났고, 슬픈 현실을 확인했지.

아! 왜 사람들이 내 마음을 열고 펼쳐진 책처럼 읽을 수 없는 걸까? 적어도 내가 항상 공언한 감정들, 지금도 가지고 있는 감정들을 볼 수 있을 텐데. 아니야, 그래, 이 모든 일이 영원히 계속될 수는 없을 거야… 진실은 반드시 밝혀져!

나는 상상을 초월하는 의지력을 발휘하여 정신을 차렸어. 명예가 훼손된 이름을 지닌 채로는 무덤 속으로 내려가서도, 미쳐서도 안 된다고 생각했지. 따라서 어떤 정신적 고통에 시달리든, 나는 살아야 했어.

아! 내 이름에 씌워진 이 오명과 불명예, 도대체 언제 그것을 없앨 수 있을까?

내 결백이 인정되고 결코 잘못을 범한 적이 없는 내 명예를 돌려받는 축복받은 날이 오기를!··· 나는 고통을 견디는 데 지쳤어.

내 피를 가져가든, 내몸을 원하는 대로 하든··· 당신도 알다시피 나는 그런 것에 상관하지 않지만··· 내 명예는 돌려주기를.

아무도 이 절망의 외침을, 결백하면서도 오직 정의만 요구하는 불행한 자의 외침을 아무도 듣지 못하겠지!

날마다 아침이 밝아올 때면, 나는 바로 그날이 내가 어떤 사람이었는지, 어떤 사람인지, 프랑스 병사들을 전쟁터로 이끌 자격이 있는 충성스러운 군인이라는 것을 알아주는 날이 되기를 바라··· 그런데 저녁이 되고··· 아무 일도, 여전히 아무 일도 없어.

거기다가 당신 편지를 받지 못한 채 정신적인 고통 속에 고립되어 있다는 것을 추가하면, 여보, 당신은 내 상태를 이해할 수 있을 거야. 하지만 안심해, 나는 다시 강해졌어. 나는 나 자신을 비겁하다고 다그쳤고, 당신이 내 곁에 있었다면 나에게 할 수 있었을 모든 말을 나 자신에게 했어. 결백한 사람에게는 절대 절망할 권리가 없지. 그러자 비록 직접적인 소식을 받지는 못했지만, 모든 가족의 마음과 영혼이 내 마음, 내 영혼과 함께 진동하고, 내 이름에 씌워진 불명예에 대해 나와 함께 고통받으며 그것을 없애려고 노력하는 것이 느껴져.

당신은 언제쯤 나와 함께 몇 시간을 보내러 올 수 있을까? 내가 당신의 마음에서 새로운 힘을 얻을 수 있다면 얼마나 좋을까!

오늘은 당신 편지를 받을 수 있을까? 이제 감히 크게 기대하지 못하겠어. 날마다 희망이 어긋나고, 매번 고통이 너무도 가혹하니까.

끝으로, 여보, 무슨 말을 할까?… 나는 오직 희망으로만 살고 있어. 모든 것이 잊히고 내 명예가 회복되는 그 순간이 빛나는 별처럼 밤낮으로 내 앞에 보여.

사랑하는 내 아이들을 나를 대신해 힘차게 껴안아 줘.

모든 가족에게 키스를.

당신을 사랑하는 만큼, 그러니까 온 힘을 다해 당신에게 키스하며,

알프레드

1895년 2월 7일(목요일)

나의 사랑하는 뤼시,

지난 일요일에 1월 27일 일요일 이전의 모든 편지, 15통 정도의 편지 꾸러미를 받았어. 가족 모두에게 내가 한 번도 의심한 적 없는 그들의 따뜻한 애정에 감사한다고 전해줘. 그러니까 10일 넘게 당신의 소식 없이 지냈군. 내 고통은 말로 표현할 수 없어.

지난날 나는 병사들을 지휘하는 걸 자랑스러워했고, 오늘도 여전히 내게는 그들을 지휘할 자격이 있는데, 그들은 나를 가장 비열한 자로 보겠지. 그런 군인들과 다시 마주한다는 것, 그건 끔찍한 일이야! 그 생각만으로도 심장이 멈추는 것 같아.

내 이야기는 너무나 끔찍해서 내 머리가 더 이상 견딜 수가 없어.

깨끗하고 정직한 내 영혼이 나에게는 의무가 있다고, 완벽하고 절대적인 내 결백이 곧 드러날 거라고 말했기 때문에 나는 꽤 오랫동안 견딜 수 있었어… 하지만 더디게 계속되는 이 모욕은 정말 끔찍하다.

차라리 총살형이 나왔을 거야. 그러면 적어도 논쟁은 없었을 테고, 당신들이 내 명예를 회복시켜 주었을 테니까.

하지만 내가 자살을 기도할까 봐 걱정하지는 마. 그런 일을 절대 하지 않겠다고 당신에게 약속했고, 내가 반드시 약속을 지킨다는 걸 알잖아. 그러니 그 문제에 대해 불안해하지 마. 하지만 내 힘이 나를 어디까지 이끌지, 흠 없는 내 명예를 너무도 자랑스러워하는 자존심 강한 나인데 이 경멸의 분위기 속에서 내 심장이 언제까지 계속 뛸지, 나는 모르겠어!

아! 만약 견뎌야 할 것이 육체적인 고통뿐이었다면, 진실을 기다리며 고통을 견디기만 하면 되었다면, 나는 그렇게 할 수 있었을 거야. 끔찍한 고난을 견딜 수 있었을 거야. 하지만 경멸을 견디는 것… 이토록 오랫동안… 그건 끔찍해!

나와 같은 고통을 견딘 결백한 사람은 결코 없었다고 생각해.

당신, 가엾고 사랑스러운 내 아내, 당신은 모든 용기와 에너지를 간직해야 해. 우리의 깊은 사랑의 이름으로 부탁해. 당신은 내 이름에 덮어씌워진 오명을 씻어내기 위해 있어야 하기 때문이야. 그리고 우리 아이들을 용감하고 정직한 사람으로 만들기 위해서도 당신이 있어야 하니까. 당신은 언젠가 아이들에게 용감하고 충직한 군인이었으나 끔찍한 운명에 짓눌렸던 아빠가 어떤 사람이었는지 말해줘야 해.

오늘 당신에게서 소식이 올까? 당신에게 키스하는 기쁨과 즐거움을 누리게 된다는 것을 언제 알게 될까? 나는 날마다 그것을 바라지만, 내 끔찍한 고난에 기쁨을 주러 오는 것은 아무것도 없네.

용기를 내, 여보. 당신에게는 용기가 많이, 많이 필요해. 당신들 모두에게도, 우리 두 가족에게도 용기가 필요하고. 당신들에게는 좌절할 권리가 없어. 나에게 무슨 일이 생기든, 완수해야 할 중요한 임무가 있으니까.

모든 사람에게 내 인사를 전해줘. 가엾은 우리 두 아이를 나를 대신해 꼭 껴안아 줘. 그리고 당신은 당신을 너무도 사랑하는 사람의 최고의 키스를 받아줘.

알프레드

1895년 2월 10일(일요일)

사랑하는 뤼시,

금요일 저녁에 2월 2일까지의 당신 편지를 받았어.

모두가 잘 지낸다는 소식을 듣고 기뻤어. 당신도 내 편지들을 받았기를 바라.

나에 대해서는 이야기하지 않을게. 천천히 이어지는 내 마음의 고통이 어떨지 당신은 이해할 거야. 하지만 한탄해 봤자 소용없지. 당신에게 필요한 것, 모든 가족에게 필요한 것은 용기와 꿋꿋함이야. 아무리 끔찍한 역경이 닥쳐도 당신들은 좌절해서는 안 돼.

내가 조국을 무엇보다 사랑했고 항상 헌신적으로 조국에 봉사한 훌륭하고 충직한 군인이었음을 당신은 프랑스 전역에 입증해야 해.

그것은 나 자신의 개인적인 존재를 초월하는 주요 목표, 가장 중요한 목표야. 이름에 씌워진 오명을 씻어내는 것이 중요해. 그 이름은 지금까지 흠 없이 깨끗했으니, 다시 예전처럼 깨끗한 빛으로 반짝여야 해. 게다가 그건 사랑하는 우리 아이들이 지닌 이름이니, 틀림없이 그 사실만으로도 이미 당신에게 필요한 용기를 줄 거야.

우리 가족 소식을 전해줘서 고마워. 나도 그들에게 편지를 쓸 수 없어서 애석해. 내가 그들 모두에게 얼마나 큰 애정을 가지고 있었는지 알잖아. 부모님, 사랑하는 당신 가족. 우리 가족에게 내 인사를 전해줘. 내가 생각하는 것, 내가 당신에게 설득하고 싶은 것을 그들에게 잘 말해줘. 나는 두 번째일 뿐이고, 명예를 회복해야 할 이름이 있다는 것을 말이야.

아무도 이 최고의 임무를 저버릴 수 없어.

내가 어떤 상태인지 당신에게 말하는 건 쓸데없는 짓이겠지. 앞서 말했듯이, 내 펜보다 당신 마음이 당신에게 내 상태를 더 잘 느끼게 해 줄 거야. 내 심장이 뛰는 한, 나는 마땅히 받아야 할 자리를 돌려받을 거라는 최후의 희망을 품고 밤이고 낮이고 항상 앞으로 나아갈 거야.

여보, 명예를 가진 남자는 그 명예 없이는 살 수 없어. 자신이 결백하다고 스스로 생각해 봐야 소용없는 일이지. 마음은 괴로우니까. 고독 속에 시간은 더디 흐르고, 내 정신은 아직도 나에게 일어나는 모든 일을 이해하지 못하고 있어. 아무리 상상력이 풍부한 소설가라도 더 비극적인 이야기를 쓸 수는 없었을 거야.

나도 당신처럼 진실이 조만간 밝혀질 거라고 확신해. 정당한 일은 언제나 승리하는 법이지. 하지만 그때 내 상태가 어떨지는 말하지 못하겠어… 내 가슴은 아침부터 저녁까지, 또 저녁부터 아침까지 고통을 느끼며 고동치고 있거든.

적어도 내가 출발하기 전에 당신에게 키스할 수 있기를 바라.

아이들에 대해 자세한 소식을 전해줘서 고마워. 아이들을 신중하고 단단하게 키워야 해, 육체적인 것뿐만 아니라 정신적인 것도 잘 돌봐야지. 하기야 나는 당신을 아니까, 그 점에 대해 전혀 걱정하지 않아. 당신은 아이들을 관대하고 아름다운 영혼으로, 고귀하고 아름다운 모든 것에 열성적이고 항상 의무의 길을 걷는 사람으로 키우리라는 걸 알아.

나를 대신해 착한 아이들에게 수천 번 키스해 줘.

모든 사람에게도 내 인사를 전해주길 부탁해. 당신을 사랑하는,
오직 당신 생각으로만 살아가는 당신 남편의 최고의 키스를 받아줘.

알프레드

1895년 2월 14일

사랑하는 뤼시,

비록 내 마음속에 있는 모든 것을 당신에게 말할 수는 없었어도, 당신과 함께 보낸 순간들은 매우 달콤했어.

당신을 바라보고, 당신 얼굴에 빠져들고, 도대체 어떤 불가사의한 운명으로 인해 당신과 떨어져 있게 되었는지 자문하며 내 시간은 흘러갔지. 나중에 누군가 내 이야기를 한다면, 믿기 어려울 거야.

그러나 우리가 명심해야 할 것은 명예 회복이 필요하다는 것, 내 이름이 한 번도 잃어버리지 않았을 강렬한 빛으로 다시 반짝여야 한다는 것이야.

우리 아이들이 지닌 이름이 불명예스럽다고 생각하는 것보다는 차라리 아이들의 죽음을 보는 게 더 낫겠어.

그건 우리 모두에게 사활이 걸린 문제야. 명예 없이는 살 수 없으니까. 이 점을 몇 번을 말해도 지나치지 않을 거야.

나는 곧 고통스러운 여정에서 새로운 발걸음을 내딛게 될 거야.

육체적인 피로는 두렵지 않지만, 제발, 정신적인 고통을 면하게 해 준다면! 내 이름이 멸시받는 것을 느끼는 데 지쳤어. 나는 흠 없는 내 이름을 자랑스럽게 여기고 자부심을 느끼는 사람이야. 모든 사람을 똑바로 바라볼 권리가 있는 사람이라고! 내 이름이 이 끔찍한 오명을 씻는 것을 곧 보리라는 것, 나는 오직 그 희망 속에서만 살고 있어.

당신은 내게 다시 용기를 주었어. 당신의 고귀한 희생과 영웅적인 헌신은 이 끔찍한 고통을 견디기 위한 새로운 힘을 내게 주지.

당신을 훨씬 더 사랑한다고 말하지 않겠어. 당신은 당신에 대한 내 사랑이 얼마나 깊은지 알고 있으니까. 내가 정신적인 고통을 견딜 수 있게 해 주는 것은 바로 그 사랑이야, 나에 대한 모든 가족의 애정이야.

모두에게, 우리 두 가족, 사랑하는 당신 부모님, 우리 아이들에게 내 인사를 전해줘. 그리고 당신을 위해서, 충실한 남편의 가장 다정한 최고의 키스를 받아줘.

알프레드

사랑하는 뤼시,

당신을 볼 때는 시간이 너무 짧아. 내가 보내는 다른 시간들은 지독히도 긴 것 같은데, 더 이상 알아볼 수 없을 만큼 빠른 속도로 흐르는 시간을 보느라 너무 초조하여, 상상 속에서 준비했던 말들의 절반을 잊어버리고 말하지 못했네.

여행이 피로하지 않았는지, 바다가 잔잔했는지 당신에게 묻고 싶었어. 당신의 고귀한 성격과 놀라운 헌신에 대한 내 감탄을 모두 말하고 싶었는데! 그토록 잔인하고 부당한 운명의 반복된 타격에 많은 여자는 정신이 나가버렸을 텐데.

우리 아이들, 아이들 건강, 아이들 생활에 대해 길게 이야기하고 싶었어. 결백한 사람을 위한 헌신에 대해 우리의 모든 가족에게 감사를 전해달라는 부탁도 하고 싶었고, 그들 모두의 건강에 대한 소식도 묻고 싶었지. 그 모든 주제를 다 이야기하려면 긴 하루가 필요할 텐데, 우리의 시간은 한정되어 있지! 어떻든 행복한 날이 돌아오길 기대해야 해. 진짜 범인을 찾지 못하는 것은 불가능하고 인간의 이성에 반하는 일이니까.

당신에게 말한 것처럼, 가족과 함께 명예 회복의 행복한 날이 밝는 것을 볼 수 있도록 나는 깊이 상처 입은 마음의 고동을 억누르고 이 끔찍하고 긴 고난을 견디기 위해 최선을 다할 거야.

내가 연상시키는 존재가 불러일으키는 너무도 자연스럽고 정당한 경멸을 나는 한탄하지 않고 견딜 것이며, 이토록 끔찍하고 가혹한 운명에 맞서 내 존재의 경련을 억누를 거야.

오! 내 이름과 나라는 인간에 대한 경멸, 얼마나 고통스러운지! 펜으로는 그런 고통을 제대로 표현할 수가 없어.

나는 실제로 명예를 잃은 사람이 어떻게 계속 살아갈 수 있는지 정말 궁금해. 하지만 나는 오직 나의 양심 덕분에, 곧 모든 것이 밝혀져 진짜 범인이 그의 끔찍한 범죄로 처벌받고 마침내 내 명예가 회복되리라는 희망 덕분에 살고 있어.

내가 떠나면, 긴 편지를 써줘. 그때가 되면 가족 모두 내게 편지를 쓸 수 있고, 내가 우리 가족 모두의 소식을 받을 수 있을 것 같아.

당신이 보낼 첫 번째 편지에, 내가 여기서 판단했을 때 당신의 선생님 방식보다 더 낫다고 생각되는 올렌도르프 방법[20]을 첨부해 줄 수 있겠어? 그리고 별도의 책으로 된, 주제별 해답도 동봉해 줘. 그것도 내 선생님이 될 거야.

우리 아이들, 당신 부모님, 아무튼 당신이 만나는 모든 사람에게 내 인사를 전해줘, 그리고 충실한 당신 남편의 다정한 키스를 받아줘.

알프레드

20. 올렌도르프 방법은 19세기 독일의 언어학자 하인리히 고틀리프 올렌도르프 (Heinrich Gottlieb Ollendorff, 1803~1865)가 개발한 외국어 교육 방법론이다. 이 방법은 문법과 어휘를 체계적으로 가르치며, 일련의 질문과 대답을 통해 대화식 접근 방식으로 학습자가 언어를 습득하도록 돕는 것이 특징이다. 1830년에 파리에서 언어 교수가 된 그는 독일어와 프랑스어 교육 방법을 이탈리아어, 스페인어, 그리스어 및 기타 현대 언어로 적용하여 다양한 언어 교재를 편집했다.

1895–1898년

살뤼 제도[21]

21. Îles du Salut. 남아메리카의 프랑스 해외 영토인 프랑스령 기아나 북쪽 대서양에
있는 섬의 무리로, 화산 활동에 따라 만들어졌다. 프랑스령 기아나 본토에서
약 11km 떨어진 곳에 있으며, 디아블섬(Île du Diable, 악마의 섬), 루아얄섬(Île
Royale), 생조제프섬(île Saint–Joseph)의 세 섬으로 이루어져 있다. 현재 루아얄섬과
생조제프섬만 접근할 수 있고, 가장 북쪽에 있는 디아블섬은 파도가 거세서 접근이
금지되어 있다. 제1공화국 시절인 1793년에 최초의 정치범들을 수용하기 위한
요새가 건설되면서 세 섬은 "저주받은 삼각지", "지옥의 땅"이라는 평판을 얻게
되었다. 루아얄섬은 행정 관청과 병원을 수용했고, 생조제프섬은 반항적인 사람들
을 위한 것이었으며, 디아블섬은 스파이, 정치범 또는 일반 죄수들을 위한 것이었다.
드레퓌스가 유배된 곳도 바로 디아블섬으로, 영화 〈빠삐용〉의 배경이 된 곳이기도
하다. 지명의 경우 대개 프랑스어를 그대로 따르지만, 디아블섬은 그 의미의 상징성
을 부각하기 위해 "악마의 섬"으로 지칭했다.

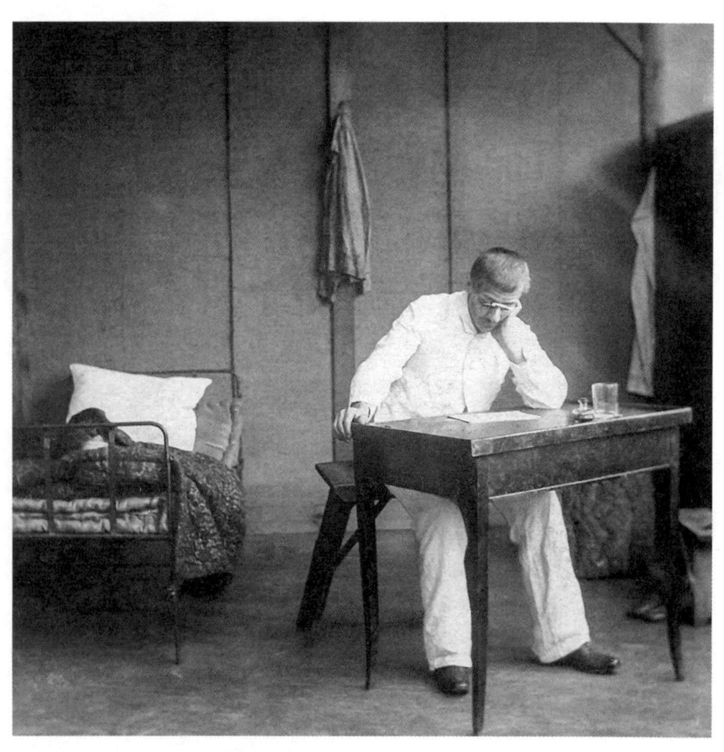

‘악마의 섬’(디아블섬)에서의 드레퓌스(1898년)

사랑하는 뤼시,

2월 21일 목요일, 당신이 떠난 지 몇 시간 후, 나는 로슈포르로 끌려가 배에 태워졌어.

여행에 대해서는 말하지 않을게. 나는 내가 연상시키는 비열한 악당이 마땅히 받아야 할 취급을 받으며 이송되었어. 그건 정당한 일이지. 반역자는 어떤 동정도 받을 수 없으니까. 반역자는 가장 파렴치한 자이고, 내가 그 파렴치한 자를 연상시키는 한 인정할 수밖에.

이곳에서의 내 상황은 똑같은 원칙에서 비롯될 수밖에 없어.

하지만 당신은 내가 겪은 모든 고통, 내가 겪고 있는 모든 고통을 마음으로 알 수 있겠지. 그건 끔찍해. 나는 오직 곧 명예가 회복되는 승리의 날을 보기를 희망하는 내 영혼에 의해서만 살아가고 있어. 그것이 내게 살아갈 힘을 주는 유일한 것이야. 명예 없이는 사람은 살 자격이 없어.

당신, 진실 그 자체인 당신은 내가 출발하는 날 곧 목표를 이룰 거라고 확신한다고 내게 단언했지. 나는 그 끔찍한 여행을 하는 동안 당신의 그 말만으로 살았고, 지금도 여전히 그 말만으로 살고 있어. 그것을 잊지 말아줘.

나는 방금 배에서 내렸는데, 당신에게 전보를 보낼 수 있는 기회를 얻었어.

15일에 출발하는 영국 우편으로 보내려고 당신에게 빨리 몇 마디 쓰고 있어. 내가 깊이 사랑하는 당신과 이야기하러 오는 건 내게 위안이 되지. 프랑스로 가는 우편 수송은 한 달에 두 번, 15일에는 영국 우편, 3일에는 프랑스 우편이 있어.

마찬가지로, 섬으로 오는 우편 수송도 한 달에 두 번, 영국 우편과 프랑스 우편이 있어. 그것들의 출발 날짜를 알아보고, 두 가지 우편을 통해 내게 편지를 써줘.

내가 살기를 원한다면 내 명예를 회복시켜 줘, 내가 당신에게 더 할 수 있는 말은 바로 그거야. 어떤 확신을 하더라도 내게는 아무 소용이 없어. 확신으로는 내 상황이 바뀌지 않으니까. 필요한 것은 내 명예를 회복시켜 주는 판결이야.

진실은 언제나 드러난다고 당신이 내게 심어준 확신 덕분에 나는 비극적인 사건을 겪은 후에 살아남는 것을 받아들임으로써 정의로운 사람이 할 수 있는 가장 큰 희생을 당신을 위해 했어. 이제는 당신 차례야, 여보, 진실을 발견하기 위해 인간적으로 할 수 있는 모든 것을 해줘.

이 끔찍한 미스터리의 열쇠를 넘겨받기 위해, 아내이자 어머니로서 다른 아내와 어머니들의 마음을 움직이도록 노력해 줘. 내가 살기를 원한다면 내겐 명예가 있어야 해. 사랑하는 우리 아이들을 위해서도 그 명예가 필요해. 당신의 마음으로 이치를 따져 생각하지 마, 그건 소용없어. 판결이 있고, 그 판결이 수정되지 않는 한 우리의 비극적인 상황에서 바뀌는 것은 아무것도 없을 거야. 그러니 이 수수께끼를 풀기 위해 숙고하고 행동해 줘, 그것이 내 끔찍한 상황을 함께하기 위해 여기 오는 것보다 나을 거야. 그것이 내 목숨을 구할 최선의, 유일한 방법이야. 나와 우리 아이들에게 생사의 문제라는 것을 명심해 줘.

나는 모두에게 편지를 쓸 수가 없어. 뇌가 더 이상 견디지 못하고 있고 절망이 너무 크거든. 신경계는 엉망진창이고. 이제 이 끔찍한 드라마가 끝날 때가 되었어.

이제 내게는 떠다니는 영혼밖에 없어.

하지만 당신들은 제발 서둘러서 열심히 일해줘!

내게 편지를 써달라고 모두에게 말해줘.

모든 사람에게 내 인사를 전해줘, 가엾은 우리 아이들에게도. 그리고 당신에게는 충실한 당신 남편의 다정한 키스를 수없이 보내.

알프레드

내게 알릴 좋은 소식이 있으면, 전보를 보내줘. 날마다 구세주처럼 기다릴게.

1895년 3월 15일 수요일

여보,

오늘에야 편지를 전달하기 때문에, 나는 당신과 이야기하려고 빨리 또 왔어. 내 끔찍한 고통에 대해서는 말하지 않을게. 당신은 그것을 알고 있고, 공유하고 있어.

여기서 내 상황은 예전과 같아. 내가 이 상황을 오래 견딜 수 없다는 것을 생각해 줘. 그러니까 당신이 나와 합류하러 오는 것은 어려울 것 같아. 게다가 지난번에도 말했듯이, 내 목숨을 구하고 싶다면, 당신은 더 중요한 일을 해야 해. 내 명예를 되찾아줘, 내 이름의 명예, 가엾은 우리 아이들의 명예를.

끔찍한 비참함 속에서, 내가 떠나는 날 당신이 내게 했던 말을 마음속으로 반복하며 시간을 보내고 있어. 진실에 이르게 될 거라는 당신의 절대적인 확신 말이야. 하긴 그렇지 않다면, 내게는 곧 죽음이 다가올 거야. 나는 명예 없이는 살 수 없으니까. 나는 오직 내 양심과 진실이 밝혀질 거라고 당신이 내게 준 희망 덕분에 모든 것을 극복해 냈어. 이 희망이 사라진다면, 그건 내 죽음의 신호가 될 거야.

그러니 여보, 잘 기억해 줘, 최대한 빨리 내 명예를 되찾는 데 성공해야 한다는 것을. 나를 둘러싼 너무도 정당한 이 경멸의 분위기를 나는 더 오래 견딜 수 없어. 내 명예, 즉 내 목숨, 그리고 가엾은 우리 아이들의 명예는 당신들의 노력에 달려 있어. 그러니 내가 살든 죽든, 진실에 이르기 위해 당신은 모든 것을 시도하고 모든 노력을 해야 해. 당신의 사명은 나 자신보다 더 중요하니까.

당신을 사랑하는 만큼 당신에게 키스를 보내며,

알프레드

사랑하는 뤼시,

내 편지는 짧을 거야. 나는 당신 마음을 아프게 하고 싶지 않거든, 하기야 내 고통은 당신의 고통이기도 하지.

게다가 나는 이번 달 13일에 당신에게 쓴 편지를 확인하는 것밖에 할 수가 없어. 당신들이 내 명예 회복을 서두를수록, 내 고난도 짧아질 거야.

나는 당신을 위해 가장 깊은 사랑이 부추길 수 있는 것 이상을 했어. 정의로운 사람이 겪을 수 있는 최악의 고통을 견뎠지. 내가 살기를 원한다면, 내 명예를 되찾기 위해 불가능한 일을 하는 건 당신 몫이야.

내 상황은 아직 확정되지 않았고, 나는 여전히 갇혀 있어.

물질적인 삶에 대해서는 말하지 않을게, 나는 그런 것엔 무관심하거든. 육체적인 고통은, 그것이 무엇이든, 아무것도 아니야. 내가 원하는 것은 오직 한 가지, 내가 밤낮으로 꿈꾸는 것, 내 머릿속을 항상 사로잡고 있는 것, 그것은 절대 잘못을 범하지 않은 내 명예를 되찾는 것이야.

내가 가져온 책들은 지금까지 건네받지 못했어. 명령을 기다리고 있대.

다음 우편으로 잡지들을 계속 보내줘.

그러니, 여보, 내가 살기를 원한다면, 최대한 빨리 내 명예를 되찾아 줘. 내 고난은 무한정 견딜 수 있는 것이 아니거든. 나는 거짓된 환상으로 당신을 달래주는 것보다 당신에게 진실, 모든 진실을 말하고 싶어.

상황을 직시할 필요가 있어. 나는 오직 결백은 항상 알려진다는 확신을 당신이 내게 새겨주었기 때문에 살기로 받아들였어. 그 결백이 드러나게 해야 해. 나를 위해서만이 아니라, 아이들을 위해, 가족 모두를 위해.

아이들과 모든 사람에게 내 인사를 전해줘, 당신에게 수많은 키스를 보내며,

알프레드

편지가 내게 도착하는 데 시간이 너무 오래 걸리니까, 내게 알려줄 좋은 소식이 있으면 전보로 보내줘. 내 삶은 그 기다림에 매달려 있어. 내가 겪는 모든 고통을 생각해 줘.

1895년 3월 28일

사랑하는 뤼시,

요즘 당신 소식 받기를 기대하고 있었는데, 아직 아무것도 받지 못했어. 나는 이미 당신에게 두 통의 편지를 보냈는데.

나는 여전히 내 방의 벽 네 개만 알고 있을 뿐이야. 내 건강에 관해서는, 건강이 좋을 수가 없겠지. 내가 견뎌온 육체적인 고통, 단지 기억을 위해서만 말하는 것뿐인데, 그 고통 이외에, 끊임없는 정신적 충격의 연속으로 인한 신경계의 동요가 특히 건강이 안 좋은 원인이야.

당신이 알다시피, 육체적인 고통이 때때로 아무리 고통스럽더라도, 나는 그것 때문에 전혀 불평하지 않을 거야. 만약 내 정신적인 고통이 줄곧 내 생각을 어둡게 하지 않는다면, 나는 죽음이 다가오는 것을 차분히 바라볼 수 있을 거야.

나를 피해자로 만든 이 끔찍한 비극에서 내 정신은 한순간도 벗어날 수가 없어. 이 비극은 내 삶만 짓밟은 것이 아니라 — 그건 내 불행 중 가장 작은 것이지. 이 범죄를 저지른 비열한 자가 차라리 나를 죽였더라면 이런 식으로 나를 짓밟는 것보다 훨씬 나았을 텐데 — 내 명예와 우리 아이들의 명예와 가족 모두의 명예도 짓밟았어.

빼앗긴 내 명예에 대한 괴로운 생각은 낮이고 밤이고 나를 쉬지 못하게 해. 내 밤들은, 슬프게도! 내 밤들이 어떨지 당신은 상상할 수 있을 거야. 예전에는 단순히 불면증만 있었지만, 지금은 대부분의 밤이 환각과 열에 들뜬 상태로 소진되고 있어서, 내 뇌가 어떻게 여전히 버티고 있는지 아침마다 궁금할 지경이야. 그것은 나의 가장 잔인한 고통 중 하나야. 여기에다 가장 절대적인 고립 속에서 자기 자신과 마주하는 낮의 기나긴 시간을 덧붙여야 하지.

이런 걱정에서 벗어나 다른 주제에 정신이 팔리게 하는 것이 가능할까? 나는 그렇지 않다고 생각해, 어쨌든 나는 그렇게 할 수 없어. 명예를 한 번도 더럽히지 않았던 사람이 가장 눈물겹고 비극적인 상황에 처했을 때, 그의 마음을 사로잡고 있는 주된 주제에서 그의 생각을 돌리게 할 수 있는 것은 아무것도 없어.

그리고 당신과 사랑스러운 우리 아이들을 생각할 때, 내 슬픔은 이루 말할 수가 없지. 어느 비열한 자가 저지른 범죄의 무게가 가족들에게도 무겁게 드리워져 있기 때문이야. 그러니 우리 아이들을 위해서, 어떤 일이 있어도 당신은 중단 없이 쉬지 말고 당신이 시작한 일을 계속해서, 그 누구의 머릿속에도 의심의 여지가 없도록 내 결백이 명백히 드러나게 해야 해.

사람들이 내 결백을 확신하더라도, 그것으로 우리의 상황이 바뀌지 않는다는 걸 생각해. 우리는 종종 말을 즐기고 환상을 품었어. 내 명예 회복이 아니면 아무것도 우리를 구할 수 없어.

그래서 내가 당신에게 계속 말하지 않을 수 없는 것은 나뿐만 아니라 우리 아이들에게도 생사가 걸린 문제라는 거야. 나로서는 명예 없이 사는 것을 결코 받아들일 수 없어. 결백한 사람이 계속 살아야 하고 살 수 있다고 말하는 것은 절망스럽고 진부한 상투어일 뿐이야.

나도 그렇게 말하고 그렇게 믿을 수 있었지만, 이제 내가 비통한 경험을 하고 나니 정의로운 사람에게 그건 불가능한 일이라고 단언해. 삶이란 어디서든 머리를 들고 모든 사람을 정면으로 볼 수 있을 때만 용납될 수 있어. 그렇지 않다면 죽는 수밖에 없지. 그저 살기 위해 산다는 것은 단지 천하고 비겁한 일이야. 게다가 나는 당신도 나와 같은 생각이라고 확신해. 그 외의 어떤 해결책도 우리에게는 합당치 않을 거야.

그런데 이미 너무도 비극적인 상황이 날마다 점점 더 긴박해지고 있어. 울거나 한탄할 문제가 아니라, 모든 에너지와 영혼을 다해 맞서야 하는 문제야. 이 상황을 해결하려면 행운을 기다려서는 안 되고, 맹렬한 활동을 펼쳐서 모든 문을 두드려야 해. 빛을 드러내기 위해, 모든 수단을 사용하고 모든 조사 방법을 시도해 봐야 해. 목표는 내 목숨, 우리 모두의 목숨이야.

이것이 내 신체적, 정신적 상태에 대한 명확한 보고서야. 요약하자면, 비참한 신경 상태와 목 상태, 하지만 어떤 대가를 치르더라도, 모든 수단을 동원해 달성해야 하는 유일한 목표인 명예 회복을 향한 극도의 정신적 에너지.

이제부터 내가 날마다 얼마나 치열한 싸움을 해야 하는지 생각해 봐. 모든 힘을 다해 이 느린 고통보다, 정신적인 괴로움과 육체적인 고통이 결합된 매 순간의 고난보다 즉각적인 죽음을 택하지 않기 위해서 말이야.

당신도 알다시피, 나는 명예가 회복되는 날까지 살기 위해 싸우겠다고 당신한테 한 약속을 지키고 있어. 이것이 내가 할 수 있는 전부야. 내가 그날에 이르기를 원한다면, 나머지는 당신 몫이야.

그러니 약해지지 마. 내가 고난을 겪고 있고, 내 뇌가 날마다 약해지고 있다는 것을 생각해 줘. 이것은 내 명예, 즉 내 생명, 그리고 당신 아이들의 명예와 관련된 일이라는 것을 기억해. 이런 생각들이 당신을 고무시키고, 그에 상응하여 행동하게 되길.

　모든 사람과 아이들에게 내 인사를 전해줘. 당신을 사랑하는 당신
남편의 수없는 키스를,

알프레드

　아이들은 어떻게 지내? 아이들 소식을 전해줘. 당신과 아이들을
생각하면 언제나 고통으로 온몸이 떨려. 진실을 향해 돌진하도록 내
영혼의 모든 불꽃을 당신에게 불어넣고 싶어. 어떤 수단을 쓰더라도,
특히 지체하지 말고 진짜 범인을 밝혀내야 한다는 절대적인 필요성을
당신한테 새겨주고 싶어.

　책 몇 권 보내줘.

사랑하는 뤼시,

당신에게 내가 아직 살아 있다는 것을 알리고 내 엄청난 애정의 메아리를 보내기 위해 또 몇 줄 쓰고 있어.

우리 둘의 슬픔이 아무리 커도, 나는 항상 당신에게 불굴의 인내심으로 명예 회복을 계속 추구하기 위해 슬픔을 극복하라고 말할 수밖에 없네.

항상 침착함과 품위를 유지하도록 해. 그것이 너무도 부당한 우리의 커다란 불행에 적절하게 대처하는 거야. 하지만 내 명예를, 당신의 소중한 아이들이 지닌 이름의 명예를 되찾기 위해 애써줘.

어떤 행동에도 물러서거나 지치지 말기를. 필요하다고 생각되면 정부 구성원들을 찾아가서 아버지로서, 그리고 프랑스인으로서의 그들의 마음을 감동시켜 봐. 나를 위해 은혜나 동정을 구하는 것이 아니라 단지 철저하게 계속 조사하길 요청한다고 말해야 해.

비록 때때로 끔찍하게도 정신적 고통과 똑같이 육체적 고통까지 동시에 겪을지라도, 당신과 사랑하는 우리 아이들에 대한 내 의무는 내 힘이 닿는 한 끝까지 저항하고 내 마지막 숨결까지 결백을 주장하는 것임을 잘 알고 있어.

이 세상에 정의가 존재한다면, 우리에게서 결코 **빼앗아서는** 안 되었을 행복을 우리가 되찾지 못하는 것은 있을 수 없는 일이라고 생각해. 내 이성은 우리가 행복을 되찾지 못한다고 믿기를 거부하고 있어.

때로는 내가 극도의 신경질적인 반응이나 심각한 육체적 쇠약의 영향으로 감정이 격해진 편지를 쓰기도 하지만, 우리처럼 비극적이고 눈물겨운 상황에서는 누구라도 그런 광기의 발작, 마음과 영혼의 격분을 겪지 않겠어? 그리고 내가 당신에게 서두르라고 말하는 것은 내 결백이 인정되는 승리의 날을 목격하고 싶기 때문이야. 게다가 항상 혼자서 나 자신과 대면하며 슬픈 생각에 잠긴 채, 당신과 아이들, 내게 소중한 모든 사람의 소식을 두 달 넘게 받지 못한 내가 누구한테 마음의 고통을 털어놓겠어? 내 모든 생각을 이야기할 수 있는 당신한테가 아니라면 말이야.

나는 나 자신을 위해서 고통을 겪을 뿐만 아니라, 당신과 사랑하는 우리 아이들을 위해 훨씬 더 고통을 겪고 있어. 여보, 당신은 바로 아이들로부터 정신적인 힘과 초인적인 에너지를 끌어내야 해. 그런 힘과 에너지는 우리의 명예가 언제나 깨끗하고 흠 없었던 상태로 예외 없이 모든 사람에게 반드시 다시 나타나도록 하는 데 필요한 것이지.

하지만 나는 당신을 알아, 당신의 훌륭한 영혼을 잘 알지. 나는 당신을 믿어.

계속 당신 편지를 받지 못하고 있어. 나는 당신에게 다섯 번째 편지를 쓰고 있는데.

모든 사람에게 내 인사를 전해줘.

당신과 사랑하는 우리 아이들에게 수없이 키스를. 아이들에 대해 길게 얘기해줘.

알프레드

사랑하는 뤼시,

이 편지를 18일에야 보낼 수 있겠지만, 오늘부터 쓰기 시작해. 그만큼 당신과 이야기를 나누고 싶은 물리칠 수 없는 욕구를 느끼기 때문이지.

당신에게 편지를 쓸 때면, 거리가 가까워지는 것 같고, 당신의 사랑스러운 얼굴이 내 앞에 보이는 것 같고, 당신의 무언가가 내 곁에 있는 것 같아. 이게 나약함이라는 것을 나도 알아. 나도 모르게 내 고통의 메아리가 때때로 내 펜 아래로 찾아오기 때문이지. 당신의 고통이 충분히 크니까 나는 아직 내 고통을 당신에게 이야기하지 않고 있어. 그러나 나는 결백한 사람이 보여야 할 고요함과 평온함에 대해 벽난로 옆에서 침착하게 토론하는 철학자와 심리학자들에게 내 입장이 되어 보라고 하고 싶어.

깊은 침묵이 내 주변을 감돌고, 오직 바다의 울부짖음만이 그 침묵을 깨뜨리는군. 내 생각은 우리를 갈라놓는 거리를 뛰어넘어 우리 가족에게로, 내게 소중한 모든 사람에게로 향하고 있어. 분명히 그들의 생각도 종종 나를 향하겠지. 나는 이런 시간에 사랑하는 뤼시가 무엇을 하고 있을지 자주 궁금해하며, 내 엄청난 애정의 메아리를 생각을 통해 당신에게 보내. 눈을 감으면, 당신 모습과 사랑하는 아이들의 모습이 보이는 것 같아. 여전히 레 섬으로 부쳐진 2월 16일과 17일의 편지들을 제외하면, 나는 아직도 당신의 편지를 받지 못했어. 당신과 아이들, 우리 가족의 소식을 듣지 못한 지

이제 석 달째네.

우편물이 출발하기 8일이나 10일 전에 당신 편지들을 정부 부처에 제출하도록 요청하라고 내가 이미 당신한테 말했을 거야. 그러면 내가 더 빨리 받을 수 있을지도 몰라. 하지만, 여보, 내 고통은 모두 잊고 당신의 고통을 극복하며 우리 아이들을 생각해. 당신에게는 이행해야 할 신성한 임무, 내 명예를 되찾고 사랑하는 우리 아이들이 지닌 이름의 명예를 되찾는 임무가 있다는 것을 명심해. 하기야 내가 떠나기 전에 당신이 한 말을 나는 기억하고 있어. 2월 17일의 편지에서 당신이 반복한 것처럼, 당신 말의 가치를 알지. 나는 당신을 절대적으로 신뢰해.

그러니 더 이상 울지 마, 여보. 당신을 위해, 사랑하는 우리 아이들을 위해 마지막 순간까지 싸울게.

이처럼 많은 슬픔에 육체는 굴복할 수 있어도, 우리에게 합당하지 않은 상황에 맞서 저항하려면 영혼은 강하고 *꿋꿋하게* 남아 있어야 해. 내 명예가 회복되면, 여보, 우리에게는 그때야 비로소 물러날 권리가 생길 거야. 그때는 우리, 세상의 소음으로부터 멀리 떨어져 우리를 위해 살자. 우리의 상호 애정 속에, 너무도 비극적인 사건들로 인해 커진 우리의 사랑 속에 파묻히자. 서로 지지하며 마음의 상처를 치유하고, 우리의 나머지 일생을 바칠 아이들 안에서 살자. 아이들을 육체적으로나 정신적으로 강하고, 선하고, 단순한 존재로 만들기 위해 노력하자. 아이들이 항상 현실적 삶에 대한 피난처를 찾을 수 있도록 아이들의 영혼을 고양시키자.

그날이 곧 올 수 있기를. 우리는 모두 이 땅에서 고통의 대가를 치렀으니까!

그러니 용기 내, 여보. 강하고 *꿋꿋하게* 지내. 약해지지 말고, 품위를 지키고, 하지만 당신의 권리를 자각하며 당신의 일을 계속해. 이제 나는 잠자리에 들어 눈을 감고 당신을 생각할 거야.

안녕, 수많은 키스를 보내며.

나는 이어서 이 편지를 쓰고 있어. 내 머릿속에 떠오르는 생각들을 그때그때 당신과 나누고 싶기 때문이야. 내게는 고독 속에서 깊이 생각할 시간이 있거든.

병든 자녀의 머리맡에서 밤새 간호하며 죽음으로부터 악착같이 지켜내는 어머니들에게는 당신만큼 많은 용감성이 필요하지 않아. 당신에게는 아이들의 생명 말고도 지켜야 할 것이 또 있으니까. 그건 바로 아이들의 명예지. 하지만 나는 당신이 이 고귀한 임무를 해낼 수 있다는 것을 알아.

그래서, 사랑하는 뤼시, 내가 불평을 토로함으로써, 내 이성을 무력하게 꺾어버리는 이 미스터리가 드디어 밝혀지는 것을 보고 싶은 열에 들뜬 초조함을 드러냄으로써, 이따금 당신의 슬픔을 더 증가시켰다면 용서를 구하고 싶어. 그러나 내 신경질적인 기질과 성마른 성격을 당신도 잘 알잖아. 모든 것이 즉시 밝혀져야만 할 것 같았고, 빛이 빠르고 완벽하게 드러나지 않을 수가 없다고 생각되었어. 매일 아침 나는 그런 희망 속에 일어났고, 매일 밤 깊은 실망 속에 잠자리에 들었지. 나는 내 고통만 생각했고, 당신이 나만큼 고통받고 있다는 사실을 잊곤 했어.

비열한 자의 끔찍한 범죄는 실제로 나에게만 해를 끼치는 것이 아니라, 특히 사랑하는 우리 두 아이에게도 해를 끼치지. 그래서 우리는 모든 고통을 이겨내야 해. 자식을 낳는 것만으로는 충분하지 않고, 명예도 물려주어야 하니까. 명예 없이는 삶이 불가능하거든. 나는 당신의 감정을 알고, 당신도 나처럼 생각한다는 것을 알아. 그러니 용기를 내, 사랑하는 아내, 나는 모든 힘을 다해 당신을 지지하면서 당신과 함께 싸울 거야. 이런 절대적인 필요성 앞에서는 틀림없이 모든 것을 잊게 되기 때문이지. 사랑하는 우리 피에르를 위해, 사랑하는 우리 잔느를 위해 그래야 해.

최근 일어난 비극적인 사건들 속에서 당신이 보여준 헌신과 위대한 영혼이 얼마나 훌륭했는지 나는 알고 있어.

그러니 계속해 줘, 사랑하는 뤼시. 나는 당신을 완전히 신뢰하고 있어. 당신이 너무도 고귀하게 견디고 있는 모든 고통을 나의 깊은 애정이 언젠가 보상해 줄 거야.

1895년 5월 18일

　나 자신의 극히 작은 일부와 무덤 같은 침묵 속에서 살면서 깊이 숙고한 내 생각들에 대한 표현을 당신에게 전해줄 이 편지를 오늘은 끝마치는군.

　나는 나 자신에 대해서는 너무 자주 생각했고, 당신과 아이들에 대해서는 충분히 생각하지 못했어. 당신의 고통과 우리 가족들의 고통도 내 고통만큼 큰데 말이야. 그래서 우리의 마음은 모든 것을 초월하여 우리의 명예라는, 달성해야 할 목표만 봐야 해.

　나의 모든 열성과 커다란 애정으로 당신을 지지하기 위해, 나는 내 힘이 허락하는 한 서 있을 거야.

　그러니 용기 내, 사랑하는 뤼시, 그리고 인내하길. 우리에겐 지켜야 할 우리 아이들이 있어.

　형제자매들에게 내 인사를 전해줘. 그리고 아직도 레 섬으로 주소가 적혀 보내진 편지를 내가 받았다고, 곧 그들에게 편지 쓸 거라고 말해줘.

　당신을 위해 최고의 키스를 보내며,

알프레드

　어제 3월 15일자의 잡지 두 권을 받았다고 말하는 것을 잊었네. 하지만 그것뿐이야.

　사랑하는 피에르,

　아빠는 너와 잔느에게 수많은 뽀뽀를 보낸다. 아빠는 너희 둘을 자주 생각한단다. 네가 멋진 나무 탑을 높이 쌓는 것을 어린 잔느에게 보여주렴. 내가 너에게 해 주었던 것처럼, 나무 탑이 정말 잘 무너지도록 말이다.

착하게 지내고, 엄마가 슬플 때는 엄마를 많이 안아주렴. 할머니, 할아버지에게도 친절하게 대하고, 고모들에게 즐거운 장난도 치거라. 아빠가 여행에서 돌아가면, 어린 잔느와 엄마, 모두 함께 역으로 아빠를 마중 나오렴.

너와 잔느에게 뽀뽀를 또 잔뜩 보내며. 아빠가.

1895년 5월 27일

사랑하는 뤼시,

나는 최대한 자주 내 소식을 전하고 싶어서 카옌[22]과의 모든 통신을 이용해 당신에게 편지를 쓰고 있어.

이번 달 동안 긴 편지를 썼고, 18일에 보냈지.

내가 프랑스를 떠난 이후 아무 소식도 없었지만 — 받은 편지가 모두 우리의 마지막 면회 이전의 것이더군, — 당신이 이 편지를 받을 때쯤이면 비극적인 우리 이야기의 결말이 가까워지길 바라.

어쨌든 나는 내 영혼의 온 힘을 다해 항상 당신에게 이렇게 외쳐. 용기와 인내를!

신경이 자주 과민해지긴 했지만, 정신적 에너지는 항상 온전하게 남아 있어. 요즘 정신적 에너지는 그 어느 때보다 더 많지.

그러니 고통과 슬픔의 모든 감정에 대해 우리 마음을 무감각하게 만들고, 우리의 고통과 불행을 극복하여 오직 최상의 목표만 바라보자. 우리의 명예, 우리 아이들의 명예 말이야. 그것 앞에서는 모든 것이 사라져야 해.

그러니 다시 한번 용기 내, 사랑하는 뤼시. 나는 내 모든 에너지, 내 결백이 주는 모든 힘, 우리와 우리 아이들과 우리 두 가족을 위해 필요한 온전하고 완벽하며 절대적인 빛이 드러나는 것을 보려는 내 모든 의지로 당신을 지지할 거야.

---

22. Cayenne. 남아메리카에 있는 프랑스 해외 영토인 프랑스령 기아나의 수도이다.

사랑하는 아이들에게 부드러운 키스를.

당신을 사랑하는 만큼 키스를 보내며,

알프레드

1895년 6월 3일

사랑하는 뤼시,

여전히 당신이나 그 누구에게서도 편지가 오지 않아. 그래서 내가 출발한 이후로 당신, 우리 아이들, 가족 모두에 대해 아무 소식도 듣지 못하고 있어.

당신은 내 편지들을 통해 내가 겪었던 연이은 위기를 알 수 있었을 거야. 하지만 지금은 과거를 잊자. 우리가 다시 행복해질 때 우리 고통에 대해 이야기하자.

그래서 나는 내 주변에서 무슨 일이 일어나고 있는지 모른 채, 마치 무덤 속에 사는 것 같아. 이 끔찍한 수수께끼를 내 머리로는 풀 수가 없어. 그래서 내가 할 수 있는 모든 것은, 나는 이 의무를 저버리지 않을 텐데, 그것은 내 마지막 숨결에 이르기까지 당신을 지지하는 것이야. 진실을 발견하러 전진하도록, 내 명예와 우리 아이들의 명예를 되찾도록 내 안에서 타오르는 불을 항상 계속해서 당신에게 불어넣는 것이지. 내가 한 영어책에서 발견했던, 셰익스피어의 『오셀로』에 나오는 그 구절들을 기억해? (번역해서 보낼게. 그 이유를 이해하게 될 거야!)

내 지갑을 훔치는 자는
하찮은 물건을 훔치는 것이고,
그것은 어떤 것이긴 하지만, 전혀 중요하지 않은 것이다.
그것은 내 것이었다가 그의 것이 되었고,

다른 수천 명에게 속한 노예였다.

그러나 내게서 나의 명성을

훔치는 자는

그를 부유하게 만들어 주지는 않지만

나를 정말로 가난하게 만드는 것을 훔치는 것이다.[23]

아, 그래! 그는 나를 정말로 '가난하게' 만들었어, 내 명예를 훔친 그 비열한 자 말이야! 그는 우리를 인간 중 가장 불행한 존재로 만들었지. 하지만 각자 자기의 시간이 올 거야. 그러니 용기 내, 사랑하는 뤼시. 지금까지 보여주었던 그 불굴의 의지를 계속 간직해. 당신의 아이들에게서 모든 것을 극복하는 초인적인 에너지를 끌어내. 하기야 나는 당신이 성공하리라는 것을 전혀 의심하지 않아. 이 험악한 드라마가 곧 끝나고 내 결백이 마침내 인정받게 되기를 기대해. 사랑하는 뤼시, 내가 편지마다 반복해서 말하는데 또 무엇을 말할 수 있을까? 이토록 비극적인 상황에서 당신이 보여준 용기와 마음과 성품에 대한 나의 깊은 감탄, 그리고 누구의 머릿속에도 의심이 남지 않도록 내 결백을 증명하고 소리 없이, 그러나 절대 멈추지 않는 의지로 모든 것을 해야 할 절대적인 필요성. 이 필요성은 모든 것, 모든 이익, 심지어 우리 모두의 생명마저도 초월하는 것이지.

당신은 내 편지를 받고 있기를 바라. 이게 당신한테 쓰는 아홉 번째 편지야.

· ·

23. 『오셀로』 3막 3장에 등장하는 구절로, 이아고가 오셀로에게 명성의 중요성을 강조하며 의심을 부추기는 장면에서 쓰였다.

모든 가족과 사랑하는 아이들에게 내 인사를 전하고, 당신은 충실한
남편의 최고의 키스를 받아줘.

알프레드

당신도 알다시피, 사랑하는 뤼시, 당신이 이 마지막 편지들을 받을
때는 진실이 머지않아 밝혀지고 우리가 지금까지 함께 누렸던 행복을
다시 누리게 되기를 나는 바라고 있어.

사랑하는 뤼시,

어제 3월 7일까지의 당신 편지들, 즉 당신이 여기로 보낸 첫 편지들을 모두 받았어. 같은 시기에 쓰인 장모님의 편지와 우리 형제자매들의 편지들도 함께.

그 편지들을 읽으면서 받은 감동 속에서 답장을 쓰고 싶어. 우선 당신 편지를 읽으며 느꼈던 엄청난 기쁨. 그건 당신의 일부가 나를 찾아온 것이었고, 당신의 선하고 훌륭한 마음이 내 마음을 따뜻하게 해 주러 온 것이었지.

나는 이미 내가 느끼고 있던 것도 보았어. 한창 행복한 우리를 불시에 기습하여 우리에게서 명예를 빼앗아 간 이 끔찍한 비극으로 인해 당신이 얼마나 고통받았는지, 가족들 모두 얼마나 고통받았는지 말이야. 명예라는 단어는 모든 것을 말해줘. 그것은 우리의 모든 고통, 내 고통뿐만 아니라 가족들의 고통을 요약해 주지.

하지만 진실이 밝혀지고 정의를 되돌려받기를 기다리기 위해 내가 살겠다고 당신에게 약속했던 그날부터, 나는 더 이상 약해지지 말아야 했고, 내 마음을 잠재우고 인내심을 가지고 기다려야 했어. 그러나 어쩌겠어, 내겐 그런 영혼의 힘이 없었는걸. 너무나 가혹한 타격이었고, 내게 유죄 선고를 받게 한 그 가증스러운 범죄를 생각하면 내 안의 모든 것이 반항했으니까. 그 수치의 외투가 내 어깨를 덮고 있는 한, 내 마음은 계속 피를 흘릴 거야.

하지만 가끔 내가 격분한 편지나 한탄하는 편지를 써서 당신의 큰 슬픔을 더욱 증가시켰다면 용서를 구해. 당신의 심장과 내 심장은 하나가 되어 뛰고 있어.

그러니, 나의 사랑스럽고 착한 뤼시, 내 명예가 회복되는 날에 이르기 위해 내가 온 힘을 다해 버티리라고 확신해도 돼. 그날이 곧 오기를 바라. 그때까지 우리는 앞을 바라봐야 해.

사랑하는 우리 아이들에 대해 당신이 전해준 소식에 나도 똑같이 기뻤어. 아이들이 신선한 공기를 많이 쐬게 해줘. 지금으로서는 아이들에게 건강과 활력을 주는 것만 생각해야 해.

그러니 다시 한번 용기를 내, 사랑하는 뤼시, 강하고 굳세게 지내. 내 깊은 사랑이 당신을 지탱하고 이끌 수 있기를. 내 생각은 밤이고 낮이고 한순간도 당신을 떠난 적이 없어.

가족 모두에게 내 소식을 전해주고, 그들의 친절하고 다정한 편지들에 대해 감사를 전해줘. 나는 그들에게 답장을 쓸 용기가 나지 않아. 하기야 내가 그들에게 무슨 얘기를 하겠어? 내게는 오직 한 가지 생각, 언제나 같은 생각밖에 없어. 내 명예가 회복되는 날을 보는 생각 말이야. 나는 그날이 가까워졌기를 항상 바라고 있지.

사랑하는 당신 부모님, 아이들, 우리 모든 가족에게 내 인사를 전해줘.

당신에게는 내 마음의 온 힘을 다해 키스를 보내.

알프레드

옷이나 음식 같은 것은 전혀 보내줄 필요 없어. 어제 카옌으로부터 통조림을 받았고, 필요한 옷도 거기에 요청했어.

『르뷔 데 되 몽드*Revue des Deux-Mondes*』, 『르뷔 드 파리*Revue de Paris*』, 『르뷔 로즈*Revue Rose*』를 받았어. 그러니 계속해서 그 잡지들을 보내줘. 읽기 쉬운 소설 몇 권도 함께 보내줄 수 있으면 좋겠군.

1895년 6월 15일(토요일 저녁)

사랑하는 뤼시,

3월 초의 당신 편지들을 받고 이미 며칠 전에 답장을 썼으니까, 이번 편지에서는 단지 깊은 애정을 담아 몇 줄만 보낼 생각이었어. 내가 모든 편지에서 반복했던 말을 하지 않을 수 없으니까. 그러나 당신의 소중한 편지를 읽으면서, 날마다 다시 읽으면서, 매번 잠시나마 내 고통이 조금 완화되는 것을 느꼈어. 그렇게 우리가 다시 가까워지고, 예전처럼 서로의 곁에서 두 심장이 뛰는 것이 느껴지는 것 같아. 한 사람의 일부가 다른 사람을 다시 만나러 온 거지. 당신도 같은 감정을 느낀다고 확신하며, 나는 당신의 끔찍한 슬픔을 조금이나마 덜어주기 위해 뭐든 하고자 하는 내 마음의 충동에 따르고 있어. 그건 이성에 반하는 일이라는 걸 나도 알아. 이성은 침착하고 인내하라고, 빛이 드러날 거라고, 우리 시대에는 그렇게 되지 않을 수 없다고 내게 말하기 때문이지. 반면에 당신에게 편지를 쓸 때는 내 마음이 함께해. 그래서 나도 모르게 명예가 전부인 우리 영혼의 상태와 너무나 상반된 이 끔찍한 상황에 맞서 내 안의 모든 것이 진동해. 나를 짓누르고 이 사건 전체를 여전히 둘러싸고 있는 철통같은 장막을 찢어버리기 위한 전투의 열기와 힘찬 에너지가 내 안에서 느껴져서, 나는 항상 그것을 당신들에게 전해주고 싶어. 당신들 모두의 감정도 나와 똑같다는 것을 아주 잘 느끼고 있으면서도 말이야. 그건 쓸데없는 감정의 과잉이라는 것도 알아. 하지만 내 모든 감정이 격하고 강렬하다는 것을 당신도 잘 알잖아. 내 마음은 가장 소중한 것에서 피를 흘리고 있어. 당신 때문에 피 흘리고, 사랑하는 우리 아이들 때문에 피를 흘리지. 당신에게 또 말하는데, 사랑하는 뤼시, 나에게 모든 것을 극복할 힘을 주는 것은 당신이 지닌 이름, 우리 아이들이 지닌 이름이 원래의 깨끗하고 흠 없는 상태로 돌아가는 모습을 보고 싶은 의지야.

나는 나 자신에게 집중해서 살고 있어. 더 이상 아무것도 보거나 듣지 않아. 내 뇌만이 여전히 살아 있고, 내 모든 생각은 당신과 사랑하는 우리 아이들에게 집중되어 있지. 내 명예가 회복되기를 기다리면서.

그러니 항상 용기를 잃지 말아, 사랑하는 뤼시. 우리는 예전에 누렸던 행복을 곧 다시 찾고, 이 끔찍한 시련, 인간이 겪을 수 있는 가장 큰 시련을 겪은 후 더 큰 행복을 누리게 되리라고 기대해.

당신에게 격한 키스를 보내며,

알프레드

나는 같은 이유로 계속 편지를 쓰고 있어. 그리고 당신과 이야기하는 순간이 내게도 좋은 순간이야. 나는 내 생각과 함께 혼자 살고 있으니까 당신에게 해 줄 재미있는 이야깃거리는 없지만, 당신 옆에 있는 것 같은 느낌이 들기 때문이야. 그래서 나는 내 생각을 떠오르는 대로 당신에게 털어놓을 수밖에 없어.

오늘은 더 특별한 슬픔이 밀려오는군. 사실 일요일이면 우리는 온종일 함께 보내다가 당신 부모님 댁에서 하루를 마무리하곤 했었지. 하지만 내 마음, 내 양심, 내 이성은 그 행복한 날들이 다시 돌아올 거라고 말하고 있어. 결백한 사람이 어떤 비열한 자 때문에, 너무도 가증스럽고 혐오스러운 죄에 대한 대가를 무한히 치른다는 것을 나는 인정할 수 없어. 그리고 결국 우리 아이들을 생각하면, 나나 당신에게 불굴의 에너지가 생길 수밖에 없지. 이미 말했듯이, 같은 주제를 목표로 하는 생각들은 필연적으로 되풀이되니까, 우리에게는 명예가 있어야 하고 약해질 권리가 없어. 그렇지 않다면 차라리 아이들이 죽는 걸 보는 게 더 나을 거야.

우리의 고통에 대해 말하자면, 그 고통은 우리 모두에게 똑같아. 명예와 애정에서 두 배로 충격받은 당신, 그런 당신이 고통받는 것을 내가 느끼지 못한다고 생각해? 당신 부모님, 형제자매들이 고통받는 것을 내가 느끼지 못한다고 생각해? 그들에게 명예는 단순한 단어가 아니잖아. 어쨌든 우리의 불행은 끝이 있을 테고, 그 끝이 가까이 왔다고 나는 기대해. 그때까지 우리는 모든 용기와 에너지를 유지해야 해.

마티유 형이 내게 몇 마디 써준 것에 대해 고맙다고 전해줘. 그 불쌍한 남자가 얼마나 고통받고 있을지, 명예의 화신인 그가! 하지만 그에게 내가 마음으로 함께하고 있다는 것을 말해줘, 우리의 두 마음이 함께 고통받고 있다고. 때때로 우리가 끔찍한 악몽의 노리개가 된 것 같고, 이 모든 것이 사실이 아니라 그저 나쁜 꿈일 뿐인 것 같아… 하지만 슬프게도 사실이지! 하지만 지금 우리는 약해지는 생각을 모두 떨쳐내고, 목표인 우리의 명예에만 시선을 고정시켜야 해. 내 명예가 회복되고 나로서는 풀 수 없는 문제의 끝을 알게 될 때, 아마 나는 내 이성을 혼란에 빠뜨리고 내 뇌를 헐떡이게 만드는 이 수수께끼를 이해하게 되겠지.

그래서 나는 그 순간을 기다리고 있어. 그 순간이 올 거라고 확신하고, 우리 모두를 위해 그 순간이 빨리 오기를 바라고 있지. 심지어 그러리라고 기대도 해. 그만큼 정의에 대한 내 믿음은 굳건하거든. 미스터리는 이 세기와 맞지 않으니, 모든 것은 밝혀지고 또 반드시 밝혀져야 해.

사랑하는 뤼시, 당신과 이야기할 수 있었기 때문에 일요일 하루가 덜 길게 느껴졌어. 우리 아이들에 관해서는 내가 당신에게 조언할 게 없지. 나는 당신을 알고 있고, 그 문제에 관해 우리 생각은 같으니까. 교육이나 가르침에 대한 관점에서 말이야. 언제나 용기 내, 사랑하는 뤼시, 수많은 키스를 보내. 내가 석 달 전의 편지에 답장하고 있다는 것을, 그래서 내 답장이 당신에게는 시간이 뒤처진 것으로 보일 수 있다는 것을 잊지 마.

1895년 6월 21일(금요일)

사랑하는 뤼시,

나는 우리의 대화를 계속해. 지금으로서는 우리가 즐길 수 있는 유일한 행복의 빛이니까. 내 생각이 더 이상 현재 상황에 맞지 않을 수도 있고, 또 그러기를 바라. 당신이 이 편지를 받을 때와 당신이 편지를 썼던 때 사이에는 다섯 달 이상의 간격이 있으니까, 그렇게 시간이 흐르는 동안 진실에는 많은 진척이 있겠지.

당신처럼, 모든 가족처럼, 시간이 지나면 모든 것이 밝혀진다고 나는 항상 확신했고 지금도 확신하고 있어. 이따금 내가 약해졌다면, 그건 도무지 알 수 없는 수수께끼의 답을 마침내 알게 되기를 초조하게 기다리며 잔인한 정신적 고통의 무게에 짓눌렸기 때문이야.

당신은 내가 이곳의 삶에 대해 어떤 관점에서든 당신한테 말하지 않는 마음을 틀림없이 이해할 거야. 게다가 나를 동요시키는 유일한 생각들은 내가 당신에게 말하는 것들뿐이야. 그 밖의 것에 관해서는 무의식적으로 움직이는 기계처럼 살고 있어.

가끔은—분명 당신도 똑같은 느낌을 경험할 거야—완전히 깨어 있는 상태에서, 주변의 모든 것에도 불구하고, 계속 멍한 채로 나 자신에게 "아니, 이 모든 것은 일어나지 않았다, 이건 불가능해, 이것은 소설의 드라마지 현실이 아니다!"라고 반복하는 일도 있어. 나는 그런 순간적인 뇌의 무기력함에 대해 내 의식 상태와 현재 상황 사이에 뛰어넘을 수 없는 거리가 존재한다고밖에는 설명할 수가 없어.

당신과의 이 긴 대화가 내게 얼마나 큰 위안을 주는지 당신은 상상도

할 수 없을 거야. 나는 감히 내 글을 다시 읽어보지도 못해. 어쩌면 똑같은 방식으로 표현된 똑같은 생각이 다른 곳에서도 발견될까, 걱정되어서. 하지만 내게나 당신에게나, 진정한 즐거움은 서로의 글을 읽는 것이지.

내 마음이 터질 것 같을 때, 모든 것에 대한 깊은 공포에 휩싸일 때, 나는 당신의 눈에서, 사랑하는 우리 아이들의 모습에서 새로운 에너지를 찾아. 당신의 초상 사진과 아이들의 초상 사진이 실제로 내 테이블 위에, 항상 내 눈 밑에 놓여 있거든. 그리고 알다시피, 사람들이 재산을 잃었을 때, 경력이나 다른 것에서 실망을 겪을 때, 어느 정도까지는 이렇게 스스로 말하면서 약해질 수도 있지. "그래, 우리 아이들은 잘 헤쳐 나갈 거야, 어쩌면 아이들에게는 사랑스러운 게으름뱅이가 되는 것보다 그게 더 나을 거야!" 하지만 여기서는 우리의 명예, 아이들의 명예가 걸려 있어. 이런 상황에서 약해지는 것은 우리에게 용서받을 수 없는 죄가 될 거야. 그러니, 사랑하는 착한 뤼시, 우리의 모든 고통을 받아들이고, 내 결백이 인정되는 날까지 극복해야 해. 그날에야 비로소 우리는 마음껏 눈물을 흘리며 우리 마음을 토로할 권리를 갖게 될 거야.

우리의 고통에 대해 서로 이야기할 수 있다는 것은 말할 필요도 없지만—너무 꽉 차오른 마음은 가끔 표출되어야 하니까—그것을 우리만 간직해야 해. 하기야 나는 당신이 품위 있고 겸손하다는 것을 알고 있지. 행복 속에서는, 이를테면, 언뜻 보이기만 했던 당신의 훌륭한 자질이 역경 속에서는 환한 빛으로 뚜렷이 드러나고 있어.

1895년 6월 26일

오늘 나는 이 길고 장황한 글을 끝내고 내 편지를 넘기려고 해. 아침저녁으로 당신과 이렇게 이야기하고 싶지만, 그렇게 되면 내가 당신에게 쓰는 편지가 여러 권의 책이 될 뿐만 아니라 똑같은 생각들이 내 펜 밑에서 되풀이될 테지. 행동을 위해 태어난 내가 고독 속에서 항상 같은 주제로 돌아가곤 할 수밖에 없게 되었어. 그 순간의 상태에 따라 오직 형식만 다를 수 있을 뿐, 생각은 늘 같아. 그 생각이 모든 것을 지배하기 때문이지.

나를 대신해 사랑하는 우리 아이들을 오래도록 안아줘. 더위 동안에는 당신이 아이들을 파리에 머물게 하지 않을 거라고 생각해. 항상 아이들에게 행동의 주도권을 많이 주고, 자유롭고 구속 없이 성장하게 해. 아이들을 강인한 존재로 만들기 위해서. 그리고 아이들에게서 당신의 위안과 힘, 두 가지를 동시에 얻도록 해.

이제 나는 이 암울한 드라마가 곧 끝나기를 항상 바라고 희망한다는 말밖에는 당신에게 더 할 말이 없어. 그것은 모두를 위해, 우리와 사랑하는 가족들을 위해 정말 간절히 바라는 일이지.

이미 연약하신 가엾은 장모님과 장인어른께도 이처럼 끔찍하고 상상조차 할 수 없는 폭풍 후에 휴식과 평온이 필요할 거야.

소식이 드물고 멀리서 오는지라, 나는 모든 가족의 건강 상태가 어떤지 자주 궁금해.

그리고 또 마침내 조국이 나를 다시 불러주는 날이 되기를 바라는 희망 속에서 얼마나 자주 프랑스를 향해 눈을 돌린 채 수평선을 바라보는지 몰라. 그날이 오기를 기다리면서, 우리 완강하게 버티자, 사랑하는 뤼시, 우리에게 필요한 힘을 우리의 양심과 수행해야 할 의무에서 끌어내자.

모든 우리 가족에게 내 인사를 전해줘, 그리고 당신에게는 충실한 남편의 최고의 키스를 보내.

알프레드

1895년 7월 2일

사랑하는 뤼시,

이 편지가 당신에게 도착할 즈음이면, 당신 생일이 얼마 안 남았겠네. 내가 바랄 수 있는 유일한 소원, 그리고 내 마음과 마찬가지로 당신 마음속에 있는 소원, 그것은 우리의 명예와 과거의 행복을 되찾는다는 소식을 곧 듣는 것이지.

내 양심과 이성은 나에게 믿음을 줘. 초자연적인 것은 이 세상에 존재하지 않으니, 모든 것은 결국 드러나기 마련이야. 그러나 우리와 마찬가지로 우리 가족들에게도 이토록 끔찍한 상황일 때는 기다리는 시간이 길고 잔인하군.

3월 초의 당신의 소중한 편지들—내가 얼마나 늦게 받는지 당신도 알잖아—을 날마다 읽고 있어. 비록 당신에게서 멀리 떨어져 있지만, 그런 식으로 당신과 이야기하는 거지. 하기야 내 생각은 당신과 사랑하는 우리 아이들을 떠난 적이 없어.

나는 당신과 아이들의 건강에 대한 소식을 간절히 기다리고 있어. 그 소식은 또 언제 날짜로 되어 있으려나?

내 건강은 좋아. 내 심장은 당신의 심장과 함께 뛰고 있고, 아주 다정하게 당신을 감싸고 있어.

6월 후반부에 당신한테 두 통의 긴 편지를 썼어. 나는 계속 반복할 수밖에 없을 테니, 우리 마음의 온 힘을 다해 당신과 사랑하는 우리 아이들에게 키스를 보내며 이만 마치도록 할게.

당신의 충실한 남편,

모든 가족에게 키스를.

알프레드

7월 2일 밤 11시

사랑하는 뤼시,

나는 3월 7일 이후의 당신 소식을 못 받고 있었어. 오늘 저녁에 3월과 4월 초의 당신 편지들을 받았네. 그 편지들은 아마 프랑스로 되돌아갔다가, 당신이 직접 정부 부처에 다시 전달한 것들일 거야.

오늘 아침에 이미 몇 마디 썼지만, 같은 우편으로 당신 편지에 빨리 답장하고 싶어.

내 첫 편지들로 내가 당신에게 고통을 안겨줬다면, 다시 한번 용서를 구해. 내 끔찍한 고통을 당신에게 숨겼어야 했는데. 하지만 변명하자면, 우리가 겪고 있는 고통에 비견될 만한 인간의 고통은 없어.

그 이후로 내가 쓴 길고 수많은 편지를 당신이 받았기를 바라. 그 편지들은 내 육체적, 정신적 상태에 대해 당신을 안심시켜 주었을 거야. 내 확신은 절대 달라지지 않았어. 그것은 내 양심, 모든 것이 드러난다고 내게 말해주는 논리에서 나오는 거야. 내게 인내심이 부족했을 뿐이야.

그러니 우리의 고통에 대해 더 이상 이야기하지 말자. 단지 우리의 의무를 다하자. 그토록 고약한 범죄에 대해 결백한 아버지의 명예를 아이들에게 되찾아 주는 의무 말이야.

같은 시기에 쓰인, 당신 부모님과 여러 가족이 보낸 편지들도 받았어. 그들에게 내 인사와 감사를 전해줘. 마티유 형에게는 내 정신적 에너지가 형의 에너지에 필적한다고 말해줘.

온 마음으로 당신과 사랑하는 우리 아이들에게 키스를 보내며.

당신의 충실한 남편,

알프레드

1895년 7월 15일

사랑하는 뤼시,

나는 소식을 듣지 못했던 몇 달 동안 너무나 길고 많은 편지를 썼기에, 내 모든 생각과 고통을 여러 번 반복해서 당신에게 말했어. 더 이상 그 고통으로 되돌아가고 싶지 않아. 내 생각에 관해 말하자면, 요즘 생각이 매우 명확하고 더 이상 흔들리지 않고 있어. 당신도 내 생각을 알잖아.

내 에너지는 내 심장의 박동을 억누르고, 마침내 내 결백이 모든 곳에서 모든 사람에게 인정받는다는 것을 알게 되기를 기다리는 초조함을 억누르는 데 쓰이고 있어. 그래서 내 에너지가 온통 수동적이라면, 반대로 당신 에너지는 매우 능동적이어야 하고 내 에너지를 부추기는 열렬한 숨결에 의해 활기를 띠어야 해.

고통만 문제가 된다면, 그건 아무것도 아니겠지. 하지만 이건 한 가문의 명예와 우리 아이들의 삶이 걸린 문제야. 그리고 나는, 당신도 내 말을 잘 알겠지만, 우리 아이들이 고개를 숙여야 하는 것을 절대 원하지 않아. 이 비극적인 이야기에 대해 온전하고 완벽하게 진실이 밝혀져야 해. 따라서 어떤 것도 당신을 망설이게 하거나 지치게 해서는 안 돼. 자신의 아이들이 살아갈 수 있도록 오직 진실만을 원하는 어머니 앞에서는 모든 문이 열리고, 모든 가슴이 고동치게 마련이야.

거의 무덤과 같은 곳에서—내 상황은 무덤에 비교될 만하고, 거기에 더해 심장을 가지고 있다는 고통이 있지 — 당신에게 이 말을 하는 거야.

당신 부모님, 우리 형제자매들, 그리고 뤼시와 앙리에게 그들의 친절하고 다정한 편지에 대해 감사를 전해줘. 그들의 편지를 읽는 것이 내게 얼마나 기쁜 일인지, 그리고 내가 직접 답장하지 않는다면, 그건 항상 똑같은 말을 반복할 수밖에 없기 때문이라는 것을 그들에게 말해줘.

사랑하는 당신 부모님께 내 인사를 전해주고, 내 모든 애정을 말해줘. 아이들에게 길고 상냥한 키스를.

사랑하는 착한 뤼시, 나는 날마다 당신 편지를 읽어. 계속해서 길게 편지를 써 줘. 그러면, 한순간도 당신과 아이들을 생각하지 않는 적이 없지만, 생각만 하며 지내는 것보다는 당신이나 사랑하는 내 아이들과 함께 더 잘 지낼 수 있어.

내 마음의 온 힘을 다해 당신에게 키스를 보내.

당신의 충실한 남편,

알프레드

당신이 보냈다고 한 물품, 즉 스펀지와 콜라 맛 초콜릿을 받지 못했어. 하지만 내 물질적인 삶에 대해서는 걱정하지 마. 카옌에서 보내준 통조림 덕분에 충분히 잘 지내고 있어.

1895년 7월 27일

사랑하는 뤼시,

나는 이번 달 15일에 이미 당신에게 편지를 썼어. 비록 현재 상황은 모르지만, 오늘도 당신에게 내 소식을 전하고 계속 "용기와 믿음을!"이라고 외칠 수 있어.

내 건강은 좋아. 영혼은 몸과 그 외의 것들을 지배하지. 우리 아이들이 불명예스러운 이름으로 삶을 시작할 수도 있다는 생각을 나는 절대로 받아들이지 않을 거야. 당신은 우리 둘에게 공통된 이런 생각을 고취하고 거기서 불굴의 의지를 모두 끌어내야 해.

나는 결코 미래를 두려워하지 않았어. 그러나 우리에게 합당하지 않은 정신적 상황에 처했을 때는, 우리를 위해서나 우리 아이들과 가족을 위해서나 거기서 벗어나야 해.

오직 진실을 찾는 것, 야비하고 비겁한 범죄를 저지른 비열한 자들을 찾는 것만 요구하고 원할 때, 우리는 어디서나 당당하게 고개를 들고 나설 수 있어.

그 진실은 찾아내야 하고, 당신은 틀림없이 찾아내게 될 거야. 내 결백은 틀림없이 모든 사람에게 인정받을 거야. 나는 그날 당신과 아이들과 함께 있고 싶어.

사랑하는 아이들에게 키스를.

나는 당신과 아이들 속에서 살고 있어.

온 마음으로 당신에게 키스하며.

당신의 충실한 남편,

알프레드

며칠 내로 당신의 소식을 받을 수 있으면 좋겠다.

1895년 8월 2일

사랑하는 뤼시,

카옌에서 오는 우편이 어제 도착했어. 지난달처럼 당신 편지를 받기를 기대했지만, 그 기대는 어긋났어.

사랑하는 착한 뤼시, 이미 말했고 여러 번 반복했는데 내가 당신에게 무슨 말을 해야 할까? 만약 내가 가장 끔찍한 고통을 겪었다면, 오늘도 모든 순간이 다 상처가 되는 정신적 상황을 견뎌냈다면, 그건 그 흉악한 반역에 대해 결백한 내가 내 명예, 사랑하는 우리 아이들이 지닌 이름의 명예를 원하기 때문이야.

세상에 혼자 있었다면, 나 스스로 명예를 되찾을 수 없어서 나는 아마 달리 행동했을 거야, 오! 그런 경우라면, 당신한테 장담하는데, 나는 그 사악한 계략의 비밀을 알고 있어도 내 평판을 회복하는 일을 미래에 맡겼을 거야. 이 드라마가 나에게 아무리 이해되지 않더라도, 모든 것은 결국 자연스럽게 밝혀지니까.

하지만 내 이름을 지닌 당신이 있었고, 우리 아이들이 있어. 우리 가족도 있고. 나는 살아야 했고, 내 명예를 요청해야 했고, 내 존재와 내 영혼의 모든 열기로 당신을 지지해야 했어. 무엇보다 중요한 것은 우리 아이들이 당당하게 고개를 들고 인생을 시작해야 하는 것이거든. 그래서 수형자의 영혼을 가지고 있지 않고 앞으로도 절대 갖지 않을 나 자신에게 수형자의 영혼을 강요하고 있어. 그게 내 의무니까.

내가 끔찍한 절망의 순간들을 겪은 것도 사실이야. 어느 비열한 자 대신 내가 쓰고 있는 이 모든 수치의 가면이 내 얼굴을 태우고 내 마음을 짓밟고 있어. 결국 모든 것이, 나의 모든 존재가 실제의 나와 너무도 상반된 정신적 상황에 반항하고 있지.

사랑하는 뤼시, 지금 상황이 어떤지 나는 몰라. 당신의 마지막 편지가 두 달도 더 전에 쓰인 것이었으니까. 하지만 불행하게도 아내이자 어머니에게 닥칠 수 있는 가장 숭고한 임무를 수행해야 하는 여자에게는 모든 권리, 최고의 신성한 권리가 있다는 것을 생각하도록 해.

내가 자주 말했듯이, 당신은 오직 진실 추구만 요구해야 해. 당신은 나랏일을 주도하는 사람 중에서 아내이자 어머니의 어마어마한 고통에 감동할 마음이 따뜻한 사람들, 명예가 전부인 군인의 끔찍한 고난을 이해할 사람들을 틀림없이 찾아내게 될 거야. 사람들이 당신을 도와 빛을 밝히기 위해, 이 흉악한 중죄를 저지른 한 명일지 여러 명일지 모르는 비열한 자들, 조금도 동정할 가치가 없는 자들의 정체를 폭로하기 위해 모든 수단을 동원하지 않을 수 없다고 나는 믿어.

나는 내 마음에 떠오르는 조언만 당신에게 해 줄 수 있어. 신속하고 완전한 명예 회복을 위한 방법을 평가하는 것은 당신이 나보다 더 잘 판단할 거야.

하지만 내가 당신에게 다시 한번 말할 수 있는 것은, 당신이 가져야 할 유일한 관심사는 당신이 지닌 이름의 명예에 대한 걱정이라는 것이야. 그건 우리 아이들의 미래 삶을 보장하는 것이지. 이 목표는 어떤 수단을 써서라도 당신이 반드시 달성해야 해. 내 명예를 의심할 수 있는 프랑스인이 단 한 명도 남지 않아야 해.

당신의 임무는 위대하고, 당신은 그 임무를 완수하기에 합당한 사람이야. 우리의 명예가 회복될 때 — 모두를 위해 곧 그렇게 되기를 희망해 —, 가엾은 당신, 당신에게도 고통과 슬픔이었던 이 끔찍한 몇 개월을 잊게 하도록 나는 남은 내 힘을 다 바칠 거야. 당신의 관대한 마음과 훌륭한 성격 때문에 당신은 다른 어떤 여자보다 행복하고 사랑받을 자격이 있으니까.

그러니 항상 강하고 굳세게 지내. 내 영혼과 깊은 애정이 당신을 지탱하고 인도해 주길.

내 생각은 줄곧 당신, 사랑하는 우리 아이들, 그리고 가족 모두와 함께 있어.

아이들에게, 모두에게 키스를.

온 힘을 다해 당신에게 키스하며,

알프레드

8월 2일(저녁 8시)

이 편지가 내일 카옌으로 출발할 수 있도록 내가 편지를 막 끝냈을 때, 4월의 당신 우편물, 6월의 당신 편지들, 그리고 모든 가족의 편지들을 받았어. 방금 당신 편지들을 빠르게 읽었는데, 다음 편지에서 더 길게 답장을 쓸게.

내가 방금 당신에게 쓴 내용에서 아무것도 바꿀 것이 없어. 내게 주어진 정신적 상황이 아무리 끔찍하더라도, 내 마음이 아무리 으깨어져도, 나는 내 마지막 숨결에 이르기까지 쓰러지지 않을 거야. 나는 내 명예, 당신의 명예, 우리 아이들의 명예를 원하니까.

내 친구들을 나는 한 번도 의심한 적이 없어. 그들은 나를 잘 알지. 하지만 필요한 것은, 내가 원하는 것은 눈 부신 빛이야. 우리나라에서 아무도 내 명예를 의심할 수 없도록 말이야. 내가 원하는 것은 군인으로의 내 명예야. 이 임무를 나는 당신에게, 당신들에게 맡겨. 당신이 잘 해내리라는 것을 나는 조금도 의심하지 않아.

사랑하는 우리 아이들과 당신에게 키스를 보내.

당신의 충실한 남편,

알프레드

1895년 8월 22일

사랑하는 뤼시,

나는 이달 초, 8월 2일과 5일에 두 통의 긴 편지를 당신에게 썼어. 두 편지가 영국 배에 실릴 수 있었기를 바라.

그래서 오랫동안 당신과 이야기하러 오지 않았어. 내게 그럴 마음이 없어서가 아니야. 내 마음은 온통 당신과 함께 있어. 몇 번이나 펜을 들었다가 다시 내려놓았는지 몰라!

그런 고통을 계속 들춰내 봤자 무슨 소용이겠어? 당신의 건강, 아이들의 건강, 그리고 우리 가족 모두의 건강 외에, 내게는 단 하나의 생각밖에 없어. 우리 명예에 대한 생각, 그것이 나를 살지 않을 수 없게 해.

때때로 내가 내 생각을 조금 격한 형태로 표현했다면, 용서해 줘. 하지만 어쩌겠어, 내가 내 의무, 약해지지 않고 내 모든 의무를 다하는 것은, 이토록 치욕스럽고 부당한 상황에 대해 내 마음이 몸서리치거나 피 흘리지 않아서가 아니야. 내 마음의 고통은 단지 내 고통뿐만 아니라, 당신의 고통, 내가 사랑하는 모든 사람의 고통으로 이루어져 있어.

그리고 내가 끊임없이 밤낮으로 나를 억제하지 않을 수 없다는 것, 한 번도 입을 열지 않은 채 한순간도 긴장을 풀지 못하다가 당신에게 편지를 쓸 때면 내 안에서 정의와 진실을 외치는 모든 것이 내 온 마음과 함께 나도 모르게 내 펜 아래로 흘러나온다는 것도 생각해 줘.

그러나 내가 항상 당신에게 할 말은, 내 심장이 뛰는 한, 우리의 고통을 넘어 — 아! 너무도 끔찍한 고통이지만 — 삶 이전에 명예가 있고, 그 명예는 우리에게 속한 것으로 우리에게 남아 있어야 한다는 것이야. 그건 우리 아이들의 유산이니까. 그러니, 사랑하는 뤼시, 이 끔찍한 비극의 결말을 볼 때까지 항상 계속해서 용기를 내… 그러나 모두를 위해 그 결말이 곧 오기를 바라자.

사랑하는 당신 부모님과 우리 가족 모두에게 내 인사를 전해줘. 그들에게 내 깊은 애정과 내가 그들 모두를 얼마나 생각하는지 말해줘. 그리고 당신, 사랑하는 뤼시, 나는 당신을 위로해 줄 수가 없어. 이런 불행 앞에서는 당신에게도, 내게도 위로는 없어. 하지만 당신의 양심과 당신이 수행해야 할 중대한 의무에 대한 자각이 틀림없이 당신에게 불굴의 힘을 줄 거야. 그리고 정의의 날이 우리를 위해 밝아올 때, 우리는 우리의 깊은 애정 속에서 위안을 찾게 될 거야.

당신과 사랑하는 우리 아이들에게 수없는 키스를 보내.

당신의 충실한 남편,

알프레드

편지를 보내기 전에 몇 마디 더 보태. 당신에게 다시 한번 내 깊은 애정의 메아리를 전하고, 당신 생일에 내가 얼마나 당신을 생각했는지 말하려고—사실 다른 날들보다 더 많이 생각한 건 아냐, 그건 불가능하니까—온 마음으로 당신에게 키스하고 용기를, 항상 용기를 내라고 말하려고!

아! 모든 형태의 고통을 겪는 것이 어떤 것인지, 나는 잘 안다고 장담할 수 있어. 오랜 시간 지속되는 고통으로, 내 마음은 날마다 매시간 피를 흘리는 상처일 뿐이야. 그 상처는 마침내 내 결백이 인정되었다는 것을 알게 될 때야 비로소 아물 수 있겠지.

이 시대에 이런 잘못이 발생하고 이렇게 오랫동안 밝혀지지 않은 채 지속될 수 있는 것을 보면, 때때로 정신이 멍하고 혼란스러워! 하지만 아무것도 두려워하지 마. 당신과 마찬가지로, 가족 모두와 마찬가지로, 내가 말로 표현할 수 없을 정도로 고통받고 있더라도, 영혼은 여전히 굳세고 당신과 우리 아이들을 위해 끝까지 의무를 다할 거야. 아! 그러나 이 끔찍하고 믿을 수 없는 상황이 곧 끝나고, 우리가 10개월 이상 겪고 있는 이 끔찍한 악몽에서 마침내 벗어나기를 바라자!

나를 대신해 사랑하는 우리 아이들에게도 키스해 줘.

사랑하는 뤼시,

오늘에서야 당신의 7월 편지들과 가족들의 편지를 받았어.

나도 종종 당신처럼 해. 터질 듯한 마음이 폭발할 때면, 나는 당신의 소중한 편지들을 모두 다시 읽으며 당신과 함께 울어. 명예를 무엇보다 중요시하는 두 사람이 우리보다 더 큰 고난을 가족과 함께 겪은 적은 없을 거라는 생각이 들기 때문이지.

나는 고통받고 있는데, 그것을 부끄러워하지는 않아. 하긴 당신도, 가족들도 모두 마찬가지지. 내 마음은 밤낮으로 명예, 당신의 명예, 우리 아이들의 명예를 요구하고 있어. 이런 상황은 비극적이고, 모두에게 고통이 너무 커지고 있어.

이런 상태가 조금만 지속된다면, 누군가는 결국 굴복하게 될 거야. 오, 이런! 사랑하는 뤼시, 그래서는 안 돼. 우리에게는 먼저 우리의 명예, 그리고 우리 아이들의 명예가 필요해. 이토록 비열한 운명을 부당하게 겪을 때는 그 운명에 짓눌려서는 안 되지.

믿어지지 않는 일로 고통을 겪는 영혼이 고통의 비명을 지르는 것은 지극히 자연스럽고 정당하다 할지라도, 사랑하는 뤼시, 한탄하는 것은 아무 소용이 없어. 만약 당신이 이 편지를 받을 때까지 상황이 명확히 밝혀지지 않았다면, 이 비극적인 이야기에 대해 빛이 퍼지도록 당신이 개인적인 행동을 시작할 때라고 생각해. 의무가 주는 용기와 에너지, 결백함이 주는 불굴의 힘을 가지고 말이야. 당신은 은혜나 호의를 구할 필요가 없어. 단지 진실 찾기, 그 비열한 편지를 쓴 파렴치한 자를 찾는 것만 요구하면 돼. 그러니까 우리 모두를 위한 정의 말이야! 게다가 당신은 단순한 편지에 담길 수 있는 것보다 더 설득력 있는 말을 당신 마음속에서 찾아낼 수 있을 거야. 간단히 말해, 이 비극의 수수께끼를 어떤 수단으로든 마침내 밝혀야 해. 아내와 어머니로서 당신의 자질은 당신에게 모든 권리를 부여하고, 틀림없이 모든 용기를 줄 거야.

내가 느끼는 바에 비추어 보면, 내 마음 상태가 이 정도이니, 가족 모두가 어떤 상태인지 너무나 잘 느껴져. 기나긴 밤 동안, 내게는 가족들이 나와 함께 고통받고 절규하는 모습이 보여.

이 상황이 끝나야 해. 어쨌든 우리 시대에 그런 미스터리를 밝혀내지 않은 채 이처럼 두 가족이 죽어가게 내버려두는 것은 있을 수 없는 일이야. 진실은 사람들이 밝히려는 의지가 있을 때 드러날 수 있는 법이지. 그러니, 사랑하는 뤼시, 언제나 지녀야 할 품위를 지키면서, 강하고 용감하고 활기차게 지내. 신분이 높든 낮든, 정의에 관한 문제에서는 우리 모두 평등해. 내가 더럽힌 적 없는 명예, 우리 아이들의 유산인 명예는 우리에게 되돌아와야 해. 그날 나는 당신과 우리 아이들과 함께 있고 싶어.

모두에게 키스를. 사랑하는 우리 아이들과 당신에게 온 힘을 다해 키스를 보내.

당신의 충실한 남편,

알프레드

9월 7일(저녁)

영국 배로 출발하도록 편지를 건네주기 전에, 몇 마디 덧붙이고 싶어. 내 온 마음과 생각은 당신과 사랑하는 우리 아이들과 함께 있다고.

방금 당신의 소중한 편지를 다시 읽었는데, 다음 우편물이 올 때까지 내가 그 편지들을 자주 다시 읽으리라는 것은 말할 필요도 없지. 홀로 자기 자신과 대면한 채 말 한 마디 하지 않고 지내는 날들은 길거든.

사랑하는 뤼시, 내 영혼이 당신을 이끌어 줄 수 있기를. 사랑하는 당신 부모님을 위해서, 우리 모두를 위해서 이 비극이 끝나야 한다는 것을 나는 잘 느끼고 있으니까. 당신은 모든 문을 두드려야 하더라도, 우리를 살게 해 주는 것, 우리에게 필요한 것, 즉 우리의 명예를 빼앗아 간 이 악마 같은 음모의 수수께끼를 풀어야 해.

나를 대신해 사랑하는 우리 아이들을 온 마음으로 안아줘. 편지마다 피에르가 덧붙이는 몇 마디는 나에게 큰 기쁨을 주지. 내가 모든 것을 견뎌낼 힘을 냈던 건 당신과 아이들을 위해서야. 우리의 명예가 회복되는 날을 보고 싶다. 그것을 나는 강력히, 열정적으로 원해. 명예를 무엇보다 중요시하는 사람의 온 에너지를 다해서 말이야. 이 소원이 곧 이루어질 수 있기를! 그것이 실현되도록 당신은 모든 것을 다해야 해.

내 온 영혼을 다해 당신에게 또 키스를 보내.

당신의 충실한 남편,

알프레드

사랑하는 당신 부모님, 모든 우리 가족에게 내 인사를 전해줘.

1895년 9월 27일

사랑하는 뤼시,

나는 거의 1년 동안 한 남자를 끈질기게 괴롭히는, 가장 설명할 수 없는 운명에 맞서 내 양심으로 싸우고 있어.

마치 오랜 피로에 기진맥진하여 참호 반대편에 누워 그곳에서 삶을 끝내고자 하는 병사처럼 나는 때때로 너무 지치고 환멸을 느껴.

영혼이 나를 깨우고, 의무가 내게 어쩔 수 없이 냉정함을 되찾게 하지. 그래서 내 온 존재는 극도의 노력 속에서 긴장하고 있어. 우리의 명예를 되찾는 날, 나는 당신과 아이들 사이에 있는 나를 다시 보고 싶거든.

하지만 진짜 죽을 것 같은 고통이 날마다 반복되고 있어. 너무 끔찍하고 부당한 형벌이지.

내가 당신에게 이 모든 것을 말하더라도, 내 삶이 얼마나 끔찍했는지, 그리고 매일 영향을 미치는 이 치욕적인 상황이 내 존재를 얼마나 짓밟고 내 마음을 얼마나 분노하게 하는지 때때로 당신에게 언뜻 보여주었더라도, 그건 불평하기 위해서가 아니었어. 내가 살아왔고 살기로 한 것은 내 명예, 당신의 명예, 그리고 우리 아이들의 명예를 원하기 때문이라는 것을 당신에게 다시 말하기 위해서였어.

그러니 당신의 영혼과 에너지가 이토록 비극적인 상황을 감당할 수 있기를. 이 상황은 반드시 끝나야 하니까.

그래서 나는 9월 7일에 보낸 편지에서, 당신이 그 편지를 받을 때까지 상황이 명확히 밝혀지지 않았다면, 이 비극적인 이야기에 대한 진실을 밝히기 위해 당신이 직접 당국에 행동을 취해야 한다고 말한 거야.

당신은 어디서든 당당히 고개를 들고 모습을 드러낼 권리가 있어. 당신이 요구하는 것은 은혜도 호의도 심지어 정신적 신념도 아니기 때문이지. 그런 것들이 아무리 정당한 것이라 하더라도 말이야. 당신이 요구하는 것은 바로 비열하고 비겁한 범죄를 저지른 파렴치한 자들을 찾아 밝혀달라는 것이야. 정부는 이를 위한 모든 수단을 가지고 있어.

편지는 아무 소용이 없어, 사랑하는 뤼시. 당신이 직접 행동해야 해. 당신이 하는 말은, 당신의 입을 통해 나올 때, 종이와 글이 줄 수 없는 힘과 효력을 갖게 될 거야.

그러니, 사랑하는 뤼시, 당신의 양심과 아내이자 어머니의 자질에서 힘을 얻어, 우리가 정의를 되찾을 때까지 지치지 말고 나아가도록 해.

당신이 강력하고 단호하게 온 마음을 다해 요구해야 하는 정의란, 우리를 비극적이고 끔찍한 희생자로 만든 이 음모에 대한 진실을 완전하고 철저하게 밝히는 것이야. 게다가 당신은 무엇을 말해야 할지 알고 있는데, 그것을 단호하고 용감하게 말해야 해.

사랑하는 뤼시, 이것이 내가 처음부터 가졌던 생각이었어. 나라면 아무 소란 없이, 안내자를 제외하고는 누구도 개입시키지 않은 채, 양손에 아이들을 데리고, 죄인이 밝혀질 때까지 쉬지 않고 정의를 요구하며 어디든 갔을 거야. 그 방법은 과감하지만, 최고의 방법이야. 왜냐하면 그것은 마음에서 나와 마음으로 다가가며, 열정에 휘둘리지 않을 때의 우리 모두에게 내재된 정의의 감각에 호소하기 때문이지. 그것은 결백함이 주는 힘과 수행해야 할 의무에서 비롯된 것으로,

어떠한 장애도 알지 못해. 그러니까 그것은 남편과 아이들을 위해 오직 정의만을 요구하는 여인에게 어울리는 방법이야.

우리 시대에 비열한 자가 두 가족의 삶을 무너뜨리고도 벌받지 않았다고 말해져서는 안 돼.

그러니, 사랑하는 뤼시, 용기를 내고 단호히 행동해. 모두에게 키스를. 사랑하는 우리 아이들과 당신에게 온 힘을 다해 키스를 보내.

당신의 충실한 남편,

알프레드

6월에 당신이 보내준 것 이후로, 나는 더 이상 책도 잡지도 받지 못했어. 나는 당신이 매달 나에게 직접 책과 잡지를 계속 보내줄 거라고 생각했는데. 나 자신과 끝없이 대면한 채 가장 깊은 고립 속에서 트라피스트[24] 수도사보다도 더 침묵하며 슬픈 생각들에 사로잡혀 외딴 바위 위에서 의무감만으로 버티고 있는 나를 생각해 줘.

24. 1664년 프랑스 노르망디의 라 트라프(La Trappe) 지방에서 엄격한 수도 생활을 지향하여 결성된 수도 단체로서, 노동, 장엄한 제식(祭式), 침묵의 엄수, 금욕적 공동생활 등이 특징이다.

사랑하는 뤼시,

매달 간절하게 기다렸던 당신의 소중한 8월 편지들과 가족의 편지들을 방금 모두 받았어.

항상 길게 편지를 써줘. 당신 편지를 읽을 때, 나는 어린아이 같은 기쁨을 느껴. 당신이 이야기하는 것이 들리는 것 같고, 당신 심장이 내 심장 곁에서 뛰는 것처럼 느껴지거든.

당신이 너무 괴로울 때는 펜을 들고 내게 이야기해.

아이들 소식을 알려줘서 고마워. 나를 대신해 아이들을 오래도록 안아줘.

사랑하는 뤼시, 내몸은 모든 것에 무관심하고 거의 초인적인 힘에 의해, 더 중요하게 작용하는 힘, 즉 우리 명예에 대한 관심에 의해 움직여.

내 영혼을 가득 채우고 지배하며 깊은 상처를 입은 내 마음을 잠재우는 것은 바로 당신과 우리 아이들, 그리고 내 가족에 대한 신성한 의무야… 그렇지 않다면, 이 짐은 인간의 어깨에는 너무 무거울 거야.

이제 한탄은 그만하자, 사랑하는 뤼시, 그건 아무것도 해결해 주지 않아. 모두의 이 끔찍한 고통이 끝나야 해. 내 결백에서 힘을 얻어, 당신의 목표를 향해 조용히, 소리 없이, 그러나 단호하고 힘차게 똑바로 걸어가. 설사 가장 높은 사람들에게 문제를 가져가야 하더라도 말이야. 자녀들에게 둘러싸인 채 찾아와서 어떻게든 죄인들의 정체를 밝혀달라고, 불행하고 끔찍한 희생자들을 위한 정의를 요청하는 여인의 간청에 어느 인간의 마음도 무감각할 수 없어. 과거로 돌아가지 말고, 마음을, 온 마음을 다해서 이야기해. 우리가 겪고 있는 이 비극은 그 자체는 단순한데도 몹시 가슴 아프다.

그러니 내가 9월 7일과 27일 편지에서 말한 대로, 분명하고 단호하게 행동해. 명예, 즉 남편과 자녀들의 삶을 지켜야 하는 한 여성의 영혼을 가지고 말이야.

고통 속에 빠지지 마, 사랑하는 착한 뤼시, 그건 아무 도움이 되지 않아. 말에서 행동으로 옮기고, 행동을 통해 위대하고 품위 있는 존재가 되길.

사랑하는 당신 부모님과 모든 가족에게 내 인사를 전해줘. 그들의 친절하고 애정 어린 편지들에 감사하고, 감동적인 몇 줄을 써주신 사랑하는 당신 이모님께도 감사를 전해줘. 내 마음은 밤낮으로 모든 이들과 함께 있지만, 내가 그들에게 직접 편지를 쓰지는 않을 거야. 항상 같은 말을 반복할 수밖에 없을 테니까.

그러니 용기를 내, 사랑하는 뤼시. 우리 모두 이 드라마의 끝을 봐야 해.

온 힘을 다해, 온 영혼을 다해 사랑하는 우리 아이들과 당신에게 키스를 보내.

당신의 충실한 남편,

알프레드

당신이 보내준 책들이 도착했다고 들었지만, 아직 받지는 못했어. 고마워. 내게는 책이 정말 필요했어. 독서만이 내 생각을 조금이라도 다른 데로 돌릴 수 있거든.

1895년 10월 5일

사랑하는 뤼시,

어제도 이미 당신에게 편지를 썼지만, 이번에 도착한 모든 편지를 읽고 또 읽은 후에 그 속에서 솟아오르는 고통의 외침, 단말마의 비명에 내 온 존재가 몹시 충격을 받았어.

가족들은 나를 위해 고통받고, 나는 가족들을 위해 고통받고 있군.

아니, 한 가족 전체가 이런 고난을 겪는 것은 있을 수 없는 일이고, 허용되어서도 안 돼.

계속 기다리다 보면, 우리 모두 무너질 거야. 그렇게 되어서는 안 돼. 무엇보다 우리 아이들이 있잖아.

나는 다시 한번 공화국 대통령에게 직접 편지를 썼어. 나는 오직 펜으로만 행동할 수 있고—그건 하찮은 일이지—영혼의 모든 열성을 다해 당신을 지지할 수 있을 뿐이야. 당신은 힘차고 단호하게 행동해야 해.

결백할 때는, 정의만을, 이 끔찍한 미스터리를 밝히는 것만을 요구할 때는 강하고 무적인 법이지.

필요하다면, 사랑하는 우리 아이들을 대통령의 발치에 들이밀고, 아이들을 위해, 아이들의 아버지를 위해 정의를 요구해 봐.

사랑하는 뤼시, 행동을 통해 영웅이 되도록 해. 이 의무는 당신 몫이야.

다시 한번 말하지만, 필요한 것은 소란도, 이를 가는 것도 아니야. 어떤 것에도 물러서지 않는 불굴의 의지지.

나는 여기서 거리를 뛰어넘어 내 마음으로, 내 존재의 모든 생명력으로, 프랑스인이자 정직한 사람의 영혼으로, 그리고 자신의 명예와 아이들의 명예를 원하는 아버지의 영혼으로 당신을 지지해.

마음 깊이 당신에게 키스를 보내며.

당신의 충실한 남편,

알프레드

1895년 10월 26일

사랑하는 뤼시,

나는 10월 3일과 5일, 그리고 9월 27일의 편지 내용을 당신에게 확인시켜 주는 것밖에 할 수가 없어.

우리는 둘 다 끔찍하고 부당한 상황 속에서 기다리느라 힘을 소진하고 있는데, 결국 힘이 다 빠져버릴 거야. 모든 것에는 한계가 있으니까. 그런데 우리 아이들이 있어. 우리는 아이들에 대해 의무가 있고, 무엇보다 아이들에게는 명예가 있어야 해. 그래서 우리 둘이 너무도 오래전부터 겪고 있는 모든 고통뿐만 아니라, 온 가족의 끔찍한 고난 때문에 괴로움에 몸을 떨며, 나는 공화국 대통령에게 편지를 썼어. 나는 당신에게 지난번 편지들을 쓰면서, 은혜나 호의를 구하는 것이 아니라 빛을, 그러니까 정의를 원하는 결백한 사람들로서 행동해야 하며 고개를 당당히 들고 목표를 향해 똑바로 나아가라고 말했어. 어떤 불행 앞에서는 굴복할 수도 있겠지만, 부당하게 가해진 불명예는 결코 받아들일 수 없어.

이 시대에 맞지 않는 우리의 형벌은 이미 충분히 오래 지속되었고, 너무 오래 지속되었어.

그러니 사랑하는 뤼시, 힘내, 활동적이고 능동적인 에너지를 지녀야 해. 정당한 권리를 근거로 하기 때문에, 오직 진리와 환한 빛과 사건의 규명만을 원하기 때문에 반드시 승리하는 에너지 말이야. 우리는 불가사의한 미스터리와 마주하고 있는 것이 아니야.

내가 말했듯이, 약하게 만드는 눈물이나 쓸모없는 말이 아니라 행동이 필요해.

한 사람의 명예, 그의 자녀들과 두 가족의 명예는 모든 열정과 이해관계를 초월하는 것이야. 그러니 사랑하는 뤼시, 온 사방으로 가장 높은 사람들 앞에 문제를 가져가야 할지라도, 수행해야 할 고귀한 사명을 가진 여성의 영웅적인 마음으로 행동해. 나는 이 끔찍한 고통이 마침내 끝났다는 소식을 곧 듣게 되기를 바라.

모두에게 키스를.

사랑하는 우리 아이들과 당신에게 내 애정의 모든 힘으로 키스를 보내며,

알프레드

1895년 10월 26일(저녁)

이 편지가 출발하기 전에 몇 마디 더 적고 싶어. 이렇게 하면 당신과 가까워지고, 우리가 난롯가에서 담소를 나누던 행복했던 시절처럼 당신 곁에서 이야기하는 것 같거든. 그리고 이것은 내가 이야기를 나누는 유일한 순간들이야. 만약 내 욕망만 따른다면, 나는 날마다 하루 종일 이렇게 당신과 이야기하고 싶어. 하지만 그건 언제나 똑같은 이야기가 될 테지.

때때로 내가 한탄하는 것은, 당신이 나를 알다시피— 당신은 내가 체념하는 사람도, 인내심이 많은 사람도 아니라는 것을 잘 알지— 고통이 너무 크고, 시간이 너무 무겁게 짓누르기 때문이야. 나는 나 자신을 실제보다 더 강하게 과장하지 않거든. 내가 여전히 저항할 수 있는 이유는 당신에게 이미 말했으니, 다시 반복하고 싶지 않아.

그러나 단지 자기 자신만이 아니라 아내와 아이들과 가족 모두가 짓밟힌, 정직하고 열정적인 군인의 마음이 느낄 수 있는 가장 끔찍한 고통 앞에서 나는 팔짱을 낀 채 고작 한탄밖에 할 수 없지만, 당신에게는, 당신들 모두에게는 각자 마음을 다잡고 힘을 내라고 말하는 거야! 이토록 부당한 불행을 겪을 때는, 거기에서 벗어나야 해. 눈물이나 불평을 통해서가 아니라, 우리의 명예라는 목표를 향해 똑바로 나아감 으로써 벗어나는 것이지. 지치지 않는 활기찬 에너지, 상황이 요구하는 만큼 강력한 에너지를 가지고 말이야. 어떻든 이 세상에는 정의가 존재하고, 결백한 사람들이 이와 같은 고난을 겪는 것은 있을 수 없는 일이지. 그런데 나는 그저 반복만 하고 있고, 반복할 수밖에 없네.

내 감정은 변하지 않았으니까! 이 모든 것은 그저 당신과 이야기하기 위한 것이지, 다른 목적이 있는 것은 아니야. 우리의 기나긴 밤에 한 시간을 보내기 위한 것이야. 말했듯이, 나는 이제 당신의 노력과 행동의 결과를 기다리고 있으니까. 그 결과가 더 이상 늦어지지 않으리라고 생각해. 내가 마침내 숨을 쉬고 조금이나마 긴장을 풀 수 있는 날을 곧 보게 되기를 기대하고 있어. 그럴 때가 되었다고 확신해.

당신에게, 아이들에게 또 키스를 보내.

알프레드

1895년 11월 4일

사랑하는 뤼시,

카옌에서 오는 우편물이 도착했는데, 내게는 편지를 가져다주지 않았어. 그래서 나는 8월 25일 이후로 당신과 아이들의 소식을 듣지 못하고 있어. 하지만 영국 우편이 출발하기 전에 당신에게 몇 마디라도 쓰고 싶군. 길게 쓰지는 않을게. 고통 때문에 내 손가락 아래에서 펜이 떨리니까.

사랑하는 뤼시, 지금쯤은 당신이 내 마지막 편지를 받았고 당신도 한 여성의 영웅적인 영혼으로 행동하고 있다고 생각해. 당신이 사방에서 진실을, 그러니까 끔찍한 희생자들을 위한 정의를 요구하고 있다고. 그리고 빛이 밝혀질 때까지, 우리의 명예를 되찾을 때까지 날마다 하루하루가 그렇게 사용되고 있다고.

따라서 나는 이 끔찍한 고난이 마침내 끝났다는 소식을 곧 듣게 되리라 생각해. 내게 알려줄 기쁜 소식이 있다면 전보를 보내달라고 부탁했던 것을 다시 상기시킬 필요는 없겠지. 이렇게 오랫동안 고통을 겪을 때는 하루하루가 길게, 시간이 무겁게 느껴져.

당신과 아이들에게 모든 힘을 다해 키스를 보내며.

당신의 충실한 남편,

알프레드

모두에게 키스를.

1895년 11월 20일

사랑하는 뤼시,

소중하고 따뜻한 당신의 9월 편지들과 가족 모두의 편지들을 11일에 받았어. 당신의 편지를 읽으며 내가 느낀 강렬한 기쁨을 굳이 말할 필요는 없겠지.

내 생일을 기억해 줘서 고마워. 나는 그런 걸 강조하고 싶지는 않아. 감상적인 추억에 빠지는 것은 이제 중요하지 않으니까. 우리에게 지금 필요한 것은, 당신이 잘 말했듯이, 현실과 진실이야.

이토록 잔인하게 이렇게 오랜 시간 고통받을 때, 에너지와 특히 활동은 견디는 고통만큼 커져야 해. 양심에서 힘을 얻는 당신에게는 이 비극적인 이야기에 빛을 비추고 마침내 우리의 명예와 우리 아이들의 명예를 되찾기 위해서 모든 것을 시도하고 감행할 권리가 있어. 나는 그것이 의무라고까지 말하겠어.

내가 말했듯이, 우리 모두를 바닥에 내동댕이친 끔찍하고 부당한 상황에서 더 이상 운 좋은 사건을 기다리고 있을 일이 아니야. 이미 너무 많이 기다렸어.

게다가 당신은 내가 보낸 10월 편지들을 이미 가지고 있잖아. 결백에서 나오는 힘과 수행해야 할 고귀한 임무가 야기하는 강인함을 가지고 행동해야 해.

모든 수단, 심지어 과감한 수단을 동원해서라도 진실을 밝혀달라고 내가 당신에게 말한 것은, 우리에게 합당하지 않은 상황이 너무 정도가 지나치므로 이를 끝내야 하기 때문이야.

하기야 우리의 영혼은 하나이고 일치를 이루어 진동하고 있으니, 내가 당신에게 한 말은 분명히 당신의 영혼을 떨리게 하고 진동하게 했겠지.

그러니 이제 나는 이 끔찍한 드라마가 끝나기를 기다리며 하루하루를 세고 있을게.

아이들에 대해 전해준 좋은 소식 고마워. 내가 아이들을 직접 안아줄 수 있을 때까지, 나 대신 오래도록 안아줘.

당신을 위해 당신의 충실한 남편의 최고의 키스를 수없이 보내며,

알프레드

사랑하는 당신 부모님과 우리 가족들에게 내 인사를 전해줘.

어떤 경로로 당신이 8월 25일자 편지에서 말했던 책과 잡지를 나한테 보냈는지 모르겠지만, 확실한 것은 그것들이 아직 기아나에 도착하지 않았다는 거야.

1895년 12월 27일

사랑하는 뤼시,

나는 아직 10월의 소중한 당신 편지들을 받지 못했어! 11월의 프랑스 우편으로도, 12월의 영국 우편으로도 오지 않았어! 이게 무슨 뜻일까? 어떻게 생각해야 할까? 지난 15개월 동안 나는 도대체 어떤 끔찍한 악몽 속에 살고 있는 걸까?

허여튼, 고통받는 것, 아아! 가엾은 당신, 우리 둘 다 그것이 무엇인지 알아. 하기야 고통은 상관없지. 고통이 어떤 것이든, 우리의 명예와 우리 아이들의 명예가 당신에게 필요하니까.

나는 12월 2일에 당신에게 긴 편지를 썼는데, 이전의 모든 편지와 마찬가지로 그 편지에 뭔가를 덧붙인다는 것은 정말 불필요한 일일 거야, 안 그래? 우리의 생각은 공통된 것이고, 우리의 심장은 항상 일치해서 뛰었고, 우리의 영혼은 오늘도 함께 진동하며 가장 귀중한 것을 짓밟힌 정직한 사람들의 불타는 열기로 명예를 원하고 있지.

나는 당신 소식을 몹시 간절하게 기다리고 있어. 당신의 소식들이 결국 내게 도달하리라고 생각하는데, 심지어 거의 날마다 행복한 소식을 기다리고 있다고 말할 수 있지. 마침내 뭔가 확실하고 긍정적인 것을 알게 되기를 기대해. 이 어두운 슬픈 이야기에 빛이 밝혀졌다고, 적어도 좋은 방향으로 진행되고 있다고 말이야.

오늘은 그냥 간단하게 이렇게 말할게. 당신 생각, 사랑하는 우리 아이들 생각이 유일하게 내게 이 기나긴 낮과 끝없는 밤을 살아갈 힘을 줘. 당신을 사랑하는 만큼 온 힘을 다해 당신과 열렬히 사랑하는 우리 아이들에게 키스를 보내며.

　당신의 충실한 남편,

　　　　　　　　　　　　　　　　　　　　　　　　　알프레드

　사랑하는 당신 부모님과 우리 가족 모두에게 키스를.

　여러 달 전부터, 나는 책도 잡지도 받지 못하고 있어. 당신이 8월 편지에서 말했던 소포도 아직 도착하지 않았어! 정말 이해할 수가 없어.

　나는 당신이 매달 직접 잡지와 책 꾸러미를 계속 보내줄 거라고 생각하고 있었는데. 그래서 나는 하루 종일, 밤에도 거의 밤새도록, 1분 1초도 잊지 않고 내 독방의 네 벽을 바라보고 있어. 어쨌든 상관없어. 하지만 그 책들이 어떻게 됐는지 당신이 알아보는 게 좋겠어.

사랑하는 뤼시,

10월의 당신 편지를 아직 받지 못했다고 말하려고 며칠 전에 편지를 썼었어. 드디어, 길고 고통스러운 기다림 끝에, 당신의 10월 편지와 11월 편지를 동시에 받았어.

가엾은 당신, 때때로 내가 쓴 편지로 인해 당신에게 얼마나 고통을 주는지. 당신은 이미 많은 고통을 겪고 있는데! 하지만 가끔은 나 스스로 제어할 수 없을 정도로, 이 끔찍한 드라마의 끝을 너무도 보고 싶어. 내 결백이 인정되고 이중으로 죄를 지은 사악한 자들의 정체가 밝혀졌다는 것을 마침내 알기 위해서라면 기꺼이 내 피를 한 방울 한 방울 내놓을 거야.

하지만 너무 고통스러울 때, 기억들이 환각을 불러일으키며 모든 육체적, 지적 힘을 억누르는 이 삶 앞에서 무너질 때… 나는 조용히 세 개의 이름을 속삭여. 그건 나의 부적이고, 나를 살게 해 주는 이름들이야. 당신 이름, 그리고 사랑하는 우리 아이들의 이름 피에르와 잔느.

이 끔찍한 드라마의 끝을 곧 보게 되기를 바라자. 나는 당신에게 길게 편지를 쓸 수가 없어. 우리에게 공통적이지 않은, 어떤 것을 내가 당신에게 말할 수 있겠어? 나는 아침부터 밤까지, 그리고 밤부터 아침까지 당신 안에서 살고 있어. 내 모든 능력은 도달해야 할 목표, 당신이 도달할 목표를 향해 집중되어 있어. 군인으로서의 나의 모든 명예, 우리 아이들의 모든 명예 말이야!

어쩌면 내가 당신에게 때때로 엉뚱한 조언을 하는지도 몰라. 고난,

내 고통뿐만 아니라 당신의 고통, 모든 가족의 고통으로 이루어진 고난을 겪는 고독한 사람의 몽상에서 나온 조언들… 하지만 나는 완전하고 빛나는 내 명예 회복에 이르는 방법을 당신들이 나보다 더 잘 판단하고 평가하리라는 것을 잘 알아. 나는 밤의 상당한 시간과 기나긴 낮의 시간을 당신의 소중한 편지들을 읽고 또 읽으며 보낼 거야. 당신과 함께 살면서, 내 모든 힘과 열성과 의지를 가지고 생각을 통해 당신을 지지하면서 말이야.

내 건강은 좋으니, 그 점에 대해서는 전혀 걱정하지 마. 게다가 당신을 안심시키려고 내가 당신에게 전보를 보내달라고 요청했는데, 아마도 그 전보가 당신에게 도착할 것 같아. 모든 가족의 건강과 마찬가지로 당신의 건강도 좋기를 바라. 목표에 도달하는 데 필요한 힘을 얻으려면 육체적으로 잘 지탱해야 해.

우리가 서로 가까이에서, 사랑하는 아이들 사이에서 이 끔찍한 드라마의 우여곡절을 곧 잊을 수 있기를 바라자. 내가 때때로 끔찍한 고통의 비명을 내뱉을지라도, 나는 항상 죽은 자처럼 침묵하고 있으며 내겐 오직 종이밖에 없다는 것을 생각해 줘, 모두들 그것을 생각해 줘. 하지만 고통의 비명, 괴로움의 비명, 그것이 어떤 이름으로 불리든, 마음은 비록 항상 침묵하지는 못할지라도 늘 굳세다는 것도.

그러니 당신이 요구하는 대로 기다리고 있어, 빛이 드디어 밝혀지는 그날까지 기다릴게.

사랑하는 우리 아이들에게 길고 즐거운 키스를 보내. 나는 아이들의 초상 사진을 자주 바라보며, 요즘은 아이들이 어떤 모습일지 상상하려고 애써.

아! 사랑하는 뤼시, 내가 비탄에 빠진 순간에 나를 지탱해 주고 보호해 주며 넘어졌을 때 일으켜 주는 세 개의 이름이 내게 있다는 것을 꼭 생각해 줘. 우리 아이들이 당당하게 고개를 들고 인생을 시작해야 하니까.

당신을 사랑하는 만큼 온 힘을 다해 당신에게 키스를 보내며,
알프레드

사랑하는 뤼시,

나는 10월과 11월의 소중한 당신 편지들을 열심히 읽고 또 읽고 있어. 이미 12월 31일에 당신에게 편지를 썼는데도, 당신과 또 이야기하고 싶어.

당신 편지들은 내 애정을 더 키울 수는 없겠지만, 당신의 성격, 당신의 관대한 마음에 대해 날마다 더 큰 감탄을 불러일으키는군. 더 잘 참아내지 못하고 때때로 그토록 신경질적이고 불안한 편지들을 당신에게 쓰는 나 자신이 부끄럽게 느껴지네.

목표에 대해 말하자면, 나는 결코 흔들린 적이 없어. 결백하니까 반드시 내 결백이 드러나야 하고, 우리의 이름이 합당한 명예를 되찾아야 해. 하지만 때때로 고통이 너무 극심하고 저항은 너무 격렬해서 의지와 상관없이 고통의 외침이 터져 나온다는 것을 당신도 이해해야 해. 그리고 결국에는 어떤 희생을 치르더라도 이 괴물 같은 사건의 수수께끼를 풀고, 진실이 드러나게 하고, 정의가 승리하게 만들고 싶어진다는 것을 말이야.

나는 한 번도 좌절한 적이 없었고, 결백과 수행해야 할 의무에서 힘을 얻는 의지가 목표에 도달하는 것을 의심해 본 적도 결코 없었어. 나는 몹시 흥분하여 초조해했고, 어쩌면 앞으로도 또 그럴지도 몰라. 그건 너무 오래 짓밟혀 온 열정적인 내 영혼의 저항인데, 무덤 같은 침묵, 짜증 나게 하는 기후, 종종 소식도 받지 못하고 할 일도 전혀 없이 때로는 읽을 것도 전혀 없다 보니 더 심해진 것이지. 그러나

95년의 마지막 3개월 동안 가장 덥고 최악의 기후였던 프랑스령 기아나에서 내 신경과민이 극도에 달했을지라도, 내 용기는 한 번도 약해진 적이 없었어. 나를 지탱해 주고 위험한 고비를 흔들림 없이 넘게 해 준 것은 바로 용기니까. 그러니 가끔 터져 나오는 그 신경과민에는 조금도 신경 쓰지 마. 명예를 되찾는 날, 나는 당신과 함께, 당신 곁에 있고 싶어 한다는 것을 생각해 줘.

당신의 의지는 언제나 그랬듯이 대단하고 굽히지 않으면서도 차분하고 사려 깊어야 해. 모두의 의지도 마찬가지이고.

내 건강은 좋아. 내몸은 모든 것에 무감각하지만, 단 하나의 생각, 우리 모두에게 공통된 생각, 장모님이 말했듯이 너무도 부당하게 빼앗긴 명예 때문에 고통에 떨며 살아가는 사람들 모두에게 공통된 생각에서만 생기를 띠지.

현재의 반복되는 충격 속에서 내가 때때로 개인적으로 나약해지는 순간이 있다고 해도, 내겐 다시 활력을 주고 기운 나게 하는 부적이 있다는 것을 생각하도록 해. 당신 생각, 아이들 생각, 그리고 내 의무 말이야.

사랑하는 아이들에 대해 당신이 쓴 몇 줄의 글은 나를 정말 기쁘게 했어. 생각을 통해 아이들의 모습을 상상할 수 있게 해 주거든.

나 대신 아이들을 꼭 안아줘.

그러니 사랑하는 착한 뤼시, 우리가 서로의 곁에서 이 끔찍한 드라마를 잊을 수 있을 때까지 언제나 용기 내고 당당하게 고개를 높이 들어. 모두를 위해 그 순간이 빨리 오기를 바라자!

당신을 사랑하는 만큼 당신에게 키스를 보내.

당신의 충실한 남편,

모두에게 키스를.

모두에게 키스를.

1896년 1월 26일

당신은 내게 편지를 길게 써달라고 요청했지, 사랑하는 착한 뤼시. 내가 당신에게 말할 수 있는 것보다 당신이 마음으로 더 잘 느끼는 마당에, 당신에게 무슨 말을 할 수 있을까? 내 마음은 항상 당신과 함께 있어. 당신이 너무도 부당하게 고통받는 것을 느끼면서도 내가 당신을 위해 할 수 있는 거라곤 같은 고통을 견디는 것밖에 없어서 마음이 찢어지는 것 같아. 내 영혼은 밤낮으로 당신 곁에 있으면서 당신을 지지하고 열렬한 의지로 힘을 북돋아 주지. 게다가 나는 항상 이렇게 나 자신에게 되뇔 수밖에 없어. '목표가 전부다. 우리 이름의 명예와 아이들의 명예. 무슨 수를 써서라도 목표를 달성해야 한다.' 그러나 상황이 당신과 나에게 너무 참혹하기에, 항상 모든 종류의 활동이 약해지지 말고 반대로 더 확장되어야 하고 최대한 빨리 진실을 밝히도록 애써야 해.

내 건강은 좋아. 우리가 명예를 되찾는 날, 아이들과 당신 사이에 있기 위해 나는 모든 것에 맞서 계속 싸우고 있어. 당신을 위해서나 나를 위해서나 그날이 더 이상 지체되지 않기를 간절히 바라.

며칠 내에 당신 소식을 받을 거라고 생각하면서, 언제나처럼 몹시 초조하게 기다리고 있어. 소식을 받은 후에 더 길게 쓸게.

나 대신 두 아이에게 많이, 많이 키스해 줘. 아이들의 소중한 작은 편지들은, 당신과 모든 가족의 편지들과 마찬가지로, 나의 일상적인 읽을거리야. 그 편지들이 나에게 불러일으키는 감동은 말할 필요도 없겠지. 충실한 남편의 당신을 위한 가장 부드러운 최고의 키스를 받아줘.

알프레드

1896년 2월 5일

사랑하는 뤼시,

편지가 오지 않았어. 내가 얼마나 비통한 실망을 느꼈는지는 설명할 필요도 없어. 그 유일한 위안, 당신의 소중하고 사랑스러운 말들이 나에게 전해지지 않을 때, 내가 느끼는 깊은 고통이 어떤 것인지 말할 수도 있겠지. 하지만 내가 당신에게 말했던 것처럼, 사랑하는 뤼시, 고통은, 내가 감히 고문이라고까지 말할 정도로 너무도 잔인하고 끔찍한 고통이라도 중요하지 않아. 당신이 추구해야 할 목표는 더 고귀하고 모든 것을 초월하니까. 우리 이름의 명예, 사랑하는 소중한 우리 아이들의 명예 말이야.

사랑하는 뤼시, 당신은 나에게 힘이야. 당신이 내 애정과 다정함에서 높은 위치에 있는 만큼 무적의 힘이지. 아이들과 마찬가지로 당신은 나에게 내 의무를 알려주고 있어. 때로는 잔인하기도 한 격렬한 감정들이 종종 내 마음을 울부짖게 하고 내 머리를 비정상적으로 만들지만, 때로는 너무 긴 시간과 기후의 압박이 내 힘의 한계를 넘어 내 육체가 비명을 지르게 하지만, 내 의지는 당신과 우리 아이들을 위해 흔들림 없이 남아 있다는 것을 기억해 줘.

하지만 당신의 고난으로 인해, 우리 아이들에게, 모두에게 부당하게 던져진 불명예로 인해 내가 얼마나 고통받고 있는지 당신은 이해해야 해. 내가 이런 정신적 상황으로 얼마나 고통받는지를, 내가 이곳에서 모든 것과 맞서 싸우고 있다는 것을, 오! 어떤 대가를 치르더라도 어떤 수단으로든지 빛을 원하기 위해 내 안에서 얼마나 큰 의지와 힘을 느끼는지를, 종종 내 머릿속에는 폭풍이 불어댄다는 것을, 이 믿을 수 없는 고난의 끝을 알고 싶은 조바심으로 내 혈관 속에서 자주 피가 끓어오른다는 것을 말이야. 고통이 심할수록, 지나간 하루하루가 고통을 더 증가시킬수록, 낙심하거나 운명에 굴복해서는 안 돼. 빛이 완전히 환하게 밝혀질 때야 비로소 우리의 고난이 끝나므로, 우리를 위해, 우리 아이들을 위해, 나아가 모두를 위해 무슨 수를 써서라도 결국 그렇게 되어야 하므로, 난관과 장애가 있을수록 오히려 의지는 커지고 확장되어야 해. 그러니 사랑하는 착한 뤼시, 용기 내고, 용기를 넘어 강한 의지를 갖도록 해. 마침내 어떠한 방법으로든 고귀하고 칭찬받을 만한 목표, 즉 진실에 도달하고자 하고 그것을 원할 줄 아는 훌륭한 의지 말이야. 이 상황이 너무 오래 지속되고 있고, 너무 많은 고통이 결백한 사람들에게 되풀이되었어.

나를 대신해서 사랑하는 아이들을 많이, 오래 안아줘. 아! 뤼시, 아이들과 관련된 문제에서 장애라고 부를 수 있는 것이 과연 무엇인지 나는 모르겠어. 장애는 없고, 있을 수도 없다는 것을 명심해. 진실이 필요하고, 아이들이 살아갈 수 있게 해 주는 유일한 것인 아이들의 명예를 지켜야 하는 어머니는 모든 용기를 가져야 하듯이 모든 권리도 가지고 있다는 것을 말이야.

나는 편지 쓸 때마다 편지를 끝낼 결심을 못 하겠어. 당신과 이야기하는 이 순간이 너무 빠르게 지나가니까, 내 모든 존재가 당신과 함께하니까. 나를 동요시키며 내 영혼을 가득 채우고 있는 감정들, 진실과 우리의 명예와 우리 아이들의 명예를 요구하려는 내 안의 의지, 그 어떤 것보다 강하고 꺾이지 않는 그 의지, 그리고 한없는 감탄으로 더 커진 당신에 대한 내 깊은 애정에, 내가 당신에게 하는 모든 말이 충분히 부합하지 못하는 것 같아서 말이야. 내가 여러 달 전부터 당신에게 말한 것이 당신들 모두에 의해 강력하고 활동적인 행동으로 나타났기를, 그리고 우리 둘의 고통이 끝난다는 소식을 곧 듣게 되기를 바라고 있어.

가족들의 소식을 기다리면서, 온 마음과 온 영혼으로, 당신을 사랑하는 만큼 키스를 보내. 사랑하는 우리 아이들에게도.

알프레드

1896년 2월 26일

사랑하는 뤼시,

이달 12일에 당신의 소중한 12월 편지와 가족의 편지들을 모두 받았어. 그 편지들이 내게 준 감정은 당신에게 표현할 필요도 없겠지. 나는 울 수밖에 없었고, 그것이 모든 것을 말해줘. 당신도 느끼다시피, 자신의 의지와 상관없이 뇌는 계속 일하고 머리와 마음은 계속 고통받지. 이런 고문은 빛이 밝혀질 때만, 이 끔찍한 비극이 명확히 드러날 때만 끝날 거야.

내 고통과 나에 대해 너무 많이 이야기했군. 이 나약함을 용서해줘.

내 고통이 어떤 것이든, 아! 우리의 고난이 아무리 끔찍할지라도, 반드시 도달해야 할, 당신들이 도달해야 할 목표가 있고, 나는 그렇게 되리라고 확신해. 모두를 위해, 우리 이름을 위해, 사랑하는 우리 아이들을 위해 필요한 완전하고 온전한 빛 말이야. 나는 당신을 위해서도, 나 자신을 위해서도, 그 목표가 마침내 달성되었다는 소식을 곧 듣게 되기를 간절히 원해.

나도 당신에게 해 줄 조언은 없어. 그저 내 결백을 명명백백하게 증명하기 위해 당신들이 하는 일에 완전히 동의할 수 있을 뿐이야. 바로 그것이 목표이고, 오직 그것만 봐야 해.

마티유가 몇 마디 쓴 것을 받았어. 내가 언제나 마음과 영혼으로 그와 함께 있다고 전해줘.

2월 22일은 사랑하는 우리 잔느의 생일이었지… 얼마나 그 아이를 생각했는지 몰라! 내 마음이 터질 것 같은데, 내겐 모든 힘이 필요하니까 더 계속하지 않을래.

편지를 길게 써줘, 당신과 사랑하는 우리 아이들에 대해 많이 얘기해줘. 나는 날마다 당신 편지를 읽고 또 읽어. 그러면 당신의 사랑스러운 목소리가 들리는 것 같아서, 내가 살아가도록 도와주거든.

나는 더 길게 편지를 쓰지 않겠어. 끔찍하게 긴 시간, 슬픈 상황에 대해서밖에 이야기할 수 없을 테니까… 한탄하는 것은 아무 소용이 없지.

사랑하는 당신 부모님과 우리 가족 모두에게 내 인사를 전해줘. 그들의 친절하고 애정 어린 편지들에 항상 감사해.

사랑하는 우리 아이들에게 수없이 많은 애정의 표시를, 그리고 당신에게는 충실한 남편의 가장 다정한 최고의 키스를 보내.

알프레드

11월 25일과 12월 25일의 당신 편지에서 알려준 발송물을 아직 받지 못했어. 어떤 상황 때문에 당신이 보낸 발송물이 내게 오는 데 이렇게 오래 걸리는지 알 수가 없네. 다음에는 책을 소포로 보내면 더 빨리 도착하지 않을까? 그렇게 되기를 바라. 유일하게 내가 할 수 있는 독서가 두통을 조금이나마 가라앉혀 줄 수 있는데, 안타깝게 그마저도 내겐 부족할 때가 많아.

1896년 3월 5일

사랑하는 뤼시,

나는 아직 당신의 소중한 1월 편지를 받지 못했어. 내 엄청난 애정의 메아리를 보내기 위해 몇 줄만 쓸게. 당신에게 길게 편지를 쓰는 것은 못 하겠어. 진실을 발견하고 이 야비한 범죄를 저지른 비열한 자를 찾아내기를 바라는 초조하고 짜증 나는 기다림 속에서 나의 하루, 나의 시간은 단조롭게 흘러가고 있어. 나에 대해 당신에게 이야기하는 것이 무슨 소용이겠어? 당신은 내 고통을 이해하고 공유하고 있지. 당신의 고통이나 우리 가족 모두의 고통과 마찬가지로 그 고통의 끝은 오직 하나뿐이야. 그건 빛이 완전하고 철저하게 밝혀지고 우리가 명예를 되찾을 때이지.

당신들의 모든 에너지, 모든 힘, 모든 방법은 그 목표를 지향해야 해. 그 목표가 곧 달성되어 온 가족의 끔찍한 고난이 끝났다는 소식을 듣고 싶어. 내몸과 건강에는 관심 없어. 나의 모든 존재는 단 하나의 생각, 나를 살아가게 하는 단 하나의 의지에 의해 활기를 띠고 있어. 당신과 아이들 사이에서 명예가 회복되는 날을 보는 것 말이야. 한순간도 기분 전환을 못 한 채 끊임없는 긴장, 열에 들뜬 초조함, 끔찍한 비활동으로 인해 때때로 너무 지친 내 머리는 당신을 생각하며, 사랑하는 우리 아이들을 생각하며 휴식을 취하지.

명예를 그 무엇보다 중시하는 사람들이 이런 식으로 짓밟힌 적은 없으니 우리가 고통받지 않을 수 없다고 해도, 나는 항상 당신에게 용기를 내라고 외쳐. 머리를 높이 들고, 마음을 단단히 먹고, 확고한 의지로, 절대 약해지지 않으며 목표를 향해 나아가기 위해 용기를 내라고. 아이들이 내게 힘을 주듯 당신에게 당신의 의무를 말해주잖아.

장모님 말씀처럼, 우리가 곧 서로의 품에서 이 끔찍한 고난과 너무도 슬프고 실망스러운 기간을 잊으려고 노력할 수 있기를, 우리 아이들에게 헌신하며 다시 살아갈 수 있기를 바라자.

당신을 사랑하는 만큼 온 힘을 다해 당신과 사랑하는 우리 아이들에게 키스를 보내.

당신의 충실한 남편,

알프레드

모두에게 키스를.

1896년 3월 26일

사랑하는 뤼시,

매달 간절히 기다렸던 당신의 친절한 1월 편지와 가족의 모든 편지를 이번 달 12일에 받았어.

당신의 건강과 모든 이들의 건강이 우리가 너무 오랫동안 겪고 있는 이 끔찍한 상황과 지독한 악몽을 견뎌내고 있는 것을 보고 기뻤어. 사랑하는 당신, 너무나 행복할 자격이 있었던 당신에게 이토록 끔찍하고 부당한 시련이라니! 그래, 나에게는 견디기 힘든 순간들이 있어. 이미 너무 깊은 상처를 자극하는 고통으로 마음이 더 이상 참을 수 없을 때가 있고, 너무 슬프고 실망스러운 생각들에 짓눌려 뇌가 더 이상 감당하지 못할 때가 있어. 그래서 매우 불안한 오랜 기다림 끝에 편지가 도착했을 때, 비열하고 비겁한 범죄를 저지른 작자와 진실을 찾아냈다는 소식을 여전히 받지 못했을 때, 아! 나는 미리부터 비통해서 깊은 실망을 느끼지. 이토록 길고 부당한 이 많은 고통 앞에서 내 마음은 찢기고 부서지는 것 같아!

나는 병상에 누워 고통을 겪으며 의무가 강요하기에 살아가면서 계속 의사에게 "언제 내 고통이 끝날까요?"라고 묻는 환자와도 같아. 의사가 항상 "곧, 곧"이라고 대답하니까, 환자는 결국 그 곧이 언제일지 의심하면서 그것이 다가오기를 간절히 바라지. 오랫동안 당신은 나에게 그렇게 말해왔지만… 하지만 낙담은, 오, 절대 하지 않아! 내 고통이 아무리 끔찍하더라도, 우리의 명예에 대한 염려는 그 고통을 초월하는 것이지. 당신도, 다른 누구도 목표가 달성되지 않는 한,

우리 이름의 모든 명예가 회복되지 않는 한, 한순간도 무기력해지거나 나약해질 권리가 없어. 나는 말이야, 모든 것이 결합해 나를 침몰시키려는 듯이 느껴질 때, 내 뇌가 빠져나가는 것처럼 느껴질 때, 당신과 사랑하는 우리 아이들, 우리 이름에 던져진 부당한 불명예를 생각해. 그러면 나는 온 힘을 다해 격렬히 노력하며 강경한 태도를 취하게 되지. 그리고 나 자신에게 이렇게 외쳐. "아니야, 너는 폭풍 속에서 무너지지 않을 거야! 네 마음이 갈기갈기 찢기고, 네 뇌가 으깨진다 해도, 사랑하는 네 아이들을 위해 명예가 아이들에게 되돌아오는 날을 보기 전에는 너는 절대 굴복하지 않을 거야!"

그래서, 사랑하는 뤼시, 나는 항상 당신에게, 당신에게나 모두에게나 용기를, 용기 이상으로 의지를 가지라고 외치는 거야⋯ 오! 말하지 말고, 아주 조용하게. 말은 아무 소용이 없으니까. 하지만 대담하고 당당하게 목표를 향해 나아가도록 해. 완전한 진실, 이 암울한 비극에 대한 빛, 그러니까 우리 이름의 모든 명예를 향해서. 어떤 종류의 것이든 모든 수단을, 이 비극의 수수께끼를 해결하기 위해 정신이 제안할 수 있는 모든 수단을 사용해야 해.

목표가 전부이고, 그것만이 변하지 않는 것이야. 나는 우리 아이들이 고개를 들고 자랑스럽게 인생을 시작하기를 원해. 당신에게 나의 궁극적인 의지를 불어넣고 싶군! 나는 당신이 마침내 목표에 이르는 것을 보고 싶고, 이제야말로 그럴 때가 되었다고 장담해.

당신이 곧 뭔가 확실하고 긍정적인 소식을 전해줄 수 있기를 바라고 있어. 오! 우리 둘을 위해서 말이야, 사랑하는 뤼시. 당신에게 더 길게 편지를 쓰거나, 당신에 대한 나의 깊고 큰 애정을 제외하고 다른 것에 대해 이야기하는 것은 할 수가 없네. 인간의 뇌가 감당할 수 있는 가장 끔찍하고 잔인한 시련으로 인해 내 머리가 너무 피곤하거든.

사랑하는 우리 피에르가 자기한테 편지를 써달라고 내게 요청했지. 아! 나는 그럴 힘이 없어! 단어마다 내 목구멍에서 흐느낌이 터져 나올 텐데, 명예를 되찾는 날에 함께하려면 버티기 위해 고통 속에서 강경해져야 하거든. 나 대신 그 아이를 오래도록 껴안아 줘, 사랑스러운 잔느도 함께. 아! 사랑하는 내 아이들… 아이들에게서 불굴의 힘을 끌어내도록 해. 당신을 사랑하는 만큼 모든 힘을 다해 당신에게 키스를 보내며.

알프레드

사랑하는 당신 부모님과 모든 가족에게 내 인사를 전해줘. 내 건강은 좋아.

당신이 보내준 생필품 10여 상자와 모직 스웨터들을 월초에 받았어. 세심하게 배려해 줘서 고마워. 당신이 9월, 12월, 1월의 편지에서 언급했던 잡지와 책들은 아직 하나도 못 받았어. 그것들은 아직 카옌에 도착하지 않았어. 우편을 통해 내게 도착하도록 발송물을 처리해 주면 좋겠어. 당신이 직접 카옌 교도소장에게 부치거나, 비용을 당신이 부담하여 정부 부처를 통해 부치거나 말이야.

1896년 3월 26일(저녁)

사랑하는 뤼시,

당신에게 쓴 편지를 보내기 전에, 나는 아마 백 번째로 당신의 소중한 편지들을 다시 읽었을 거야. 당신도 나의 기나긴 낮과 밤이 어떨지 상상할 수 있겠지. 팔짱을 낀 채 읽을 것 하나 없이 내 생각과 마주하면서, 그저 내가 존재하는 것으로 당신을 지지하기 위해, 그리고 마침내 우리의 명예가 회복되는 날을 보기 위해 오직 의무감으로 나 자신을 지탱하고 있어. 사랑하는 뤼시, 당신은 나에게 평온하게 기다리라고 했지. 당신이 진실을 발견했다는 소식을 나에게 전할 수 있는 날을.

할 수 있는 만큼 최대한 기다리라고 내게 요구해. 하지만 평온하게는, 오! 그건 안 돼. 산 채로 내 가슴에서 심장을 뽑아냈는데, 나의 가장 귀중한 자산, 당신, 내 아이들이 짓밟혔다고 느끼는데… 내 심장이 한순간도 쉬지 못하고 밤낮을 고통으로 울부짖는데, 18개월 동안 끔찍한 악몽 속에서 살고 있는데!

하지만 이 모든 것을 견디고 살아가게 한 강렬한 의지로 내가 원하는 것은, 당신의 말로 내 결백을 주장하는 것이 아니야. 당신이, 당신들 모두가 어떤 방법으로든 진실을, 이 암울한 이야기에 대한 빛을… 그러니까 우리의 모든 명예를 쟁취하기 위해 나아가는 것이야.

이것은 내가 출발하기 전에 당신에게 했던 말이야. 벌써 1년이 넘었군… 그런데 안타깝게도! 당신을 비난하려는 것은 아니지만, 이 최고의 임무에서 당신들이 상당히 오래 걸린다는 생각이 드네.

명예 없이 사는 것은 사는 게 아니거든.

그래서 고통스러운 기나긴 밤에, 극심한 고통을 겪으면서 얼마나 자주 이렇게 생각했는지 몰라. '아! 이 끔찍한 비극의 수수께끼를 어떤 수단으로든 알아냈더라면, 그 비열한 범죄자의 파렴치한 공범들이 아무리 잡히지 않는 자들이라 해도 하다못해 그들의 목에 칼이라도 들이댔더라면!' 그리고 또 더 자주 이렇게 외쳤어. '도대체 그들에게서 진실을 끌어내고 한 남자와 두 가족의 이 지독한 고난을 끝낼 수 있을 만큼 충분한 마음과 영혼, 또는 능력을 가진 사람이 아무도 없는 것인가!' 아! 나는 이것이 끔찍하게 고통을 겪는 한 남자의 꿈일 뿐이라는 것을 알고 있어. 하지만 어쩌겠어, 이 모든 것이 너무 끔찍하고, 너무 잔인한걸. 그 때문에 내 이성, 충성심과 올바름에 대한 내 믿음은 길을 잃고 당황하고 있어. 열정과 증오를 비롯한 모든 것을 지배하는 정신적 법칙, 어디서든 항상 진실을 요구하는 정신적 법칙이 있는데 말이야. 그리고 내 생각이 과거로, 나의 전 생애로 거슬러 올라가서 그곳에 있는 나 자신을 볼 때, 아, 그때는 정말 끔찍해. 내 안에 온통 어두운 밤이 펼쳐지고, 나는 눈을 감은 채 더 이상 생각하고 싶지 않아.

당신을 생각하며, 사랑하는 아이들을 생각하며, 그리고 이 끔찍한 비극의 끝을 보고자 하는 의지 속에서, 나는 살아서 서 있을 힘을 다시 찾아. 이런 것이 바로 내 생각이고, 내가 보내는 밤이야, 사랑하는 착한 뤼시. 내가 이렇게 내 영혼을 열어 보이는 것은 당신 질문에 대답하기 위해서야. 그러니 나도 당신처럼, 모든 가족처럼 끔찍하게 고통받고 있다는 것을 알아줘. 우리 모두의 정신적 고통이 똑같고 참혹하다는 것, 그 고통의 끝은 이 암울한 사건에 대한 완전한 진실밖에

없다는 것, 그러니 날마다 모든 시간 활동하며 굳센 불굴의 의지와
모든 장애를 극복하는 감정으로 이 최상의 목표를 향해 모두 나아가야
한다는 것을 생각해 줘. 우리의 명예에 관한 문제이고, 명예는 우리에게
필요하니까. 이제 나는 잠자리에 들어 뇌를 조금 쉬게 하려고 해.
아니, 당신과 사랑하는 우리 아이들 꿈을 꾸려고 해. 4월 5일이면
피에르가 다섯 살이 되네. 그날 내 모든 마음, 모든 생각, 아아, 내
눈물조차도 그 아이에게, 그리고 당신에게 향할 것을 생각해 줘. 당신이
이 지옥 같은 고통의 끝을 곧 내게 알려줄 수 있기를 바라며, 그리고
당신을 사랑하는 만큼 온 마음과 온 힘으로 당신에게 키스를 보내며
이만 쓸게.

　당신의 충실한 남편,

알프레드

1896년 4월 5일

사랑하는 뤼시,

　방금 당신의 소중한 2월 편지들과 가족들 편지를 모두 받았어. 사랑하는 내 아내, 당신도 소식을 기다리는 끔찍한 불안을 겪었군! … 나도 그런 불안을 겪었고, 그 외에도 많은 불안을 겪었지. 인간의 양심에서 실망스러운 일들을 많이 보았어… 그래도! 나는 당신한테 또 말해, 그게 무슨 상관이냐고! 당신 아이들이 살아 있잖아. 우리가 아이들에게 생명을 주었으니, 명예도 되찾아줘야 해. 오직 목표에만 눈을 고정시킨 채, 불굴의 의지로, 절대적인 필요성을 느끼는 데서 오는 용기를 가지고 목표를 향해 나아가야 해.

　내가 보낸 편지 중 하나에서, 하루하루가 극심한 고통을 다시 가져온다고 말한 적이 있었지. 그 말이 맞아. 내 뇌의 격동, 내 이성의 혼란, 내 마음의 반항에 맞서 매 순간 싸운 후에 저녁이 오면, 내 뇌와 신경은 극도로 쇠약해져. 나는 더 이상 생각하지 않기 위해, 더 이상 보지 않기 위해, 마침내 더 이상 고통받지 않기 위해 눈을 감고 싶어지지. 그러면 나는 강한 의지력을 발휘하여 나를 의기소침하게 만드는 생각들을 쫓아버리고 당신 생각과 사랑스러운 우리 아이들 생각을 되살려. 그리고 나 자신에게 다시 이렇게 말해. '너의 고난이 아무리 끔찍해도, 너는 아이들에게 자랑스럽고 존경받는 이름을 남겨준다는 것을 알고 나서 평온히 죽을 수 있어야 해.' 내가 당신한테 이것을 다시 상기시키는 것은 단지 내가 하루를 보내며 어떤 의지를 쏟아붓고 있는지를 또 말하기 위해서야. 우리 이름과 우리 아이들 이름의 명예에 관한 문제이고, 바로 그 의지가 당신들 모두를 고무시켜야 할 테니까.

당신의 고통, 모든 가족의 고통으로 인해 내가 겪는 고통, 그리고 우리 아이들을 위해 내가 겪는 고통을 다시 한번 당신에게 말하고 싶어. 그래서 나는 밤낮으로 항상 극심한 고통의 격앙 속에서 당신에게, 모두에게 외치는 거야. "명예가 전부인 정직하고 당당한 사람으로서 과감하게 진실을 쟁취하러 나아가요!"라고.

아! 무슨 수단이든 상관없어. 무엇을 원하는지 안다면, 그것을 원할 권리와 의무가 있다면 방법을 찾아야 해.

이 목소리가 거리를 뛰어넘어 언제나 당신에게 들려야 하고, 당신의 영혼에 생기를 불어넣어야 해.

나는 항상 같은 말을 되풀이하네, 사랑하는 뤼시. 내 생각은 하나이고, 그것은 모든 것을 견디게 해 주는 의지와 같기 때문이야.

나는 참을성 있는 사람도 아니고, 체념하는 사람도 아니야. 나는 프랑스 전체를 위해, 내 온 존재를 다 바쳐 빛, 진실, 그러니까 우리의 명예를 원해. 그리고 마침내 부당하고 수치스러운 상황에서 벗어나려면, 이 궁극적인 의지가 당신이나 모든 사람에게 모든 용기와 대담함을 불러일으켜야 해. 이 모든 것을 분명히 기억해 줘.

호의나 은혜는 누구에게도 요구할 필요가 없어. 당신은 빛을 원하고, 당신에게는 그것이 반드시 필요해.

그 많은 끔찍한 충격으로 결국 신경이 완전히 무너져서 힘이 약해질 텐데, 그럴수록 에너지는 더욱 커져야 해.

절대, 절대, 절대로— 이것은 내 영혼 깊은 곳에서 나오는 외침이야 —부당하게 주어진 불명예에 대해서는 굴복하지 않아.

오늘 사랑하는 우리 피에르가 다섯 살이 되었네. 내 모든 마음,

내 모든 생각은 그 아이에게로, 당신에게로, 사랑하는 우리 아이들에게로 향하고 있어. 내 온 존재가 고통으로 떨리는군.

사랑하는 뤼시, 내가 무엇을 더 말할 수 있을까? 당신과 우리 아이들에 대한 내 애정은 당신도 알아. 그 애정이 나를 살게 했고, 내가 결코 받아들일 수 없었을 것을 견디게 했으며, 앞으로도 모든 것을 견딜 힘을 주지.

우리는 고통의 끝에 가까워지고 있다고 당신은 말했어. 나는 그것을 간절히 바라고 있어. 인간이 이렇게 고통을 겪은 적은 결코 없었기 때문이야.

나는 약 열흘 전에 이미 프랑스 우편으로 길게 편지를 썼어.

당신을 사랑하는 만큼 온 힘을 다해 우리 아이들과 당신에게 키스를 보내며.

당신의 충실한 남편,

알프레드

며칠 전, 11월에 보내준 책과 잡지를 받았어. 그것들이 늦게 도착한 이유는 속도가 느린 배, 즉 범선으로 배송되었기 때문이더군. 나는 다소 안도감을 느꼈어.

그런데 내 뇌가 그 모든 끔찍한 충격으로 너무 흔들리고 지쳐서, 어떤 것에도 주의를 기울일 수가 없네. 당신이 보낸 다른 것들도 언젠가 도착하겠지.

당신 부모님과 우리 가족 모두에게 내 인사를 전해줘. 프랑스 우편으로 그들에게 편지를 보내긴 했어.

1896년 4월 26일

사랑하는 뤼시,

이달 내내 이어진 길고 끔찍했던 날들 동안, 나는 당신의 소중한 2월 편지들을 여러 번 읽고 또 읽었어. 그 긴 시간 동안 당신이 겪은 불안에 가슴이 몹시 아팠지. 편지의 모든 단어에 불안의 흔적이 담겨 있더군. 온몸이 떨리는 것을 참으며 고통이 새어 나오지 않도록 억누르는 당신 모습이 느껴졌어. 그리고 사랑스럽고 헌신적인 마음의 노력으로, 당신은 나에게 이렇게 외칠 힘을 여전히 찾아냈지. "오! 나는 강해요!"

그래, 강해, 강해야 하니까.

어느 날 밤, 나는 당신과 우리 아이들, 그리고 우리의 고통에 대한 꿈을 꿨어. 그 고통에 비하면 죽음이 오히려 달콤하게 느껴질 거야. 나는 꿈속에서 고통에 찬 비명을 질렀어.

내 고통은 때때로 너무 강렬하여, 차라리 육체적 고통 속에서 너무도 극심한 정신적 고통을 잊을 수 있도록 내 피부를 벗겨내고 싶을 정도야. 오래전부터 나는 내 머릿속과 마주하는 긴 하루에 대한 공포와 함께 아침에 일어나고, 저녁에는 잠들지 못하는 시간에 대한 공포와 함께 잠자리에 들어.

당신은 나에 대해, 내 건강에 대해 길게 말해 달라고 요청했지. 고통을 당한 후 낮에도 밤에도 휴식의 순간을 주지 않는 참혹한 삶을 오늘도 견디고 있으므로 내가 힘을 낼 수 없다는 것을 당신은 이해해야 해. 내 몸은 부서졌고, 신경은 병들었으며, 뇌는 망가졌어. 단지 명예가 회복되는 날을 당신과 우리 아이들 사이에서 보기 위해 쓰러지지 않고 서 있기를 원하기 때문에 서 있는 것 — 이 단어의 절대적인 의미에서 — 일 뿐이야.

당신은 가끔 마음이 안정된 시간에 왜 우리가 이렇게 시련을 겪는지 궁금해하지… 나는 매 순간 그걸 궁금해하지만, 답을 찾지 못했어.

사랑하는 뤼시, 우리는 번갈아 차분함과 인내를 서로에게 권하며 서로를 속이고 있어. 우리의 애정은 우리 마음을 뒤흔드는 감정을 서로에게 감추려고 헛되이 애쓰고 있지. 내가 당신에게 편지를 쓸 때 고통과 열기로 고동치는 내 마음을 느끼니까, 나는 당신이 나에게 편지를 쓸 때 무엇을 느끼는지 너무 잘 알아.

아니, 우리 그냥 이렇게 생각하자. 상처받고 헐떡이는 가슴과 고통으로 떨리는 영혼으로 살고 있지만, 그것은 어떤 희생을 치르더라도 달성해야 할 최고의 목표, 즉 우리 이름과 아이들 이름의 모든 명예가 있기 때문이라고 말이야. 그 목표는 가능한 한 빨리 달성되어야 해. 매 순간이 고문과도 같은 이런 상황 속에서 사는 것은 정의로운 사람들에게는 사는 게 아니기 때문이지.

나는 자주 우리 아이들에 대해 길게 이야기하고 싶었어… 하지만 그럴 수가 없어. 그 고약한 죄를 짓지도 않은 아빠 때문에 귀여운 아이들이 충격받은 것을 생각하면 매번 억눌린 격렬한 분노가 마음을 엄습해서… 목이 메고, 흐느낌에 숨이 막히고, 아이들과 당신을 위해… 이렇게 오랫동안 이런 상황에서 살기 위해 싸우는 것 이외에 아무것도 할 수 없다는 고통에 손이 비틀려.

그러니, 사랑하는 뤼시, 나는 당신에게 다시 이렇게 말할 수밖에 없어. 인간의 힘에는 한계가 있으니까, 용기와 의지, 그리고 활동도 필요해!

게다가 나는 이전 우편으로 아주 긴 편지를 당신에게 썼어. 당신 부모님과 내 형제자매들에게도 썼고. 그 편지들이 다시금 가족들의 용기를 북돋아 주고, 내 영혼을 불태우며 내게 서 있을 힘을 주는 불길을 가족들의 영혼에도 불어넣어 주길 바라.

당신은 이 끔찍한 상황이 더 이상 오래가지 않을 거라고 믿을 만한 충분한 이유가 있다는 말도 내게 했지. 아! 이번에는 당신의 희망이 어긋나지 않기를, 당신이 곧 확실하고 긍정적인 소식을 내게 전할 수 있기를 온 마음으로 바라. 정말로 너무 고통스럽거든!

사랑하는 뤼시, 내가 무슨 말을 더할 수 있을까? 내게 시간은 다 똑같이 잔인해. 오직 당신 생각과 아이들 생각으로, 이미 너무 오래 지속된 상황이 끝나기를 기다리며 살아가고 있을 뿐이야.

당신을 사랑하는 만큼 온 마음을 다해 당신과 사랑하는 우리 아이들에게 키스를 보내며, 언제나 너무도 간절히 기다리는 당신의 소중한 편지를 받는 행복을 기다릴게.

당신의 충실한 남편,

알프레드

모두에게 키스를.

1896년 5월 7일

사랑하는 뤼시,

소중한 당신의 편지를 받기 직전에, 나는 모욕을 겪었어. 사소한 것이지만, 마음이 이미 깊이 상처받았을 때는 정말 가슴을 찢는 모욕이지. 불행히도, 나는 순교자의 영혼을 가진 사람이 아니야. 이따금 끝내고 싶다는, 이 끔찍한 삶에 종지부를 찍고 싶다는 생각이 들지 않는다고 당신에게 말한다면, 그건 거짓말일 거야. 그것을 절망의 흔적이라고 생각하지는 말아줘. 목표는 변함없어. 그것은 반드시 달성되어야 하고, 그렇게 될 거야. 하지만 그 반면에, 나는 가장 끔찍한 고난—명예가 있는 정의로운 사람에게는—을 겪고 오직 당신과 우리 아이들을 위해 그것을 견디고 있는 인간이기도 해.

상처가 건드려질 때마다, 마음은 고통으로 비명을 질러. 그래서 나는 울었지… 하지만 더 이상 그것에 대해 말하지 않겠어. 당신의 소중한 3월 편지들과 가족의 모든 편지를 받았다고 말했는데, 당신의 글을 읽는 기쁨 속에서도 나는 당신도 잘 이해할 실망을 항상 느껴. 여전히 우리 고통의 끝이 안 보인다는 실망 말이야. 명예가 회복되고 파렴치한 범죄를 저지른 비열한 자들이 드러나는 순간을 앞당길 수 없어서 당신이, 우리 모두가 얼마나 고통스러운지! 나는 그 순간이 가까이 왔기를, 너무 늦지 않기를 바라.

사랑하는 우리 아이들에 대한 좋은 소식을 전해줘서 고마워. 아이들을 생각하며, 그리고 당신을 생각하며 나는 저항할 힘을 얻어. 고통, 기후, 상황이 작용했다는 것을 당신도 잘 알 거야. 이제 내게 남은 것은 살갗과 뼈, 그리고 정신적인 에너지뿐이야. 이 정신적 에너지가 우리 고통이 끝날 때까지 나를 이끌어 주기를 바라.

내가 요청할 수 있는 물질적인 것들에 대해서도 당신이 말했지. 당신도 알다시피, 나는 항상 물질적인 삶에 무관심했는데, 요즘은 그 어느 때보다도 더 무관심해.

나는 오직 책만 요청했는데, 불행히도 여전히 11월에 보낸 책만 받았을 뿐이야.

식량 보내는 것을 그만둬 줄 수 있겠어? 내가 이렇게 요구하는 감정은 어쩌면 유치할지도 모르지만, 당신의 발송물들이 규정에 따라 철저한 검사를 받게 되는데 매번 당신에 대한 모욕처럼 느껴져서… 나는 마음이 몹시 아프고, 고통으로 몸서리치거든.

아니, 우리에게 닥친 끔찍한 상황을 받아들이고, 물질적인 배려로 그 상황을 완화하려 하지 말자. 그 대신 우리에게는 그 죄인이 필요하고 우리의 명예가 필요하다는 것을 생각하자! 그러니 모두 한마음으로, 변함없는 공통된 의지로 목표를 향해 나아가자. 최대한 빨리 목표를 이루도록 노력하고, 다른 어떤 것에도 신경 쓰지 말자. 나는 나대로 내가 할 수 있는 한 버틸 거야. 명예가 회복되는 최고 행복의 날, 그 자리에 있고 싶기 때문이지. 물론 어떤 불행 아래에서는 무너질 수도 있고, 어떤 상황에서는 평범한 위로를 받아들일 수도 있어. 그러나 명예가 걸린 문제에 있어서는 쓰러지지 않는 한 달성해야 할 목표, 즉 명예를 되찾는 것 이외에는 다른 어떤 위로도 없어.

그러니 당신에게나 모두에게나 나는 내 영혼 깊은 곳에서부터 이렇게 외칠 수밖에 없어. 용기를 내! 불평도 한탄도 하지 말고, 변함없이 목표를, 죄인 혹은 죄인들을 향해 나아가자. 그리고 가능한 한 빨리 그 목표에 도달하자.

이미 말했듯이, 우리 명예를 의심할 수 있는 단 한 명의 프랑스인도 남아 있어서는 안 돼.

나 대신 당신의 온 마음을 다해 사랑하는 우리 아이들에게 키스해 줘, 그리고 충실한 남편의 가장 다정하고 애정 어린 수많은 키스를 받아줘.

알프레드

사랑하는 당신 부모님과 우리 가족 모두에게 내 인사를 전해줘. 내가 방금 받은 우편물에는 앙리에트 빼고는 누이들의 편지가 없더군. 사랑하는 누이들이 이렇게 계속되는 끔찍한 감정들로 인해 아프지 않기를 바라.

1896년 5월 22일

사랑하는 뤼시,

　너무도 친절하고 다정한 당신의 3월 편지들은 내 외로움의 소중하고 달콤한 동반자가 되어 주었어. 나는 그 편지들을 읽고 또 읽으며, 상황의 무게가 나를 짓누를 때마다 내 의무를 되새겼지. 나는 당신과 함께, 모두와 함께 고통을 겪었어. 가족들이 겪고 있는 모든 끔찍한 불안들이 내 불안에도 반영되었거든.

　당신은 당신에게 편지를 쓰라고, 마음이 몹시 괴로울 때마다 상처받고 찢긴 내 마음을 당신에게 털어놓으라고 하는군. 아! 가엾은 뤼시! 당신 말을 듣는다면, 나는 매우 자주 당신에게 편지를 쓰게 될 거야. 내게는 한순간도 쉴 틈이 없으니까. 하지만 내가 왜 그렇게 당신의 영혼을 괴롭히겠어? 나는 이미 너무 자주 그렇게 하고 있고, 그렇게 한탄한 후에는 언제나 쓰라린 후회를 해. 당신은 이미 충분히, 너무 많이 고통받고 있으니까. 그러나 어쩌겠어? 자기 자신으로부터 완전히 벗어날 수는 없으며, 항상 마음의 반항을 억누르고 병든 신경을 완전히 지배할 수는 없는걸. 내가 유일하게 마음의 안식을 찾는 순간은 당신에게 편지를 쓸 때야. 그때는 기나긴 한 달 동안 억눌렀던 모든 고통이 때때로 내 펜 밑으로 와서….

　그리고 나는 당신과 나뿐만 아니라 사랑하는 당신 부모님과 모든 우리 가족에게 이런 상황이 얼마나 끔찍한 일인지 마음속 깊이 느끼고 있어. 그래서 나도 모르게 분노가 터져 나오고, 격분하여 몸이 떨려. 그러면 모두의 이 끔찍한 고통의 끝을 마침내 보고 싶다는 조급한 외침이 새어 나오지. 나는 당신의 지독한 고통을 덜어주지 못하고 단지 내 애정의 모든 힘과 영혼의 모든 열기로 당신을 지지할 수밖에 없어서 마음이 아파. 아! 정말 그래, 사랑하는 뤼시, 기다림과 고통과 불안 속에서 기나긴 한 달을 보낸 후 편지를 쓸 때마다 아직도 범인을 밝혀내고 우리의 고통이 끝났음을 알리지 못하는 당신 마음이 얼마나 찢어질지 나는 잘 알고 있어! 그래서 이토록 길고 부당한 많은 고통 앞에서 내가 외치고, 때로는 울부짖고, 내 혈관에서 피가 끓어오른다면, 아!, 그건 나를 위한 것이기도 하고 당신을 위한 것이기도 해. 만약 내 고통뿐이라면, 나는 이미 오래전에 이 고통을 끝내고 우리 모두를 위한 최고의 심판관이 되는 수고를 미래에 맡겼을 테니까.

당신을 생각하며, 사랑하는 우리 아이들을 생각하며, 당신을 지지하고 우리가 명예를 되찾는 날을 보고자 하는 내 의지에서, 나는 모든 힘을 끌어내. 모든 것이 결합하여 나를 짓누르는 탓에 비틀거릴 때, 내 머리가 혼란스럽고 내 마음이 더는 견딜 수 없을 때, 내 마음이 마침내 무너질 때, 나는 속으로 세 개의 이름을 속삭여. 당신 이름, 사랑하는 우리 아이들 이름. 그러면 나는 고통에 맞서 다시 강해지고, 말 없는 내 입술에서는 아무것도 새어 나오지 않아.

물론 나는 매우 쇠약해졌는데, 그건 어쩔 수 없는 일이겠지. 하지만 아이들의 유산인 우리의 명예에 대한 걱정, 그 숭고하고 절대적인 걱정 앞에서 환각을 일으키는 기억들, 내 일상의 고통과 끔찍한 일들은 내 안에서 모두 지워지고 있어. 그래서 나는 언제나처럼 온 힘을 다해, 온 마음을 다해 당신에게 외쳐. 당신의 목표, 즉 우리 이름의 모든 명예를 향해 용감하게 걸어가도록 "용기, 용기를 내"라고. 그리고 우리 둘을 위해 그 목표가 마침내 이루어지길 바라. 아이들의 소중한 작은 편지들은 언제나 나에게 깊은 감동을 주지. 나는 종종 그 편지들을 눈물로 적시지만, 동시에 그 속에서 힘을 얻어. 당신이 그 사랑스러운 아이들을 훌륭하게 키우고 있다고 모든 편지가 이야기하더군. 내가 그런 말을 한 번도 한 적이 없다면, 그건 이미 알고 있었기 때문이야. 나는 당신을 잘 아니까.

내 애정, 우리 모두를 이어주는 그 애정에 대해 말하는 것은 불필요한 일이지, 안 그래? 하지만 다시 한번 말하게 해줘. 내 생각은 밤이고 낮이고 한순간도 당신을 떠나지 않고, 내 마음은 언제나 당신과 우리 아이들, 가족 모두의 곁에 있어. 모두를 지지하고, 나의 불굴의 의지로 모두에게 활기를 주려고. 온 힘과 온 마음을 다해 당신과 사랑하는 우리 아이들에게 키스를 보내며, 가족들의 소중한 편지를 기다려. 그 편지들은 상처받은 내 영혼을 따뜻하게 해 주는 유일한 행복의 빛이니까.

당신의 충실한 남편,

알프레드

사랑하는 당신 부모님과 모두에게 키스를.

1896년 6월 5일

사랑하는 뤼시,

나는 당신의 소중한 4월 편지를 아직 받지 못했어. 그래서 매일 그러듯이, 하루에도 여러 번 당신의 친절하고 애정 어린 3월 편지들을 다시 읽어야 했어. 그리고 거기서 조금이나마 평온을 찾았지. 하지만 당신과 이야기하지 않은 채, 당신에게 가까이 다가가지 않은 채 영국 우편이 출발하게 내버려두고 싶지는 않군.

오! 사랑하는 착한 뤼시, 나는 생각을 통해 여기서도 당신을 잘 볼 수 있어. 당신 생각은 단 한 순간도 나를 떠난 적이 없거든. 당신이 희망을 품었다가 또다시 그 희망이 어긋났을 때, 잠시 긴장을 풀고 마음을 가라앉혔다가 다시 깊은 절망 속으로 빠질 때, 당신이 겪는 위기의 순간을 나는 잘 느낄 수 있어. 너무 오래전부터 우리가 겪고 있는 이 끔찍한 악몽이 언제 끝날까, 하고 불안하게 자문하는 당신 모습 말이야. 그리고 당신은 내게 편지를 쓰면서, 당신이 겪고 있는 끔찍한 고통과 지독한 불안을 감출 힘을 당신의 아름다운 영혼과 다정하고 헌신적인 마음에서 찾아내지.

그러면 나는 그 모든 것을 느끼고 짐작하면서, 가장 순수한 감정과 가장 소중한 애정 속에서 짓눌리고 찢긴 마음이 터져 나오고, 우리 둘과 우리 가족에게 쌓인 너무나 많은 고통 앞에 혈관 속에서 피가 끓어오르고, 마침내 이성이 반항하여, 편지에다가 내 영혼의 고뇌와 초조함의 외침을 내던지게 돼. 그러고는 당신이 갖게 될 감정을 생각하면서, 한 달 내내 고통받고 더 불행해져.

배우자이자 어머니로서의 당신 명예가 나와 함께 짓밟혔는데, 나는 당신에게 맡겨진 고귀한 임무를 위해 꼭 필요한, 변함없고 강인하며 열정적인 정신적 지지를 제공하는 대신 때때로 나의 작은 고통, 작은 괴로움에 대해 이야기하며 한탄함으로써 가슴을 에는 듯한 당신의 고통을 더욱 키우곤 했어. 당신은 나의 나약함, 슬프게도 너무나 자연스러운 인간적인 나약함을 용서해 주겠지!

게다가 말이란 우리가 겪는 것과 같은 고난을 표현하기에는 너무나 무력해. 하지만 결말은 단 하나일 수밖에 없어. 범인들을 찾아내고, 완전하고도 철저한 명예 회복, 우리 이름과 사랑하는 우리 아이들 이름의 모든 명예를 회복하는 것 말이야.

그래서 나는 내 깊은 애정의 메아리를 당신에게 전하는 이 편지에 언제나처럼 내 영혼의 뜨거운 외침을 덧붙여. 절대 흔들리지 않는 강인하고 열렬한 의지로 당신의 목표를 향해 나아가기 위해 용기를 내, 용기를, 사랑하는 뤼시. 그리고 우리 둘을 위해, 우리 아이들을 위해, 모두를 위해, 그 목표가 곧 이루어지길 바라.

사랑하는 아이들에게 나 대신 많이 키스해 줘. 나는 오로지 아이들 안에서, 그리고 당신 안에서 살아가며 힘을 얻고 있어. 사랑하는 당신 부모님과 우리 가족 모두에게 내 인사를 전해주고, 그들의 친절하고 애정 어린 편지에 감사를 전해줘.

아쉬운 마음으로 이 편지를 마치며, 사랑하는 우리 피에르가 말한 것처럼, 아주 격렬하게, 최대한 격렬하게 당신에게 키스를 보내.

당신의 충실한 남편,

알프레드

저녁— 드디어 12월, 1월, 2월에 당신이 보낸 책과 소포를 받았어. 정말 필요했던 것들이야. 당신에게, 사랑하는 우리 아이들에게, 당신 부모님과 모든 가족에게 다시 한번 뜨겁고 애정 어린 키스를 보내. 그리고 내 영혼의 뜨거운 외침으로 마무리할게. 언제나 그리고 또다시 용기를 내, 사랑하는 착한 뤼시!

사랑하는 뤼시,

나는 아직 당신의 5월 편지를 받지 못했어. 내가 당신에 대해 마지막으로 들은 소식은 석 달 전의 것이야. 내가 겪는 고난은 끊이지 않지만, 내 고통을 설명하며 당신의 슬픔을 더하고 싶지는 않아. 하기야 그것은 중요하지 않지. 사랑하는 뤼시, 우리의 고통이 어떤 것이든, 우리의 고난이 아무리 끔찍해도, 목표는 변함없어. 진실, 우리 이름의 명예 말이야.

나는 내 영혼의 외침을 반복할 뿐이야. 용기, 용기, 용기를 내, 목표가 달성될 때까지.

나는 남은 힘을 모두 끌어모아, 밤낮으로 내 마음과 정신을 억누르고 있어. 이 드라마의 끝을 보고 싶기 때문이지. 우리 둘을 위해서 그 순간이 더 이상 늦춰지지 않기를 바라.

당신이 이 글을 받을 때면, 당신 생일은 이미 지나갔겠지. 우리 둘에게 너무도 가혹한 생각을 더 강조하고 싶지는 않지만, 그날만큼은 다른 어떤 날보다 더욱 머릿속으로 당신과 함께 있을 거야.

온 마음과 온 힘을 다해 당신과 우리 아이들에게 키스를 보내며.

당신의 충실한 남편,

알프레드

1896년 8월 4일

사랑하는 뤼시,

5월과 6월의 당신 편지들을 한꺼번에 받았어. 가족들의 편지도. 오랜 기다림 끝에 편지를 받은 내 감정을 굳이 표현하고 싶지는 않아. 우리는 너무 비통한 감상에 빠지지 않도록 해야 하니까.

5월 우편물에는 당신 편지 두 통만 있더군. 당신이 아이들과 함께 시골에 정착했다는 소식을 듣고 기뻤어. 아마도 그곳에서는 당신이 조금이나마 휴식을 취할 수 있겠지. 우리가 명예를 되찾지 않는 한 휴식을 누릴 수 있을지는 모르겠지만.

그래, 사랑하는 뤼시, 우리가 겪는 것과 같은 부당한 고통은 정신을 마비시키지. 하지만 더 이상 말하지 말자. 세상에는 억제할 수 없는 분노를 야기하는 것들이 있는 법이니까.

내가 우리 모두의 고통이 끝나는 순간을 보고 싶어 조급하게 굴어도, 내 마음속 분노의 영향으로 내 편지들이 절박해져도, 내 믿음과 신념은 확고하다는 것을 믿어줘. 내가 당신들에게 희망을 가지라고 말한 적은 결코 없었고 온전한 진실이 필요하다고, 오늘이 아니면 내일이나 모레라도 반드시 그 목표를 이루어야 한다고 말했다는 걸 생각해 줘. 우리의 고통에 대해서는 눈을 감고, 우리의 마음과 정신을 억누르자. 사랑하는 뤼시, 한순간도 나약해지거나 지치지 말고 용기와 굳건함을 가져야 해. 우리, 우리 아이들, 우리 가족을 위해서 빛과 우리 이름의 명예가 필요해. 나는 언제나처럼 당신에게, 그리고 모두에게 외쳐. 강한 용기와 의지를!

우리 둘을 위해서, 모두를 위해서 이 고통이 끝난다는 소식을 알게 되기를 온 마음으로 바라고 있어.

나 대신 우리 아이들에게 키스해 주고, 충실한 남편의 당신을 위한 최고의 키스를 받아줘.

알프레드

당신 부모님과 모든 가족에게 내 인사를 전해줘.

1896년 8월 24일

사랑하는 뤼시,

나는 이번 달 초에 5월과 6월의 소중한 당신 편지들에 겨우 몇 줄로만 답장했어. 오랜 기다림 끝에 받은 편지들이 나에게 준 감정이 너무 강렬해서 길게 쓸 수가 없었지. 나는 그 편지들을 날마다 읽고 또 읽으며, 잠시나마 당신 곁에서 살면서 당신 심장이 내 심장 옆에서 뛰는 것이 느껴지는 것 같아. 당신에게 편지를 쓰는 이 평범한 종잇조각을 바라보니, 여기에 내 온 마음을, 당신을 위해, 우리 아이들을 위해, 모두를 위해 내 마음이 지닌 모든 것을 전부 담을 수 있다면 좋겠어. 내 영혼의 모든 열성, 내 모든 용기, 내 모든 의지가 이 종이에 스며들도록 말이야.

그러니, 사랑하는 뤼시, 우리가 이루어야 할 결과에 대해 나는 단 한 순간도 낙담한 적이 없다는 것을 믿어줘. 하지만 또한 이 지독한 고통이 끝나는 순간을 보고 싶은 초조함이 얼마나 나를 괴롭히는지!

정의로운 사람들에게는 글로 표현할 수 없을 만큼 강렬한 고통이 있어. 그 고통, 우리 모두 똑같이 겪고 있는 그 고통을 나는 밤낮으로 꽁꽁 가둬놓아 내 입술에서는 단 한 마디의 탄식도 새어 나오지 않아. 나는 모든 것을 받아들이고, 내 마음과 내 존재 전체를 억누르며, 오직 목표만 바라보고 있어. 나는 7월 초에 당신에게 편지를 썼었는데, 그것은 분명 또 당신 마음을 동요시켰을 거야, 가여운 뤼시. 그때 나는 열병에 시달리고 있었고, 당신 편지를 못 받고 있었거든. 모든 것이 한꺼번에 밀려왔지! 그때는 멍청한 인간이 깨어나 당신에게 절망과 고통의 외침을 내던졌어. 마치 당신이 이미 충분히 고통받지 않은 것처럼 말이야. 하지만 나는 저항했고, 모든 것을 극복했어. 육체적으로나 정신적으로 나 자신을 통제할 수 있었지. 게다가 당신 편지가 늦지 않게 카옌에 도착했다는 것을 그 후에 알게 되었어. 다만 목적지 착오로 인해 내가 그것을 6월 편지와 함께 받았던 거야.

사랑하는 뤼시, 나는 당신을 위해서나 모두를 위해서나 반복할 수밖에 없어. 두 눈을 변함없이, 열심히 목표에 고정한 채 목표가 달성될 때까지 한순간도 지치지 마! 프랑스 전체를 위한 모든 진실, 우리 이름의 모든 명예, 우리 아이들의 유산. S와 그들의 사랑스러운 아이들에게 내 인사를 전해줘. 그리고 마티유에게 잘 말해줘. 내가 그에게 더 자주 편지를 쓰지 않는 것은 그를 너무나 잘 알기 때문이라고, 눈부신 진실의 날이 올 때까지 그의 의지는 언제나 굳건할 것이라고. 사랑하는 아이들의 좋은 소식을 전해줘서 고마워. 당신 부모님과 우리 가족 모두에게 따뜻한 편지를 보내준 것에 대한 감사를 전해줘. 사랑하는 뤼시, 당신은 양심의 힘으로 꺾이지 않는 에너지와 용기를 가져야 해. 나의 깊은 애정, 우리 아이들, 당신의 의무가 당신을 지탱하고 당신에게 활기를 주기를.

당신을 사랑하는 만큼 온 힘을 다해 당신과 사랑하는 우리 아이들에게 키스를 보내며, 당신의 따뜻한 7월 편지들을 기다릴게.

당신의 충실한 남편,

알프레드

1896년 9월 3일

사랑하는 뤼시,

방금 7월 우편물이 도착했는데, 당신의 짤막한 편지 한 통밖에 없었어. 7월 14일자의 편지였어. 당신은 분명 더 자주, 더 길게 편지를 썼을 텐데. 하지만 상관없어.

당신의 모든 편지에서 고통의 외침이 새어 나와, 내 편지에 메아리치네! 그래, 사랑하는 뤼시, 당신처럼, 나처럼, 우리 모두처럼 고통받은 인간은 결코 없었어. 내 이마에는 고통의 땀방울이 맺혀 있지. 나는 극도의 노력으로 전 존재를 억누르고, 오직 신경과 의지를 놀라울 정도로 긴장시키면서 살았어. 하지만 감정은 존재의 모든 섬유질을 파괴하고 진동시키는 법이야. 그래서 내 손은 당신을 위해, 우리 아이들을 위해, 모두를 위해 고통으로 뒤틀려. 목구멍에서는 어마어마한 외침이 터져 나오려 하지만, 나는 그것을 억누르고 있지. 아! 만약 내가 세상에 혼자라면 더 이상 생각하지 않고, 더 이상 보지 않고, 더 이상 고통받지 않은 채 무덤 속으로 내려가면서 얼마나 행복할까. 하지만 전 존재가 무너지는 나약함과 고통의 순간이 마침내 지나가고, 나는 짙은 어둠 속에서 당신에게 말하고 있어, 사랑하는 뤼시. 모든 죽음―영혼이 죽는 고통, 육체가 죽는 고통, 정신이 죽는 고통, 어떤 죽음의 고통인들 내가 모르겠어?― 보다 더 위에 명예가 있다고, 그 명예는 우리의 자산으로 우리에게 반드시 있어야 한다고… 다만 우리 모두에게 인간적인 힘의 한계가 있을 뿐이야.

그러니 이 편지를 받았을 때, 상황이 결국 명확하게 밝혀지지 않는다면 내가 이미 작년에 당신에게 말했던 대로 행동해. 직접 가서, 필요하다면 양손에 한 아이씩 소중하고 순진무구한 두 아이를 데리고 나랏일을 주도하는 이들에게 가서 청원해. 마음을 담아 단순하게 이야기하면 돼. 그러면 당신은 아내이자 어머니로서의 고난이 얼마나 참혹한지 이해하고 이 고귀하고 성스러운 임무, 즉 진실을, 이 파렴치한 범죄를 저지른 자를 찾아내는 일을 돕기 위해 무엇이든 하려는 관대한 마음들을 발견하게 될 거라고 나는 확신해. 오! 사랑하는 뤼시, 내 말을 잘 듣고 내 조언을 따르도록 해. 오직 한 가지, 목표만 보고 그것을 달성하기 위해 노력해야 한다는 것을 명심해. 오! 나는 죽기 전에 사랑하는 우리 아이들이 지닌 이름에 명예가 돌아오는 것을 정말이지 온 마음을 다해 보고 싶거든. 나의 가엾고 사랑스러운 뤼시! 당신이 마땅히 누려야 할 행복을 누리며 당신과 우리 아이들이 행복해하는 모습을 다시 보고 싶어. 내 모든 마음을, 당신과 아이들을 위한 내 마음속의 모든 것을 담을 수 없는 이 종이가 차갑게 느껴져서… 나는 내 피로 편지를 쓰고 싶다. 그러면 아마도 내 마음이 더 잘 표현될 테니….

더 이상 당신에게 말할 수 있는 것이 아무것도 없는데도, 나는 당신과 계속 이야기하고 있어. 왜냐하면 오늘 밤도 또다시 길고, 끔찍한 악몽으로 가득 찰 테니까. 악몽 속에서도 나는 당신, 우리 아이들, 사랑하는 형제자매들, 사랑하는 당신 부모님, 우리 가족 모두를 봐. 사랑하는 뤼시, 보다시피 나는 당신에게 모든 것을 다 말하고, 내 모든 고통을 드러내고, 내 모든 생각을 말하고 있어. 사실 지금은 그러지 않는 것이 불가능할 것 같아.

내 생각은 밤이고 낮이고 항상 똑같아. 내 입술에서는 항상 똑같은 외침이 새어 나오지. 오! 이 끔찍한 비극에 대한 진실을 얻기 위해서라면 내 모든 피를, 한 방울 한 방울, 바치리라!

이 편지에 조리가 없는 것을 용서해 줘. 말했듯이, 나는 깊은 감정의 충격 속에서 당신한테 편지를 쓰고 있어. 내 생각을 정리하려 애쓰지조차 않고, 그럴 힘도 없다고 느끼면서 말이야. 몇 줄밖에 안 되는 너무도 짧은 당신의 편지, 아이들에 대해서는 이야기하고 당신에 대한 이야기는 없는 편지, 결국 당신에 대해서는 아무것도 읽을 게 없는 그 짧은 글만 읽으며 한 달 내내 살아야 한다고 생각하니 무섭기 그지없거든. 그래도 어쨌든 내 생각을 요약하도록 노력해 볼게. 내 고통은 당신의 고통만큼, 우리의 고통만큼 커. 시간은 1분 1분이 끔찍하고, 완전하고 철저한 진실이 밝혀지지 않는 한 계속 그렇겠지. 그래서 내가 말했듯이, 당신이 직접 행동하고 마음을 담아 말한다면, 되도록 시간을 단축하기 위한 모든 것이 실행되리라고 나는 확신해. 달성해야 할 목적, 모든 것을 지배하는 목적에서 시간은 아무것도 아니지만, 우리 모두에게는 슬프게도 중요하니까. 이런 고통을 견디며 사는 것은 결코 사는 게 아니기 때문이지.

그러나 나는 이 편지에 당신과 우리 아이들과 모두에 대한 나의 모든 애정을 담을 수 없다는 것을 절실히 느끼면서, 우리의 가혹한 형벌로 인해 내가 어떤 고통을 받는지 제대로 표현하지 못한 채 결국 내 영혼 안의 감정을 당신에게 느끼게 하지 못하는 이 편지를 어쩔 수 없이 끝내야만 해. 내 영혼 안에는 이 상황과 이 삶에 대한 공포, 상상할 수 있는 모든 것을 넘어서는 공포, 인간의 뇌가 상상할 수 있는 가장 극적인 것보다도 더한 공포가 있지. 반면에 당신과 우리 아이들을 위해서 할 수 있는 한 계속 나아가라고 엄중히 내게 명령하는 의무도 있어. 나에게 도달하는 유일한 인간의 말인 당신의 편지를 읽으려면 이제 한 달을 기다려야 하는군!

　당신이 읽을 이 글에서 내 옆에 있는 당신을 느끼면서, 내 고통을 조금이나마 가라앉혀 주는 이 장황한 글을 드디어 끝내려고 해. 나는 용기를, 또다시 용기를 내라고 당신에게 소리칠 거야. 무엇보다도 가장 중요한 것은 사랑하는 우리 아이들이 지닌 이름의 명예니까. 그 목표는 흔들림 없는 것이지만, 내가 당신에게 말한 대로 행동하도록 해. 당신이 발견하게 될 관대한 마음들이 협력하면 최고의 소원이 더 빨리 실현될 수밖에 없다고 나는 확신해. 그 최고의 소원을 내가 당신한테 또 한 번 소리칠게. 이 음울한 드라마에 대한 진실, 사랑하는 우리 아이들 곁에서 명예가 회복되는 날을 보게 되기를! 그리고 당신을 위해, 모두를 위해 깊은 밤에 솟구치는 내 영혼의 열렬하고 궁극적인 외침을 덧붙일게. 명예를 위한 모든 것, 이것은 우리의 유일한 생각이어야 하고 유일한 관심사여야 해. 한순간도 지치지 말고.

1896년 9월 4일

사랑하는 착한 뤼시,

어제저녁에는 편지가 내게 초래한 감상, 우리 모두 겪는 고통, 그리고 당신의 글을 몇 줄밖에 읽을 수 없다는 괴로움 속에서 당신에게 편지를 썼어. 한 달 내내 불안해하며 긴 침묵을 겪은 후, 그 순간 기어이 신경의 긴장이 풀려버렸거든. 나는 슬픔에 미쳐버릴 듯해. 두 손으로 머리를 붙잡고, 어떤 비참한 운명으로 인해 이토록 많은 사람이 이렇게 고통받는지 스스로 묻고 있어.

그래서 당신과 또다시 이야기를 나누고 싶은 욕구를 느껴. 어쩌면 이 편지가 앞의 편지처럼 영국 우편에 실릴 수 있을 거야.

내가 피곤하고 지쳤는데 그 반대의 말을 한다면, 당신은 믿지 않겠지. 밤낮으로 모든 시간 쉬지 않고 고통받는 것, 사랑하는 사람들이 고통받는 것을 느끼는 것, 사랑하는 아이들을 위해서라면 당신이나 나나 피를 몽땅 내어줄 텐데 그 아이들이 충격받은 것을 보는 것, 이 모든 일은 때때로 너무 잔인하고 고통이 너무 크니까. 하지만 사랑하는 뤼시, 나는 낙담하거나 좌절하지 않았어, 믿어줘. 모든 극심한 고통으로 인해 신경이 극도로 긴장될수록 그 고통을 끝내려는 계획에 대한 의지는 더욱 강해지는 법이지. 그리고 우리 모두의 고통을 끝내는 유일한 방법은 진실을 발견하는 것이야. 내가 몸과 마음과 정신에 맞서 살아가며 이 모든 것과 치열하게 싸우고 있는 것은 평온하게 죽을 수 있기를 원하기 때문이야. 아이들에게 깨끗하고 명예로운 이름을 남긴다는 것, 당신이 행복하다는 것을 알고서 말이야. 당신에게, 그리고 우리 모두에게 말해야 하는 것은 우리 상황에는 '빛'이라는 단 하나의 끝밖에 없다는 것이야. 그래서 모든 것을 압도하는 그 끝에서 출발하여, 우리 마음속의 모든 불평을 억누르고 오직 그 끝만 바라보며 최대한 빨리 도달하려고 노력해야 해. 시간은 납덩어리처럼 무거워지니까. 어제저녁 당신에게 말한 것처럼, 모든 협조, 모든 선의에 빛을 밝히도록 도와달라고 도움을 청해야 해. 당신은 그런 도움을 찾게 될 거라고, 오직 진실과 아이들이 지닌 이름의 명예만을 원하는 아내이자 어머니로서의 엄청나고 끔찍한 고통 앞에서 모든 것은 침묵하고 오직 최고의 목적, 고귀하고 도 고상한 그 행동만 보일 거라고 나는 확신해. 그러니 사랑하는 뤼시, 신음하고 한탄하고 우리의 고통을 서로 이야기하는 것은 우리 를 아무 데로도 이끌지 못할 거야.

침착하고 깊이 생각하도록 해. 하지만 용기를 모으고, 목표를 추구하고 달성하기 위해 모든 조언을 받아들여. 당신을 위해 그 순간이 너무 늦지 않기를 바라자.

당신 부모님, 우리 형제자매들, 당신 가족에게 내 인사를 전해줘.

당신을 사랑하는 만큼, 그 어느 때보다도 강렬하게, 내 애정의 모든 힘으로 당신과 우리의 소중하고 사랑스러운 아이들에게 키스를 보내 며.

당신의 충실한 남편,

알프레드

아침 5시.

이 편지를 보내기 전에, 나는 다시 한번 온 마음과 온 힘을 다해 당신에게 키스하고 싶어. 그리고 당신의 양심, 당신의 의무, 우리 아이들이 당신에게 인간의 어떤 고통에도 꺾이지 않는 불가항력의 지렛대가 되어야 한다고 다시 한번 말하고 싶어.

1896년 9월

사랑하는 착한 뤼시,

7월 편지를 받고 당신에게 편지를 쓰고 있어. 너무 심하고 격하게 신경의 긴장이 풀려버렸어. 한 달 내내 불안한 긴 침묵 끝에 당신과 대화하고 싶은 저항할 수 없는 욕구를 느껴.

그래, 때로는 손에서 펜을 떨어뜨리고, 이렇게 많이 편지 쓰는 것이 무슨 소용일까, 하고 생각해. 사랑하는 가엾은 뤼시, 나는 너무나 많은 고통에 얼이 빠져 있어.

그래, 내가 무엇을 했기에 내가 그토록 사랑하는 당신과 불쌍한 우리 아이들과 우리 모두가 이렇게 고통받는지 종종 생각하기도 해. 나는 분명히 격렬한 절망의 순간과 분노의 순간도 겪어. 나는 성인聖人이 아니니까. 하지만 그럴 때 나는 항상 당신 생각을 떠올렸고, 지금도 떠올리고 있어. 불쌍한 아이들 생각도. 이 음울한 비극이 시작된 후로 내가 당신에게, 모두에게 불어넣고 싶었던 생각은 이 모든 것 위에 더 높고 더 숭고한 무언가가 있다는 것이야. 내 편지는 마치 고통의 절규와도 같아. 우리는 마치 큰 상처를 입은 사람들처럼 영혼이 고통에 짓밟히고 몸은 너무 오랜 괴로움으로 인해 극도로 지쳐 있어서, 아주 사소한 일도 찰랑거리는 잔을 흘러넘치게 하기에 충분하거든.

하지만 사랑하는 뤼시, 항상 자신의 고통에 대해 이야기하는 것은 치료제가 아니고 오히려 고통을 자극할 뿐이야. 상황을 있는 그대로 보아야 해. 우리는 모두 끔찍하게 불행해.

물론 목표는 모든 것을, 고통과 삶을 압도하지. 내가 당신에게 여러 번 말했잖아. 그것은 우리 아이들 이름의 명예와 삶에 대한 문제이기 때문이야. 이 목표는 달성될 때까지 약해지지 말고 추구되어야 해. 하지만 인간의 정신은 매일의 인상 속에서 살아가도록 만들어졌지. 그런데 매일은 더 나은 내일을 오랫동안 기다리는 가운데 너무나 많은 끔찍한 순간들로 구성되어 있어.

분노나 한탄으로는 진실이 밝혀지는 순간을 앞당길 수 없어. 모든 용기를 모으도록 해, 그 용기는 커야 해. 당신의 양심과 수행해야 할 의무에 힘입어, 오직 목표만 바라봐. 그리고 오랜 시간 동안 끔찍하게 상처받고 짓눌린 아내이자 어머니로서 당신 마음만 고려해.

오! 사랑하는 뤼시, 내 말 잘 들어. 나는 너무나 많은 고통을 겪었고 많은 것을 견뎌왔기에, 삶에 심히 무심해졌어. 나는 마치 무덤에서, 모든 것을 초월하는 영원한 침묵 속에서 말하듯 당신에게 말하고 있어… 나는 아버지로서, 당신이 우리 아이들에 대해 수행해야 할 의무의 이름으로 당신에게 말하는 거야. 공화국 대통령, 장관들, 심지어 나를 유죄 판결한 사람들도 찾아가. 가장 정직하고 올바른 정신도 열정과 격분으로 인해 때때로 길을 잃을 수 있지만, 마음은 항상 관대하고 그런 격분을 잊을 준비가 되어 있거든. 오직 한 가지, 우리가 요청해야 할 유일한 것, 진실의 발견과 사랑하는 우리 아이들의 명예만 원하는 아내이자 어머니의 끔찍한 고통 앞에서는 말이야.

단순하게 말하고, 자질구레한 모든 불행을 잊어, 달성해야 할 목표 앞에서 그게 뭐가 중요하겠어? 나는 확신해. 당신은, 당신들 모두는 우리 모두의 뇌가 어떻게 견딜 수 있었는지 아직도 놀랄 정도로 오랫동 안 견뎌온 이토록 끔찍한 상황에서 최대한 빨리 벗어나기 위해 열렬하 고 관대한 협력을 찾을 거라고 말이야.

나는 사실 고통스럽긴 하지만 모든 것을 초월하는 커다란 침묵 속에서, 아주 침착한 마음으로 당신에게 이야기하고 있어… 내가 요청하는 대로 행동해… 사랑하는 착한 뤼시, 모든 호의에 도움을 청하면서 오직 한 가지만 봐. 달성해야 할 목표, 진실 말이야… 오! 내 온 존재가 간절히 원하는 건 바로 그것이니까. 우리의 명예가 회복되는 날을 다시 보는 것!

그러니 용기를 내, 사랑하는 뤼시. 온 마음으로, 온 영혼으로 당신에게 그것을 요구해.

당신을 사랑하는 만큼, 내 애정의 모든 힘으로 당신과 사랑스러운 소중한 우리 아이들에게 키스를 보내며.

당신의 충실한 남편,

알프레드

1896년 10월 3일

사랑하는 뤼시,

나는 아직 8월 편지를 받지 못했어.

하지만 영국 우편을 통해 당신에게 몇 마디 써서 무한한 내 애정의 메아리를 보내고 싶군.

나는 지난달에 당신에게 편지를 쓰며 마음을 열고 내 생각을 모두 말했어. 추가할 것이 아무것도 없지. 당신이 요청해야 하는 협조를 받게 되기를 기대해. 내가 바랄 수 있는 것은 단 하나야. 이 끔찍한 일에 대한 빛이 밝혀진다는 사실을 곧 알게 되는 것 말이야. 내가 당신에게 또 말하고 싶은 것은 우리의 고통이 아무리 끔찍하게 격심해도 그 때문에 우리 마음이 변질되어서는 안 된다는 것이야. 우리의 이름뿐만 아니라 우리 자신도 우리가 이 끔찍한 일에 휘말리기 전의 모습 그대로 거기서 빠져나와야 해.

하지만 이런 고통 앞에서 용기는 커져야 해. 항의하거나 불평하기 위해서가 아니라, 이 끔찍한 비극에 대한 빛을 마침내 원하고 요구하며 우리를 희생시킨 사람 또는 사람들의 정체를 폭로하기 위해서.

하기야 지난 편지에서 그 모든 것에 대해 길게 이야기했으니 반복하고 싶지 않아.

내가 자주 그토록 길게 당신에게 편지를 쓰는 것은 더 잘 표현하고 싶은 것이 한 가지 있기 때문이야. 그것은 우리의 양심에서 힘을 얻어 불평하거나 한탄하지 말고 모든 것을 초월해야 한다는 것이야. 정의로운 사람들로서 고난을 겪으며 그것에 굴복할 수도 있지만, 그저 우리의 의무를 다하면서 말이야. 나에게 그 의무는 최대한 서서 버티는 것이라면, 당신과 당신들 모두에게는 모든 도움을 요청하면서 이 암울한 비극에 대한 빛을 찾는 것이야. 우리보다 더 큰 고통을 겪은 인간이 과연 있었을까 나는 정말로 의심스럽고, 우리가 어떻게 살 수 있었는지 아직도 날마다 스스로 묻고 있어. 나는 이 글을, 당신과 대화하는 이 짧고 덧없는 순간을, 마지못해 끝내려고 해. 이 순간 당신과 이야기한다고 생각하면서 흉금을 터놓고 말한다고 착각하지만, 안타깝게도 나는 같은 말을 되풀이하고 언제나 반복하고 있다는 것을 너무 잘 알아. 내 마음 깊은 곳에는 오직 하나의 생각밖에 없고, 내 영혼에는 단 하나의 외침밖에 없으니까. 그건 바로 이 끔찍한 비극의 진실을 아는 것, 명예가 회복되는 날을 보는 것이지. 당신을 사랑하는 만큼 마음속 깊은 곳에서 당신과 소중하고 사랑스러운 내 아이들에게 키스를 보내.

알프레드

1896년 10월 5일

사랑하는 착한 뤼시,

방금 당신의 소중한 8월 편지들과 가족의 편지를 모두 받았어. 그리고 우리가 모두 겪고 있는 모든 고통뿐만 아니라 내가 7월 6일 편지로 당신에게 준 괴로움을 마음 깊이 느끼며 이 글을 쓰고 있어.

아! 사랑하는 뤼시, 인간이란 얼마나 나약하고 때로는 얼마나 비겁하고 이기적인지. 앞서 말했듯이, 나는 그 순간 몸과 뇌를 태우는 열병에 사로잡혀 있었던 것 같아. 내 정신은 이미 깊이 상처받았고, 내 고통은 이미 너무 큰데 말이야. 그때 나는 다정한 손길과 따뜻한 얼굴이 필요한 깊은 절망에 온 존재가 빠져 있었지만, 열병과 고통으로 인해 환각에 사로잡힌 채 당신 편지도 받지 못해서 다른 곳에 토해낼 수 없었던 고통의 외침을 당신에게 내지를 수밖에 없었어.

하지만 나는 냉정을 되찾았고, 본래의 나로 돌아왔어. 마지막 숨을 거둘 때까지 그렇게 남을 거야.

내가 그저께 편지에서 말했듯이, 우리는 우리 양심에서 힘을 얻어 모든 것을 초월해야 해. 하지만 전 프랑스의 눈앞에 내 결백을 드러내겠다는 강하고 흔들림 없는 의지를 갖춰야지.

우리의 이름이 이 끔찍한 사건에 처음 휘말렸을 때의 모습 그대로 거기서 나와야 해. 우리 아이들이 고개를 높이 들고 당당하게 인생을 시작해야 해.

내가 당신에게 해 줄 수 있는 조언은 이전 편지에서도 자세히 설명했는데, 내가 줄 수 있는 유일한 조언은 내 마음이 내게 제시하는 것임을 당신은 분명 잘 알 거야. 당신은, 그리고 당신들 모두는 무엇을 해야 할지 알기에 더 좋은 위치에 있고 더 나은 조언을 받을 수 있어.

나는 이 끔찍한 상황이 너무 늦지 않게 밝혀지기를, 우리 모두의 고통이 곧 끝나기를 당신과 함께 소망해. 어떤 일이 있더라도, 모든 고통을 줄여주고 모든 괴로움을 극복할 수 있게 해 주는 그 믿음을 가져야 해. 그래야 우리 아이들에게 흠 없는 이름, 존경받는 이름을 되찾아 줄 수 있어.

당신을 사랑하는 만큼 온 힘을 다해, 온 마음으로 당신과 소중하고 사랑스러운 우리 아이들에게 키스를 보내며,

알프레드

1896년 10월 20일

사랑하는 뤼시,

나는 최근에 꽤 여러 통의 편지를 썼는데, 그 편지들에서 또다시 내 마음을 열어 보였어.

내가 무엇을 덧붙일 수 있을까? 내가 바랄 수 있는 단 한 가지는 이 끔찍한 고난에 대한 연민이 마침내 사람들에게 생기는 것이야. 그래서 누군가의 노력으로 우리가 지독하게 오랫동안 겪고 있는 이 끔찍한 비극의 진실이 밝혀지는 것을 곧 알게 되는 것뿐이야.

아! 그래, 사랑하는 착한 뤼시, 당신을 위해서나 나를 위해서나 나는 평화와 위로의 따뜻한 말을 듣고 싶어. 너무나 짓눌리고 고통받은 우리 마음에 조금이나마 위안을 주는 그런 말.

사랑하는 당신, 당신과 우리 아이들과 우리 모두를 위해 내가 겪는 모든 고통을 나는 충분히 다 말할 수가 없어. 나는 이런 고통 속에서 사람이 살아갈 수 있다고 생각하지 못했어. 아니, 그 점에 대해 계속하고 싶지는 않아. 내가 당신에게 말했듯이, 나는 그저 당신과 함께 바랄 수 있을 뿐이야. 진실이 밝혀져 우리가 그렇게 많이 누렸던 행복의 공기를 마침내 다시 찾고, 서로에 대한 사랑과 우리 아이들의 사랑 속에서 모든 것을 잊게 되기를.

당신의 친절한 편지를 기다리며, 당신을 사랑하는 만큼 온 힘을 다해 당신과 사랑하는 우리 아이들에게 키스를 보내.

당신의 충실한 남편,

알프레드

모두에게 키스를.

1896년 11월 22일

사랑하는 착한 뤼시,

이번 달 초에는 영국 우편으로 당신에게 편지를 쓰지 않았어. 날마다 당신의 9월 편지를 기다렸는데 아직 받지 못했거든. 지난번 편지, 슬프게도 벌써 한 달 전이 된 편지에서 말했듯이, 나는 우리의 오랜 고난의 참혹한 고통, 모든 시간 매 순간 끊임없이 이어지는 이 표현할 수 없는 고통, 우리를 짓누르는 정신적 상황에 대한 모든 공포를 다른 이들의 마음도 우리와 함께 느끼게 되기를 기대해. 그래서 그들이 진실을 밝히는 과정에서 당신에게 뜨겁고 관대한 도움을 주기를 기대해. 가엾은 당신, 나는 우리 둘을 위해, 모두를 위해, 따뜻한 인간적인 말을 곧 듣게 되기를 바랄 수 있을 뿐이야. 우리의 쓰라린 상처에 작은 위안을 주고, 수많은 감정과 끔찍한 충격으로 흔들리고 지친 우리의 마음과 정신을 조금이라도 다잡아 주는 그런 말 말이야. 그러므로 나는 당신의 소중한 편지를 기다리면서, 내 무한한 애정의 메아리를 당신에게 보내고, 당신을 사랑하는 만큼 온 마음과 온 힘을 다해 당신과 소중하고 사랑스러운 우리 아이들에게 키스를 보내는 것밖에 할 수가 없어.

당신의 충실한 남편,

알프레드

사랑하는 당신 부모님, 우리의 모든 형제자매, 모든 우리 가족에게 키스를.

1896년 12월 22일

사랑하는 뤼시,

당신의 소중한 편지를 기다리며 몇 줄만 적어. 내 깊은 애정의 메아리를 당신에게 보내고, 용기와 믿음을 가지라고 나의 온 영혼을 담아 줄곧 반복하고, 당신을 사랑하는 만큼 온 마음과 온 힘을 다해 당신과 소중하고 사랑스러운 우리 아이들에게 키스를 보내기 위해서.

당신의 충실한 남편,

알프레드

모두에게 키스를.

1896년 12월 24일

사랑하는 착한 뤼시,

나는 며칠 전에 몇 줄의 편지만 썼어. 하지만 내 생각은 밤이고 낮이고 당신과 우리 아이들과 함께 있어! 나는 당신이 겪는 고통, 가족들 모두가 겪는 고통을 너무도 잘 아는 만큼, 매달 몹시 애타게 기다리는 당신 편지가 도착하기 전인데도 당신과 이야기하고 싶군.

모든 고통을 함께 나누는 사랑하는 사람들의 글씨를 보는 것만으로도 얼마나 위로가 되는지 나는 잘 알아. 그렇게 그들의, 그들 마음의 일부를 가진 듯하고 그들 심장이 자신 곁에서 두근거리고 진동하는 것이 느껴지는 듯하다는 것도 잘 알지. 나는 내가 겪는 고통이 아니라 당신과 우리 아이들을 위해 내가 겪는 고통을 더 잘 나타낼 수 있는 표현을 찾을 수 있으면 좋겠어. 당신도 알다시피, 당신 마음이나 내 마음은 그저 피 흘리는 상처일 뿐이지. 내 삶은 오직 가족 모두를 위한 것이야. 심지어 평범하고 표면적인 반응조차 내게 깊은 상처의 효과를 초래하므로 마음이 찢어지는 듯한 모든 아픔에도 불구하고 내가 서서 버틸 수 있다면, 그건 바로 당신과 우리 아이들이 있기 때문이야. 매달 그렇듯이, 나는 당신에게 받은 편지들, 깊은 외로움 속에서 동반자가 되어 주는 모두의 편지들을 다시 읽었어. 내가 당신에게 쓴 수많은 편지 속에서 불가피하게 다소 혼란스러웠던 내 생각을 당신이 완전히 이해하지 못했다는 생각이 들어.

나는 종종 당신에게 실제로 실현 불가능한 내 꿈들을 이야기했어. 아무것도 이해하지 못한 채 2년이 넘는 동안 비 오듯 쏟아지는 타격에 시달렸고, 정신이 혼미해져 대체 어떤 끔찍한 꿈이 우리를 이토록 오랫동안 노리개로 삼은 것인가 헛되이 자문하면서.

나는 머리가 덜 피곤한 순간을 이용해, 내 생각과 여러 편지 속에 흩어진 내 확신을 명확하게 당신에게 설명해 보려고 해. 당신도 알다시피, 목표, 완전하고 철저한 진실, 그 목표는 이루어질 거야.

따라서 내 신뢰와 믿음이 완전하다는 것을 알아야 해. 한편으로는 내가 최근에 장관에게 보낸 요청이 받아들여졌고 그쪽에서 진실을 밝히기 위해 모든 수단을 사용할 거라는 절대적인 확신이 있기 때문이야. 그리고 다른 한편으로는 당신들 모두가 우리 이름의 명예, 다시 말해 우리 모두의 삶을 위해 싸우고 있고, 그 어떤 것도 당신들을 그 길에서 벗어나게 할 수 없으니까.

이 끔찍한 일에서 사람들에 대한 적대감이나 신랄함을 보이는 것이 문제가 아니라는 것을 덧붙여 말할게. 더 높은 목표를 바라봐야 해.

이따금 내가 고통의 비명을 내질렀던 것은 종종 마음의 상처가 너무 날카롭고 뜨거워서 너무 아프기 때문이야. 하지만 내가 가지고 있지 않고 앞으로도 결코 갖지 못할 인내심 있는 영혼을 나 스스로 만든 것은 우리의 고통 위에 목표, 우리 이름의 명예, 우리 아이들의 삶이 있기 때문이야. 무슨 일이 일어나든지, 어떠한 상황에서도 그 영혼은 당신의 영혼이어야 해. 당신은 영웅적인 불굴의 어머니인 동시에 프랑스인이어야 해.

그래서 나는 다시 반복해, 사랑하는 뤼시. 누구의 노력에 대해서든 내 신뢰와 믿음은 절대적이야. 나는 진실이 밝혀질 거라고 절대적으로 확신해. 그것이 핵심이야. 다만 그 시기는 우리가 모르는 미래지.

그런데 안타깝게도, 나와 같은 끔찍한 상황에서는 마음의 에너지에도 두뇌의 에너지에도 한계가 있어. 나는 당신이 겪고 있는 고통도 알고 있어. 그것은 몹시 끔찍한 일이지.

그래서 종종 나는 확실하고 결정적인 조사 방법을 가지고 있고 유일하게 그런 방법을 사용할 권리가 있는 정부에 접근해 청원하라고 당신에게 부탁했던 거야. 이렇게 천천히 조금씩 죽어가면서 단말마의 비명을 내지르지 않을 수 없어 비탄에 빠진 순간에, 당신과 우리 아이들 사이에서 명예가 회복되는 날을 보고 싶다는 오직 한 가지 소망만을 가지고 말이야. 어쨌든 내 생각과 확신을 당신에게 분명히 설명했다고 생각하며, 나는 내 모든 영혼을 담아 반복할 수밖에 없어. 신뢰와 믿음을 가져! 그리고 당신을 위해, 나를 위해, 모두를 위해, 각자의 노력이 곧 결실을 맺고 이 끔찍한 정신적 고난에 종지부를 찍기를 바라.

당신을 사랑하는 만큼 당신과 사랑하는 우리 아이들에게 내 마음 가장 깊은 곳에서부터 키스를 보내.

당신의 충실한 남편,

알프레드

모두에게 키스를.

1897년 1월 4일

사랑하는 뤼시,

당신의 11월 편지와 가족의 편지를 방금 받았어. 그 편지들이 내게 불러일으키는 깊은 감정은 항상 같아. 이루 말로 표현할 수 없다는 것.

사랑하는 뤼시, 당신처럼 내 생각도 당신을 떠나지 않아. 사랑하는 우리 아이들과 가족 모두를 떠나지 않아. 그리고 내 마음이 더 이상 견딜 수 없을 때, 절구에 곡식을 빻듯 끊임없이 심장을 으깨고 가장 고귀하고 순수하며 가장 고결한 것을 모두 찢어버리면서 영혼의 모든 원동력을 무너뜨리는 이 고난에 저항할 힘이 떨어질 때, 나는 항상 같은 말을 나 자신에게 소리쳐! 네 고통이 아무리 참혹하더라도, 네 아이들에게 존중받는 이름, 명예로운 이름을 남긴다는 것을 알고서 평온히 죽을 수 있기 위해 다시 걸어가라!

당신도 알다시피, 내 마음은 변하지 않았어. 그건 군인의 마음이지. 모든 육체적 고통에 무관심하고, 명예를 그 무엇보다 중요하게 여기고, 프랑스인이자 인간으로 만들어 주는 모든 것, 그러니까 살아갈 수 있게 해 주는 유일한 것이 무너져 내리는 무시무시하고 믿어지지 않는 붕괴를 겪고도 아버지로서 우리 아이들이 지닌 이름에 명예를 되찾아줘야 하므로 견뎌낸 군인 말이야.

나는 이미 당신에게 길게 편지를 썼고, 여러 사람의 노력에 대한 내 신뢰와 믿음이 왜 절대적인지 설명하고 명확하게 요약하려고 노력했어. 우리 아이들의 이름으로 내가 다시 호소한 것은 정의로운 사람들이 결코 회피하지 못할 의무를 만들어 내고 있거든. 당신은 믿고, 절대적으로 확신해도 돼. 또한 나는 진실이 발견되지 않는 한 그 누구도 지치는 순간이 있을 수 없다고 생각하도록 당신들을 부추기는 모든 감정을 너무도 잘 알고 있어.

그러므로 모든 마음과 모든 에너지가 궁극적인 목표를 향해 수렴하고, 파렴치한 범죄를 저지른 그 범인 또는 범인들을 찾아낼 때까지 맹렬히 달려들 거야. 하지만 슬프게도! 내가 당신에게 말했듯이, 내 믿음이 절대적일지라도 심장과 뇌의 에너지에는 한계가 있어. 이렇게 오랜 시간 지탱해 온 끔찍하고 참혹한 상황에서는 말이야. 나는 당신이 겪는 고통도 알고 있어, 그건 끔찍한 일이지.

그런데 내 고난, 우리의 고난을 단축시키는 것은 당신 힘으로는 불가능해. 이 일을 할 수 있을 만큼 강력하고 결정적인 조사 수단을 가진 곳은 정부뿐이야. 만약 자신의 조국에 오직 정의, 완전한 빛, 이 암울한 비극에 대한 모든 진실만을 요구하며, 삶에 바라는 것이 단 한 가지, 사랑하는 아이들을 위해 명예가 회복되는 날을 다시 보게 해달라는 것뿐인 한 프랑스인이 자신이 저지르지도 않은 가증스러운 범죄로 인해 이렇게 짓눌리는 상황에 굴복하는 것을 정부가 바라지 않는다면 말이야.

그래서 나는 정부도 당신에게 협조하리라고 기대해. 나로서는 어쨌든, 그저 내 영혼의 모든 힘을 다해 당신에게 반복할 수밖에 없어. 믿음을 가지라고, 항상 용감하고 의연하라고, 그리고 당신을 사랑하는 만큼 온 마음과 온 힘을 다해 당신과 소중하고 사랑스러운 우리 아이들에게 키스를 보낸다고.

당신의 충실한 남편,

알프레드

1897년 1월 6일

사랑하는 뤼시,

나는 당신과 이야기하느라 내 펜을 달리게 하고 싶은 욕구를 다시 느껴. 항상 애타게 기다리는 당신의 소중한 편지들을 받을 때면, 기나긴 한 달 내내 믿을 수 없을 정도의 고통 속에서 간신히 유지했던 불안정한 균형이 무너져 버려. 그 편지들은 30일 동안 억눌렀던 수많은 감정과 인상을 내 안에서 일깨우지. 그러면 나는 도대체 어떤 의미를 삶에 부여해야 이토록 많은 사람이 이렇게 고통받을 수 있는지 헛되이 자문해. 그리고 또 지난 몇 달 동안 너무 많은 고통을 겪어서, 얼어붙은 내 마음을 따뜻하게 데우기 위해 당신 곁으로 오게 돼. 내 사랑, 당신과 마찬가지로, 내가 항상 반복하고 있다는 것을, 그것도 이 암울한 비극이 시작된 첫날 이후로 그런다는 것을 나도 알아. 내 생각은 당신 생각처럼, 가족들 생각처럼, 우리를 지탱하고 이끌어야 하는 의지처럼 하나이기 때문이지.

이렇게 잠시 당신과 대화하러 올 때, 아! 정말 짧은 순간이지만, 내 생각이 밤낮없이 단 한 순간도 당신을 떠나지 않는다는 점을 고려하면, 나는 이 짧은 순간 당신과 함께 사는 것 같아. 당신의 마음이 내 마음과 함께 신음하는 것이 느껴지는 것 같아. 그러면 나는 당신을 내 품에 껴안으며 당신의 두 손을 잡고 다시 말하고 싶어. "그래, 이 모든 것이 끔찍하지만, 절대 용기가 꺾이는 순간이 당신의 영혼에 들어가서는 안 돼. 내 영혼에도 마찬가지고. 내가 프랑스인이고 아버지이듯이, 당신도 프랑스인이며 어머니여야 해. 사랑하는 우리 아이들이 지닌 이름은 이 끔찍한 더러움을 씻어내야 해. 우리의 명예에 대해 의심을 품을 수 있는 프랑스인이 단 한 사람도 남아서는 안 돼!"

바로 그것이 목표야, 항상 같은 목표.

하지만, 슬프게도! 죽음 앞에서는 의연할 수 있을지 몰라도, 나날의 고통 앞에서는 그러기가 어렵지. 이토록 오래전부터 우리가 겪고 있는 이 끔찍한 악몽이 대체 언제 끝날지, 끊임없이 고통받는 것을 산다고 할 수 있을지 자문하는 쓰라린 생각 앞에서는.

오래전부터 나는 늘 실망하게 되는 더 나은 내일에 대한 기대 속에서 살고 있어. 육체의 쇠약—나는 육체의 쇠약에는 무관심한데, 정확히 말하자면 다른 걱정들에 사로잡혀 있기 때문일 수도 있지—이 아니라 뇌와 마음의 쇠약과 싸우면서. 그리고 지독한 비탄에 빠진 순간에는, 거의 견딜 수 없는 고통의 순간에는, 그 고통이 억눌리고 억제되었던 만큼 더 커져서 나는 공간을 가로질러 당신에게 이렇게 소리치고 싶어. "아! 사랑하는 뤼시, 나랏일을 주도하는 사람들, 우리를 방어할 임무를 맡은 사람들에게 달려가. 그들이 이 암울한 비극에 마침내 빛을 비추고 진실을, 모든 진실을, 우리가 요청하는 유일한 것을 발견하기 위해 자신들이 가진 모든 수단을 동원해 열정적이고 적극적으로 당신에게 협력하도록 말이야!"

그러니까 내가 원하는 것, 항상 원했던 것, 당신에게 주어지지 않을 수 없다고 생각하는 것을 몇 마디 말로 나타내면 다음과 같아. 바로 그건 마침내 진실을 밝히고 고난을 겪는 한 군인과 그의 가족에게 정의를 돌려주기 위해 정부가 가진 모든 힘을 동원하는 협력이지. 이토록 끔찍하고 참을 수 없는 상황, 마음과 뇌를 가진 어떤 인간도 무한정 견딜 수 없는 상황을 최대한 빨리 끝내도록 말이야.

그래서 나는 우리 모두를 위해 그런 노력과 선의의 협력이 곧 결실을 맺게 되기를 바랄 뿐이고, 항상 변함없이 당신에게 이렇게 반복할 뿐이야. 용기와 믿음을!

이제 당신과의 대화는 이미 끝났지만, 편지를 끝내자니 참으로 마음 아프네. 하지만 내가 무엇을 더 이야기할 수 있겠어? 우리의 삶, 우리 아이들의 삶, 가족 전체의 미래가 우리 마음속에 자리 잡은 단 하나의 생각에 달려 있지 않다고? 당신이 정말 잘 말했듯이, 완전하고 철저한 명예 회복 외에 우리 고통에 대한 다른 해결책이 있다고?

이 목표는 달성될 때까지 단 1분도 나약해지거나 지치지 말고 추구되어야 하지만, 아! 사랑하는 뤼시, 진실의 발견 단 하나만 요구하는 수많은 인간에게 쌓인 고통과 괴로움도 배려해 주기를 나는 온 마음으로 바라. 그래도 이제 끝내야겠네. 언제나 밤낮으로 내 생각과 마음은 당신과 사랑하는 우리 아이들과 함께 있다는 것을 기억해 줘. 용기를 가지라고 외치고, 항상 용기를 가지라는 말을 반복하기 위해서!

당신을 사랑하는 만큼 내 온 애정의 힘으로 당신과 사랑하는 우리 아이들에게 키스를 보내며.

당신의 충실한 남편,

알프레드

모두에게 키스를.

1897년 1월 20일

사랑하는 착한 뤼시,

나는 당신 편지를 받고 길게 편지를 썼어. 이렇게 오랜 시간 고통을 견딜 때는, 내면에서 끓어오르는 모든 것이 저항할 수 없이 흘러나오게 마련이야. 마치 과열된 보일러에서 증기가 밸브를 들어 올리는 것처럼.

나는 누구의 노력이든 똑같이 신뢰한다고 당신에게 말했고, 다시 언급하고 싶지 않아.

하지만 낙담의 순간이 내 영혼에 절대 들어온 적이 없었고, 당신의 영혼에도, 우리 모두의 영혼에도 들어와서는 안 되지만, 이렇게 끔찍하고 믿을 수 없는 상황에서는 마음과 뇌의 에너지에 한계가 있다는 말도 했었지. 시간은 점점 더 무겁게 느껴지고, 심지어 1분도 더 이상 흐르지 않는 것 같아.

나는 당신이 고통받고 있다는 것, 가족들 모두 고통받고 있다는 것도 알아. 그것은 끔찍한 일이지.

물론 그 모든 것을 당신도 알고 있지만, 내가 또 말하는 것은 용감하고 솔직하게 상황을 직시해야 하기 때문이야. 그런데 우리 모두가 겪는 잔인한 고통의 끝은 오직 하나밖에 없어. 진실을, 모든 진실을 발견하는 것, 완전한 명예 회복 말이야.

그리고 바로 그 일이 칭찬할 만한 것이기 때문에, 일찍이 인간의 영혼이 겪어본 적 없는 가장 극심한 고통에 우리 모두 시달리고 있기 때문에, 또한 이 끔찍한 사건에는 조국과 우리의 이익이라는 두 가지 이해관계가 얽혀 있기 때문에, 바로 그렇기 때문에, 사랑하는 뤼시,

당신은 심장과 뇌를 가진 어떤 인간도 무한정 견뎌낼 수 없는 이 끔찍한 고통을 최대한 빨리 끝내도록 정부가 가진 힘에 호소할 의무가 있어.

내 생각을 몇 마디로 요약하고 싶은데… 하지만 아아! 더 나은 내일을 헛되이 기대하며 계속 되풀이한 기다림 속에서 너무 오랫동안 고통받다 보니, 결국 인간의 힘의 한계를 초과하고 말았네.

그러므로 당신이 요청해야 할 것, 우리가 분명히 이해해야 할 것은, 인간의 힘에는 한계가 있기 때문에, 내가 조국에 요구하는 것은 오직 한 가지, 진실의 발견, 완전한 빛, 사랑하는 내 아이들을 위해 명예가 회복되는 날을 다시 보는 것뿐이기 때문에, 그러니까 당신이 요청해야 할 것은, 목표가 달성되는 순간을 앞당길 수 있도록 모든 수단을 동원하는 것이야. 사람들이 당신 말을 들을 거라고, 우리의 어마어마한 고통 앞에서, 프랑스인이자 아버지의 소망 앞에서 사람들 마음이 움직일 거라고 나는 절대적으로 확신해.

어찌 되었든, 나는 용기와 믿음을 가지라고 내 영혼의 모든 힘을 다해 당신에게 반복하고, 내 생각은 단 한 순간도 당신과 사랑하는 아이들을 떠나지 않는다고 다시 한번 말하고 싶어. 이 길고 참혹한 날들을 살아갈 힘을 주는 것은 바로 그것이야. 당신을 사랑하는 만큼 내 온 마음과 온 힘을 다해 당신과 소중하고 사랑스러운 우리 아이들에게 키스를 보내며, 당신의 소중한 편지를 기다려. 그것만이 상처받고 짓눌린 내 마음을 따뜻하게 해 주는 유일한 행복의 빛이야.

당신의 충실한 남편,

알프레드

1897년 1월 21일

사랑하는 뤼시,

나는 어젯밤 당신에게 긴 편지를 썼는데, 당신과 또 이야기하러 왔어. 항상 같은 말을 반복하고, 안타깝게도 늘 같은 이야기를 하는데 말이야. 그러나 이렇게 끊임없이 고통받을 때는 신뢰할 수 있는 애정 속에서 자신도 모르게 마음을 털어놓고 싶어지게 마련이지. 게다가 뇌의 긴장이 너무 과도해지면서, 나는 어떻게 이를 견뎌내고 있는지 날마다 나 자신에게 묻고 있어. 내 글을 다시 읽어보면, 우리의 공통된 고통과 내 마음속의 감정을 표현하는 데 내가 얼마나 무력한지 깨닫게 돼. 그래서, 강한 영혼의 소유자는 고통이 극에 달하면 쓰러지기는커녕 오히려 강한 각오를 하게 되기 때문에, 그럴 만한 일을 아무것도 하지 않았을 때는 이런 비열한 운명에 좌절하거나 무너지지 않기 때문에, 바로 그 때문에, 사랑하는 뤼시, 내가 여러 편지에서 당신에게 말했고, 어젯밤에도 반복한 거야. 우리가 너무도 오랫동안 끔찍하게 고통받고 있는 이 음울한 비극을 마침내 분명히 밝히기 위해 당신을 중심으로, 당신들을 중심으로 모든 협력과 선의를 모으라고. 내가 매 순간, 밤낮으로 항상 당신에게 반복하고 싶은 것은 바로 그거야.

인간이 무한정 견딜 수 없는 이처럼 음울하고 비극적인 상황에서, 목표를 향해 달려가기 위해서는 정신의 모든 빈약함과 마음의 모든 쓸쓸함을 뛰어넘어야 해.

그래서 나는 항상 당신에게 반복할 수밖에 없어. 모든 호의에 호소해야 한다고. 당신이 그런 호의를 찾을 거라고, 오직 진실의 발견, 자기 이름의 명예, 아이들의 삶만 조국에 요구하는 프랑스인이자 아버지로서의 호소가 들릴 거라고 마음속으로 확신하고 있어.

내가 모든 편지에서 당신에게 말한 것, 어젯밤에도 반복한 것, 그리고 지금 그 어느 때보다 더 강하게 다시 한번 말하는 것은 바로 그것이야. 힘이 줄어들수록, 에너지는 더욱 커져야 하고, 의지는 행동으로 이어져야 해. 사랑하는 뤼시, 당신을 위해서나 나를 위해서나 우리 모두를 위해서나 나는 이 모든 노력이 곧 결실을 맺기를 바랄 뿐이야. 그리고 언제나 또다시 용기와 믿음을 가지라고 당신에게 반복하고, 내 애정의 모든 힘으로 당신과 사랑스럽고 착한 우리 아이들에게 키스를 보낼 뿐이야.

당신의 충실한 남편,

알프레드

1897년 2월 5일

사랑하는 착한 뤼시,

나는 언제나 똑같이 가슴 저미는 깊은 감정으로 당신의 소중한 편지를 받아. 사실 12월의 당신 편지가 이제 막 내게 전달되었어.

내 고통을 당신에게 이야기하는 것이 무슨 소용이겠어? 힘을 회복하고 몹시 흔들리고 지친 마음과 머리를 단단하게 해 줄 휴식과 중단의 순간도 없이 계속 이렇게 쌓인 고통이 어떤 것일지 당신은 분명 잘 알 거야.

나는 누구의 노력이든 똑같이 신뢰한다고 당신에게 말했지. 한편으로는 내가 다시 한번 보낸 호소가 들렸다고 절대적으로 확신하고 있다는 말도, 내가 당신들 모두를 알고 있고 당신들은 의무를 저버리지 않으리라는 말도 했어.

내가 다시 한번 덧붙이고 싶은 것은, 이 끔찍한 사건에서 사람들에 대한 적대감이나 신랄함을 보여서는 안 된다는 거야. 오늘도 첫날과 마찬가지로 당신에게 반복할 거야. 모든 인간적 정념 위에 조국이 있다고.

최악의 고통 속에서, 가장 잔인한 모욕 속에서, 눈과 관자놀이와 사방에서 뜨겁게 달아오른 피가 격류하는 가운데 인간의 사나운 야성이 깨어나 이성을 뒤흔들 때, 나는 죽음을 생각했고, 그것을 원했어. 아직도 종종 온 힘을 다해 죽음을 청하지만, 내 입은 항상 굳게 닫혔지. 나는 단지 결백한 사람으로 죽기를 원하는 것이 아니라, 조국에 대한 의무를 단 한 순간도 잊은 적 없는 선량하고 충직한 프랑스인으로 죽고 싶었으니까. 그래서 내가 지난번 편지에서 당신에게 말한 것 같은데, 그 일이 칭찬할 만한 것이기 때문에, 당신이나 당신들의 수단이 우리의 이해관계가 아닌 다른 이해관계에 의해 제한되기 때문에, 결국 내가 이토록 끔찍한 상황을 무한정 견딜 수 없기 때문에, 그리고 내가 조국에 바라는 유일한 것은 진실의 발견이고 사랑하는 아이들을 위해 명예를 되찾는 날을 보는 것이기 때문에, 바로 이 모든 것 때문에, 사랑하는 뤼시, 이 끔찍한 고난을 최대한 빨리 끝내기 위해서 한 나라와 정부가 가진 모든 힘에 호소해야 해. 분명히 말하는데 내 신경과 뇌가 완전히 지쳐 있어서, 지금이야말로 마침내 인간적인 따뜻한 말을 들어야 할 때거든. 끝으로, 우리 모두를 위해, 그 모든 노력이 이 음울한 비극에 빛을 밝히는 데 성공하기를, 내가 곧 확실하고 긍정적인 소식을 알게 되기를, 그래서 마침내 잠을 자고 조금 쉴 수 있기를 바라.

하지만 어찌 되었든 나는 온 마음을 다해 당신에게 반복하고 싶어, 용기와 인내를!

당신을 사랑하는 만큼 내 애정의 모든 힘으로 당신과 사랑하는 우리 아이들에게 키스를 보내며.

당신의 충실한 남편,

알프레드

사랑하는 당신 부모님과 우리 모든 가족에게 키스를.

사랑하는 뤼시,

나는 지난 몇 달 동안 또 당신에게 많은 편지를 썼고, 계속 반복하고 있어. 고통이 커지고 혐오감이 거의 견딜 수 없게 되어도, 내 영혼 속에 자리 잡고 있는 감정, 틀림없이 당신과 모든 가족의 영혼 속에도 자리 잡고 있을 감정은 변함이 없어.

그러니 길게 쓰지 않을게. 아! 그렇다고 내가 당신과 우리 아이들을 밤낮으로 생각하지 않는다는 것은 아니야. 그 생각만이 나를 살아가게 하니까. 내가 마음속으로 당신과 이야기하지 않는 순간은 단 한 순간도 없어. 하지만 이토록 오래 견뎌온 이 끔찍한 상황에 대한 비통한 공포 앞에서, 우리 모두의 잔인한 고통 앞에서, 말은 더 이상 아무 의미가 없고 더는 할 말이 없네. 당신들 모두에게는 완수해야 할 의무, 변함없고 확고한 의무만 있을 뿐이야.

게다가 나는 내 마음이 내게 제안할 수 있었던 모든 조언을 이미 당신에게 했어.

나는 단지 깊은 상처에 약간의 위안을 주고 지친 마음과 머리를 회복시켜 줄 인간적인 말을 곧 듣게 되기를 바랄 뿐이야.

하지만 어쨌든 나는 내 영혼의 모든 힘을 다해 항상 당신에게 반복하고 싶어. 용기, 용기를! 당신에게 있어, 우리 아이들과 당신의 의무는 그 어떤 인간적 고통에도 흔들리지 않을 버팀목이야.

그래서 나는 그저 당신의 소중한 편지를 기다리면서 깊은 애정의 메아리를 보내고 싶어. 당신을 사랑하는 만큼 온 마음을 다해 당신과 사랑스럽고 소중한 우리 아이들에게 키스를 보내고 싶어.
　당신의 충실한 남편,

알프레드

　당신 부모님, 모든 우리 가족에게 최고의 키스를. 우리 모두의 마음은
진동이 서로 일치하니까, 내가 그들에게 편지 쓸 필요는 없겠지.

사랑하는 착한 뤼시,

아직 도착하지 않은 당신의 소중한 편지를 기다리면서, 나는 2월 20일에 당신에게 몇 줄 썼어. 그런데 기계 고장으로 여객선이 아직 기아나에 도착하지 않았다는 소식을 방금 들었어.

내가 지난 편지에서 말했듯이, 우리의 고통이 얼마나 끔찍하고 격심한지 우리는 서로 너무 잘 알고 있어서 그것에 대해 말할 필요가 없지.

하지만 당신과 우리 아이들에 대해 내 마음이 품고 있는 모든 것으로 차갑고 평범한 이 종이를 적시고 싶어. 당신은 낮이고 밤이고 매 순간 내 생각이 당신과 아이들과 함께하고 있다고 생각해도 돼. 내 마음이 더 이상 견딜 수 없을 때, 너무 꽉 찬 잔이 흘러넘칠 때, 나는 너무도 소중한 이름 세 개를 속삭이며 항상 나 자신에게 이렇게 말해. 사랑하는 내 아이들을 위해, 그들의 이름에 마침내 명예가 회복되는 날을 다시 보고 싶다고. 그러면 드디어 나는 끔찍한 혐오감을 이겨내고 살아갈 힘을 얻지.

내가 당신에게 줄 수 있는 조언은 달라질 수 없어.

나는 그것을 이미 1월의 여러 편지에서 길게 설명했는데, 다시 요약하자면, 진실이 밝혀지는 순간을 앞당기기 위해, 이런 고난을 최대한 빨리 끝내기 위해 국가가 가진 모든 힘을 결집하라는 것이야.

하지만 어쨌든 나는 항상 당신에게 반복하고 싶어. 우리의 모든 고통과 존재를 초월하여, 프랑스 전체의 눈에 온전한 상태로 회복시켜

야 할 이름이 있다고. 이 감정은 당신의 영혼과 우리 모두의 영혼
속에 확고하게 자리 잡아야 해.

가엾은 당신, 나는 그저 당신을 위해서나 나를 위해서나 우리 모두를
위해서나 오랫동안 견뎌온 이 끔찍한 상황에 대한 비통한 공포를,
밤낮으로 쉬지 않고 끊임없이 마음에 괴롭힘을 당하는 인간의 영혼이
겪는 끔찍한 고문을 우리와 함께 모든 사람의 마음이 느끼기를 바라.
그리고 일치를 이룬 노력을 통해 우리가 오랫동안 요구해 온 단 한
가지, 이 음울한 드라마에 대한 모든 진실이 드러나기를 바라. 몹시도
깊은 상처에 조금이나마 위안이 되는 인간적인 말을 내가 곧 듣게
되기를 바라.

당신을 사랑하는 만큼 내 애정의 모든 힘으로 당신과 사랑하는
우리 아이들에게 키스를 보내며.

당신의 충실한 남편,

알프레드

사랑하는 당신 부모님, 모든 우리 가족에게 최고의 키스를.

사랑하는 뤼시,

오랫동안 초조하게 기다린 후에, 당신의 1월 편지 두 통의 사본을 방금 받았어. 당신은 내가 더 길게 편지를 쓰지 않는다고 불평하고 있군. 나는 1월 말에 많은 편지를 썼는데, 아마 지금은 그 편지들이 당신에게 도착했겠네.

우리의 마음속에 있는 감정들, 우리의 영혼을 지배하는 감정들을 우리는 알고 있어. 게다가 우리는 둘 다, 그러니까 우리 모두는 모든 고통의 잔을 다 마셨지.

당신은 나에 대해 길게 이야기해달라고 요청하는데, 사랑하는 뤼시, 나는 그렇게 할 수가 없어, 슬프게도! 이토록 끔찍하게 고통받을 때, 이런 정신적 비참함을 견딜 때, 다음날 내가 어떤 상태일지 전날 미리 아는 것은 불가능해.

내가 항상 의연하지 못했고 너무 자주 당신에게 나의 극심한 고통을 나누게 했다면, 용서해 줘. 이미 많은 고통을 받은 당신에게 말이야. 하지만 때로는 너무 참을 수 없었고, 너무 외로웠어.

하지만 여보, 오늘도 어제처럼, 모든 불평과 항의를 뒤로하길. 삶은 아무것도 아니야. 당신은 어떤 고통이든 모든 고통과 모든 괴로움을 이겨내야 해. 완수해야 할 신성한 의무가 있는, 아주 고귀하고 순수한 영혼의 인간으로서 말이야.

꺾이지 말고 강하고 꿋꿋하게 지내, 오른쪽도 왼쪽도 보지 말고 목표를 향해 똑바로 앞을 바라보면서.

아! 나는 당신도 단지 인간일 뿐이라는 것을 잘 알아… 하지만 고통이 너무 커질 때, 미래가 당신에게 준비한 시련이 너무 지나칠 때, 사랑하는 우리 아이들을 바라봐. 그리고 내가 과거에 어떤 사람이었고 현재 어떤 사람인지 조국이 인정하는 날까지 당신은 살아야 한다고, 아이들의 버팀목이 되어야 한다고 생각하도록 해.

게다가 당신에게 말했듯이, 나는 나를 유죄로 만든 사람들에게 그들이 결코 저버리지 못할 의무를 남겼어. 나는 절대적으로 그렇게 확신해.

아이들의 교육에 대해 당신에게 말하는 것은 쓸데없지 않아? 우리는 그 주제에 대해 매우 자주 길게 이야기를 나누었고, 우리의 마음과 감정, 그러니까 우리의 모든 것이 일치되어 있어서 아이들을 어떻게 교육해야 하는지에 대해 아주 자연스럽게 합의가 이루어졌잖아. 그것은 육체적으로나 정신적으로 강한 존재로 만드는 것으로 요약될 수 있지.

나는 그 모든 것에 대해 너무 길게 강조하고 싶지 않아. 너무나 슬픈 생각들로 당신을 괴롭히고 싶지 않거든.

그러나 내가 내 영혼의 모든 힘으로, 당신이 항상 들어야 할 목소리로 당신에게 반복하고 싶은 것은 바로 이거야. 용기, 용기를 내! 당신의 인내와 의지, 우리의 인내와 의지는 온전한 진실이 드러나고 인정될 때까지 결코 지치지 않아야 해.

당신과 모두에 대한 애정으로 가득 차 있는 내 마음을 편지에 충분히 담을 수가 없네. 내가 지금까지 이토록 많은 정신적 고통을 견뎌낼 수 있었던 것은 당신을 생각하며, 그리고 아이들을 생각하며 힘을 얻었기 때문이야.

이제 4월의 당신 편지가 곧 도착하기를, 그 편지들 때문에 너무 오랜 기다림을 겪지 않기를 바라.

내 애정의 온 힘을 다해 당신을 내 품에, 내 가슴에 안고 편지를 마치면서, 항상 또다시 반복해. 용기, 용기를!

사랑하는 우리 아이들에게 수많은 키스를.

당신의 충실한 남편,

알프레드

그리고 모두에게, 무슨 일이 생기든, 어떤 일이 일어나더라도, 내 영혼 깊은 곳에서 나오는 불굴의 이 외침을 전해줘. 당당한 마음으로! 삶은 아무것도 아니고, 명예가 전부라고… 그리고 당신에게는 내 마음의 모든 애정을 보내.

1897년 4월 24일

사랑하는 뤼시,

당신의 소중한 편지를 기다리며 당신과 이야기를 나누고 싶어. 나에 대해 말하려는 것이 아니라, 언제나 똑같은 말을, 당신의 변치 않는 용기와 충분히 있을 수 있는 인간적인 나약함에 힘을 북돋아 주어야 하는 말을 당신에게 하기 위해서. 너무나 고통받는 내 마음을 당신의 마음 옆에서, 슬프게도 못지않게 고통받는 당신의 마음 옆에서 조금이라도 따뜻하게 하려고!

당신의 2월 편지를 다시 읽었어. 당신의 마음에서 때때로 새어 나오는 고통과 반항의 외침에 대해 당신은 놀라며 거의 사과를 하더군. 그러지 마, 그 외침은 너무나 정당한 거야. 내가 겪는 이 긴 정신적 괴로움 속에서, 나 역시 똑같은 고통을 알고 있다는 것을 생각해. 그래, 물론, 이 모든 것은 끔찍하지. 인간의 어떤 말로도 그런 고통을 전달하거나 표현할 수 없어. 그런 고통은 이루 말로 표현할 수 없는 만큼, 때때로 울부짖고 싶어지게 마련이야. 내게도 견디기 힘든 참혹한 순간들이 있어. 말 없는 내 입술에서 불평 한마디 새어 나오지 못하도록 억제되었던 만큼 더욱더 끔찍한 그 순간에는, 이성은 무너지고 내 안의 모든 것이 찢어지는 고통을 느끼며 반항하지. 오래전에 나는 당신에게 말한 적이 있어. '아! 그래, 이 파렴치한 범죄를 저지른 비열한 공범 중 한 명을 내 손으로 몇 분 만이라도 붙잡을 수 있다면, 나는 그자의 피부를 한 겹씩 벗겨내서라도 그들이 우리나라에 대해 꾸민 야비한 음모를 반드시 자백하게 만들 텐데.'라고 꿈속에서 자주 생각했다고. 그러나 그 모든 것, 고통과 생각은 단지 감정일 뿐이고, 단지 꿈일 뿐이야. 우리가 직시해야 할 것은 현실이지.

그리고 현실은 바로 이런 건데, 항상 똑같아. 이 끔찍한 사건에는 조국의 이해관계와 우리의 이해관계라는 두 가지 이해관계가 걸려 있다는 것, 그 두 가지가 다 똑같이 존엄하다는 것 말이야.

바로 그 때문에, 나는 왜 나를 이렇게 모든 고통 아래 짓눌리게 하는지 그 이유를 이해하려고 애쓰고 싶지도 않고 알고 싶지도 않아. 내 삶은 어제도 오늘도 조국을 위한 것이야. 조국이 내 삶을 가져가도 좋아. 그러나 내 삶이 조국의 것이라면, 조국의 절대적인 의무는 이 끔찍한 비극에 대해 온전하고 철저하게 빛을 밝히는 것이야. 내 명예는 조국에 속한 것이 아니라 우리 아이들과 가족의 유산이니까.

그러므로, 사랑하는 뤼시, 나는 항상 당신에게, 모두에게 반복할 거야. 마음을 억누르고, 뇌를 압박하라고. 그리고 당신은 영웅적인 불굴의 어머니인 동시에 프랑스인이어야 해.

여보, 나는 이제 당신에게 더 이상 나에 대해 말할 수가 없어. 내가 겪은 모든 것을, 내가 견뎌낸 모든 것을 당신이 안다면, 당신의 영혼은 공포에 떨게 될 거야. 나 역시 마음을 가진 인간일 뿐인데, 그 마음이 터질 듯이 부풀어 올라서 나는 휴식에 대한 욕구와 커다란 갈망을 느껴. 아! 하루 24시간 동안 가장 강력하고 절대적인 비활동 상태에서 엄지손가락만 돌리며 내 생각들과 마주한 채 그 끔찍한 순간들을 세고 있는 것이 어떤 것일지 상상해 봐.

내가 지금까지 이토록 많은 고난을 견딜 수 있었던 것은 당신과 우리 아이들과 모든 가족에 대한 생각을 자주 떠올렸기 때문이야. 그리고 나는 당신이 어떤 고통을 당하는지, 가족들 모두 얼마나 고통스러운지 알고 있었으니까.

그러니 여보, 무슨 일이 일어나든, 어떤 일이 생기든, 침묵 속에서 고통을 견뎌내며 모든 것을 받아들여. 자신과 아이들이 지닌 이름이 끔찍한 오명을 씻어내는 것을 보고 싶은 어머니이자 매우 숭고하고 자랑스러운 영혼을 가진 인간으로서 말이야.

그러니 당신과 모든 사람에게 언제나 또 이렇게 말해. 용기, 용기를!

나 대신 사랑하는 아이들에게 키스해 주고, 내 애정을 이야기해 줘.

사랑하는 당신의 형제자매와 내 형제자매에게도 내 인사를 전해줘.

당신과 사랑하는 우리 아이들을 위해, 내 마음속의 강렬한 애정을 모두 보내.

알프레드

1897년 5월 4일

사랑하는 착한 뤼시,

당신의 3월 편지와 가족의 편지를 방금 받았어. 항상 똑같은 가슴 아픈 감정과 똑같은 고통 속에서 당신 편지를 읽고, 모든 가족의 편지를 읽어. 우리의 마음이 너무 많은 고통으로 상처받고 찢겨 있어서.

당신의 소중한 편지를 기다리며, 나는 며칠 전에 이미 당신에게 편지를 썼어. 왜 나를 이렇게 모든 고통 아래 짓눌리게 하는지 그 이유를 찾고 싶지도, 이해하고 싶지도, 알고 싶지도 않다고 당신에게 말했지. 그러나 내 양심의 힘과 의무감 속에서 내가 모든 것을 초월하고 항상 내 마음을 또다시 억누르며 내 존재의 모든 반항을 진정시킬 수 있었다고 해도, 내 마음이 깊이 고통받지 않았고 슬프게도 모든 것이 산산이 조각나지 않은 것은 아니야.

하지만 나는 내 영혼에 절망의 순간이 절대 들어오지 않으니 당신의 영혼과 모든 가족의 영혼에도 절망의 순간이 들어가서는 안 된다는 말도 했지.

그래, 이렇게 고통받는 것은 잔인한 일이야. 그래, 이 모든 것은 끔찍하고, 삶을 고귀하고 아름답게 만드는 것에 대한 모든 믿음을 혼란스럽게 만들어… 하지만 오늘날 우리 모두에게, 진실을, 완전한 빛을 발견하는 것 이외의 다른 위안은 있을 수 없어.

그러니 당신의 고통이 어떠하든, 가족들 모두의 고통이 어떠하든, 완수해야 할 성스러운 의무, 그 무엇도 뒤흔들 수 없는 의무가 있다는 것을 생각해. 그 의무는 프랑스 전체의 눈에 온전하게 명예를 회복시키는 것이지.

이제 당신과 우리 아이들과 모든 가족을 위해 내 마음이 품고 있는 모든 것을 말하는 것은 쓸데없는 일이지, 그렇지 않아? 우리가 행복할 때는 사랑하는 사람들에 대해 마음 깊은 곳에 자리 잡은 애정의 깊이와 능력을 전부 깨닫지 못하는 법이야. 그 힘을 이해하고 그 능력을 포착하려면, 우리가 마지막 한 방울의 피까지도 줄 수 있는 사람들이 겪는 고통의 감정과 불행이 있어야 해. 내가 비탄에 빠진 순간에 얼마나 자주 당신과 아이들을 생각하며 도움을 청해야 했는지 당신이 안다면. 억지로라도 우리를 다시 살게 하고, 의무감이 없었다면 내가 절대 받아들이지 않았을 것을 받아들이기 위해서 말이야.

그리고 여보, 그것은 항상 나를 다음과 같은 결론으로 돌아오게 해. "영웅적으로, 불굴의 태도로 당신의 의무를 다해. 자신과 아이들이 지닌 이름이 끔찍한 오점을 씻어내기를 원하는 어머니이자 매우 고귀하고 자랑스러운 영혼을 지닌 인간으로서."

그러니 당신에게, 모두에게 항상 또다시 말해. 용기, 용기를! 나에 대한 이야기는 더 이상 할 수 없어. 나는 이전 편지에서 그 이유를 당신에게 말했지. 그래서 그저, 당신을 사랑하는 만큼 온 마음과 모든 힘을 다해 당신과 사랑하는 우리 아이들에게 키스를 보내면서 이 편지를 마치려고 해.

당신의 충실한 남편,

알프레드

사랑하는 당신 부모님과 모든 우리 가족에게 깊은 애정과 그에 못지않은 깊은 고통이 담긴 그들의 편지에 대해 감사를 전해줘. 그들에게 편지를 쓰는 것이 무슨 소용이 있을까? 나에 대해, 우리 고통에 대해 말하는 것이 말이야, 슬프게도! 우리는 서로를 너무나 잘 알아서 우선 우리를 이어주는 강렬한 애정을, 그리고 우리 영혼을 가득 채우는 깊은 고통을 모를 수가 없지. 하지만 모두에게, 변함없이, 항상 용기를! M이 잘 말했듯이, 달성해야 할 목표가 있는데, 그 목표 앞에서는 어떤 것이든 현재의 모든 고통을 잊어야 해.

1897년 5월 20일

사랑하는 뤼시,

나는 당신과 이야기하면서 짓눌리고 부서진 내 마음을 당신 마음 곁에서 쉬게 하려고 자주 펜을 들었어… 그러나 매번 우리의 공통된 고통의 외침이 나도 모르게 터져 나왔지.

무슨 소용이 있을까? 이런 고난 앞에서, 이런 고통 앞에서 내게는 침묵이 강요될 뿐이야.

내가 당신에게 그저 반복하고 싶은 것은 언제나 뜨겁고 변함없는 내 영혼의 외침이야. 용기, 용기를! 도달해야 할 목표 앞에서 시간도 고통도 헤아리지 말고, 그 목표가 이루어질 것을 믿고 기다려야 해.

당신을 사랑하는 만큼 내 애정의 모든 힘으로 당신과 소중하고 사랑스러운 우리 아이들에게 키스를 보내며.

당신의 충실한 남편,

알프레드

사랑하는 당신 부모님과 모든 우리 가족에게 최상의 키스를.

1897년 7월 5일

사랑하는 착한 뤼시,

4월과 5월의 당신 편지, 그리고 가족들의 모든 편지를 방금 받았어.

당신이 마리를 위해 온 마음으로 비는 행복의 염원에 나도 온 영혼의 힘을 다해 함께해. 그녀에게 내 인사를 전해주고, 더 이상 울 줄 모르는 내가 그 많은 고통과 뒤섞인 그녀의 기쁨을 생각하며 몇 방울의 눈물을 흘렸다고 말해줘.

가엾은 당신, 당신을 위해 나는 내 영혼의 모든 힘을 다해 이 끔찍한 고난의 끝이 가까워지기를 바라. 그 많은 고통을 견뎌온 사람이 아직도 소망을 표현할 수 있다면, 나는 두 손을 모아 최후의 기도를 드리며 내가 도움을 요청했던 모든 사람에게 다시 호소하고 싶어. 진실을 발견할 수 있도록 당신에게 그 어느 때보다 더 열정적이고 관대한 협력을 해 주기를. 하기야 나는 당신이 그 협력을 모두 완전하게 얻는다고 확신해… 내 마음속의 당신에 대한 사랑과 우리 아이들에 대한 애정을 모두 담아, 그 모든 노력이 곧 결실을 맺기를 바라.

나는, 사랑하는 착한 뤼시, 당신의 아픔을 덜어주고 당신에게 고통을 면하게 해 주기 위해서라면 내 온 마음과 영혼을 다해 내 피를 한 방울도 남김없이 모두 주었을 나는… 너무 오랫동안 그저 수많은 고통 속에서 살아왔을 뿐이야. 나는 당신을 위해, 우리 아이들을 위해 그렇게 한 거야.

그러나 나는 항상 당신에게 이렇게 반복하고 싶어. 용기, 용기를! 내 아이들은 미래이고, 아이들의 삶을 보장해야 해. 나는 이 몇 줄의 편지를 끝내며, 내 영혼 속에 자리한 두 가지 감정을 다시 한번 당신에게 표현하고 싶어. 첫째, 당신, 우리 아이들, 사랑하는 당신 부모님, 사랑하는 내 형제자매들에 대한 내 모든 사랑과 깊은 애정을 당신에게 보내. 내게 남아 있는 모든 힘을 다해, 사랑할 수 있는 내 모든 능력을 다해, 당신을 다시 한번 품에 안고 내 가슴에 대고 꼭 껴안으면서. 그리고 두 번째 감정으로는, 무슨 일이 일어나든, 미래가 당신에게 마련해 놓은 끔찍한 시련이 어떤 것이든, 의연하고 강해지라고 항상 당신에게 반복하고 싶어. 항상 사랑하는 우리 아이들을 생각하라고 반복하고 싶어. 아이들은 미래이고, 당신은 빛이 밝혀지는 날까지 아이들에게 흔들림 없는 버팀목이 되어야 해.

그리고 나는 가장 끔찍한 고난을 겪었고 항상 어디서나 자신의 의무를 다한 사람의 최후 소원을 다시 한번 반복하고 싶어. 좋은 말, 도움이 되는 손길, 진실을 발견하는 일에서 절대 지치지 않는 강력하고 에너지 넘치는 도움을 당신에게 가져다주기를.

내 모든 존재, 모든 생각, 모든 마음은 최후의 노력으로 당신을 향해, 사랑하는 우리 아이들을 향해, 사랑하는 당신 부모님을 향해, 내가 사랑하는 모든 사람을 향해 달려가며, 내 영혼의 모든 힘을 다해 가족 모두에게 정신의 휴식, 평온, 평안 그리고 당신과 모든 가족이 누릴 자격이 있는 행복을 가져다주는 미래가 가까워지기를 바라.

그러니 사랑하는 착한 뤼시, 항상, 항상 용기를 내.

당신을 사랑하는 만큼 당신에게 키스를 보내. 소중하고 사랑스러운 우리 아이들, 사랑하는 당신 부모님, 우리 모든 가족에게도.

당신의 충실한 남편,

알프레드

1897년 7월 22일

사랑하는 뤼시,

당신의 소중한 편지를 기다리며 몇 줄만 쓸게.

나는 당신을 위해, 우리 아이들을 위해, 모두를 위해 너무 많은 고통을 겪고 있어. 당신의 고통이 무엇인지 너무도 잘 알고 있어서 나에 대해 당신에게 말할 수가 없어.

가엾은 친구, 당신은 이런 고난을 견디기에 합당한 사람이었던가! 모두에게 너무 오랫동안, 너무도 부당하게 쌓인 많은 고통 앞에서 내 마음은 찢어지고 내 머리는 깨어질 것 같아.

나는 당신을 위해, 우리 아이들을 위해 다시 뜨거운 호소를 했어. 그 어느 때보다 열정적이고 적극적인 협력이 당신에게 주어질 거라고 확신해. 내 생각이 끊임없이 당신과 우리 아이들에게로 향하는 고통스러운 긴 밤 동안, 나는 종종 두 손을 모으고 내 영혼을 전부 담아 수많은 무고한 희생자의 끔찍한 고통이 곧 끝나기를 묵묵히 기도해.

어쨌든 사랑하는 뤼시, 내게 생명의 숨결이 붙어있는 한, 나는 항상 당신에게 반복하고 싶어. 용기, 용기를!

당신에게 있어, 우리 아이들과 당신의 의무는 그 무엇에도 결코 흔들려서는 안 되는, 어떤 인간적 고통에도 약해질 수 없는 버팀목이야.

당신을 위해, 사랑하는 우리 아이들을 위해, 사랑하는 당신 부모님을 위해, 모두를 위해 내 마음이 품고 있는 모든 것을 이 몇 줄 안에 최대한 담으면서 이만 마칠게. 밤낮으로 내 생각과 내 모든 존재는 그들과 당신을 향해 달려가고, 나는 오직 그것으로 살아간다고 또 말하고 싶어. 끝으로 내 애정의 모든 힘으로 당신을 품에 안고, 당신을 사랑하는 만큼 당신과 사랑하는 우리 아이들에게 키스를 보내.

당신의 충실한 남편,

알프레드

사랑하는 당신 부모님께 수많은 키스를, 사랑하는 우리 마리를 위해 내 마음 깊은 곳에서 나오는 행복의 소원을, 우리 형제자매들에게도 똑같이 많은 키스를, 그들의 고통이 무엇이든, 그들의 끔찍한 괴로움이 어떠하든, 변함없이 모두에게 항상 용기를!

1897년 8월 10일

사랑하는 뤼시,

당신의 6월 편지 세 통과 가족의 모든 편지를 방금 받았어. 많은 달콤한 추억과 끔찍한 고통이 내 안에 야기하는, 생생하고 애통한 감정을 여전히 품은 채 답장을 하려고 해.

우선 내 깊은 애정, 내 끝없는 사랑, 당신의 고귀한 성격에 대한 내 감탄을 다시 한번 당신에게 말할게. 나는 또 당신에게 내 영혼을 전부 열고, 당신의 의무와 권리를 말할 거야. 당신이 죽음 앞에서만 포기해야 하는 권리 말이야. 그 권리와 절대적 의무는 당신이나 가족 모두를 위한 것과 마찬가지로 내 나라를 위한 것으로, 이 끔찍한 비극에 대한 완전하고 철저한 진실을 원하는 것이야. 약해지지 말고 허풍도 없이, 하지만 꺾을 수 없는 에너지를 가지고 우리 이름, 사랑하는 우리 아이들이 지닌 이름에서 이 끔찍한 오점을 씻어내고자 하는 것이지.

그리고 당신은, 당신들은 고난을 겪으면서도, 어떤 모욕과 쓰라린 경험을 당했든 모두가 단 한 순간도 조국에 대한 의무를 잊은 적 없는 훌륭하고 굳센 프랑스인으로서 그 목표를 이루어야 해. 빛이 밝혀지고 모든 진실이 드러나는 날은 올 거야. 반드시 그렇게 되어야 해. 그런 목표 앞에서는 시간도, 인내도, 의지도 고려되어서는 안 돼. 만약 내가 더 이상 이 세상에 없다면, 이 새로운 부당한 모욕, 무엇으로도 정당화되지 않은 이 모욕을 내 평판에서 씻어내는 것은 당신이 할 일이지. 그리고 반복하는데, 내 고통이 어떤 것이었든,

나에게 가해진 고문이 얼마나 잔인했든, 때로는 인간을 잘못된 길로 이끄는 열정만이 구실이 될 수 있는 잊을 수 없는 고문이라도, 나는 인간을 넘어, 그들의 열정을 넘어, 그들의 길 잃음을 넘어 조국이 있다는 것을 절대 잊지 않았어. 따라서 나의 최후 심판자가 되는 것은 조국이 할 일이야.

정직한 사람이 된다는 것은 단순히 이웃의 주머니에서 100수[25]를 훔치지 못한다는 것을 의미하는 것이 아니야. 정직한 사람이 된다는 건 말이지, 모든 것을 보고 모든 것을 알며 잊어버리지 않는 거울 속에 언제나 자신을 비춰볼 수 있는 거야. 한마디로 말해서, 언제 어디서나 자신의 의무를 다했다고 확신하며 자신의 양심에 자신을 비춰볼 수 있는 것이지. 내게는 그런 확신이 있어.

그러니 사랑하는 착한 뤼시, 용감하고 냉철하게 당신의 의무를 이행해. 고난을 겪으면서도 자신과 아이들이 지닌 이름에서 이 끔찍한 오점을 씻어내고 싶어 하는 훌륭하고 굳센 프랑스인으로서 말이야. 분명히 빛은 밝혀지고 훤히 드러나게 돼. 이제 시간은 사건에 더 이상 아무 영향도 주지 않아.

게다가 나를 부추기는 감정들은 당신들 모두를 부추기고, 사랑하는 당신 가족과 내 가족 모두에게 공통된 것임을 나는 너무 잘 알고 있어.

나는 당신에게 아이들에 대해 이야기할 수 없어. 하기야 나는 당신을 너무 잘 아니까, 당신이 아이들을 키우는 방식을 단 한 순간도 의심하지 않아. 절대 아이들을 떠나지 마. 언제나 마음과 영혼으로 함께하고,

25. 1수(sou)는 5상팀에 해당하므로, 100수는 5프랑이다.

아이들이 아무리 성가신 질문을 하더라도 항상 아이들의 이야기를 들어줘.

내가 자주 말했듯이, 아이들을 키운다는 것은 단순히 아이들에게 물질적이고 지적인 삶을 보장하는 것만으로 이루어지지 않아. 부모에게서 받아야 하는 지원, 부모가 아이들에게 불어넣어야 하는 신뢰, 때때로 아픔과 좌절이 아무리 사소하고 순박해 보일지라도 어디에 마음을 털어놓고 그것을 잊어야 하는지 알고 있다는 확신을 아이들에게 보장해 줘야 해.

당신과 사랑하는 우리 아이들, 사랑하는 당신 부모님, 모든 가족, 내가 마음 깊이 사랑하는 모든 사람, 한결같이 헌신하고 있다는 것을 내가 짐작하고 알고 있는 우리의 모든 친구에 대한 나의 깊은 애정을 마지막 몇 줄에 다시 담고 싶어. 그리고 용기, 용기를 내라고 당신에게 말하고 또 말하고 싶어. 어떤 것도 당신의 의지를 흔들어서는 안 돼. 내 삶보다 더 높은 곳에 최후의 걱정이 있어. 내 이름, 당신이 지닌 이름, 내 아이들이 지닌 이름의 명예에 대한 걱정 말이야. 내 영혼에서 활기를 얻는 뜨거운 불길, 내 삶이 끝나야만 꺼질 불길로 당신을 불타게 하고 싶다.

내 마음 깊은 곳에서 내 모든 힘으로 당신과 소중하고 사랑스러운 아이들에게 키스를 보내며.

당신의 충실한 남편,

알프레드

사랑하는 아이들에게 언제나 또 수많은 키스를, 마리와 그녀의 사랑하는 남편에게 행복의 기원을, 사랑하는 내 모든 형제자매에게 그만큼 많은 키스를, 뤼시와 앙리에게도.

1897년 9월 4일

사랑하는 뤼시,

방금 7월 편지를 받았어. 당신은 나에게 완전한 빛에 대한 확신을 가지라고 또 말하는군. 그 확신은 내 영혼 속에 있어. 오직 한 가지, 진실만을 원하는 인간이 가지고 있는 권리, 진실을 요구하고 원할 권리에서 비롯되는 확신이지.

그러니까 이토록 비인간적이고 부당한 상황 속에서 살아갈 힘이 있는 한, 나는 당신에게 굴하지 않는 내 의지를 불어넣기 위해 편지를 쓸 거야.

게다가 내가 당신에게 쓴 마지막 편지들은 나의 정신적 유언과도 같아. 나는 그 편지에서 먼저 우리의 애정을 이야기했고, 육체적으로나 정신적으로 쇠약해졌다는 것도 고백했지. 하지만 또한 당신의 의무, 모든 의무를 아주 단호하게 말했어.

우리 모두가 보여준 위대한 영혼은, 그건 결코 우리의 착각이 아닌데, 나약함이나 허세가 되어서는 안 돼. 오히려 그것은 목표를 향해 걸어가기 위해 날마다 매시간 더욱 강해지는 의지와 결합 되어야 해. 진실, 프랑스 전체를 위한 모든 진실을 발견한다는 목표 말이야.

물론 때때로 상처에서 피가 너무 많이 나고, 마음이 들고 일어나 반항할 때도 있어. 지금의 나처럼 지쳐서 무자비한 타격에 쓰러질 때도 자주 있고. 그때 나는 지독한 괴로움과 고통 속에서 신음하는 한낱 가련한 인간에 불과하지. 그러나 굴하지 않는 내 영혼, 고통과 에너지와 집요한 의지로 떨리는 내 영혼이 우리가 세상에서 가장 소중히 여기는 것, 우리의 명예, 우리 아이들의 명예, 우리 모두의 명예 앞에서 나를 다시 일으켜. 그러면 나는 다시 일어나서, 오직 정의만 요구하고 원하는 사람이 호소하는 떨리는 외침을 모두에게 내지르지. 내 영혼에 활기를 주고 내 삶이 끝나야만 꺼질 뜨거운 불길로 당신들 모두를 언제나 다시 불태우기 위해서.

나는 너무 오래전부터 24시간의 긴 하루를 이겨냈다는 것에 만족해하며 그날그날 오직 나의 열기로만 살고 있어. 사람들이 항상 똑같은 의심을 품기 때문에, 나는 철가면[26]의 어리석고 무의미한 운명을 겪고 있지. 최근의 편지 중 하나에서 나는 그것을 당신에게 솔직히 말했어.

당신은 사람들이 무엇을 말하고, 무엇을 생각하는지 알 필요가 없어. 당신은 단호하게 당신의 의무를 이행하고, 역시 단호하게 당신의 권리를 요구해야 해. 정의와 진실에 대한 권리 말이야. 그래, 내 생각을 분명하게 말하자면 반드시 진실은 밝혀져. 그러나 이 끔찍한 사건에 우리의 이해관계 외에 다른 이해관계, 우리가 결코 무시하지 않았던 이해관계가 존재한다 하더라도, 정의와 진실의 소멸되지 않는 권리 또한 존재해. 그리고 모든 이해관계를 존중하더라도 이토록 잔인하고 부당한 상황을 끝내야 할 의무가 모두에게 있어.

그러니 나는 우리 두 사람을 위해서나 모두를 위해서, 이 끔찍하고 부당한 고난이 마침내 끝나기를 바랄 수밖에 없어.

---

26. 철가면은 루이 14세 시대에 1681년 이전부터 1703년에 사망할 때까지 검은 가면을 쓴 채로 수감되었던 프랑스의 정치범이다. 본래 가면은 검은 벨벳으로 만들어졌으나 이후의 전설에서 철가면으로 와전되었다. 그의 정체는 끝내 밝혀지지 않았고, 수많은 추측과 전설을 낳았다. 따라서 본문의 문장은 철가면처럼 정체성과 감정을 봉인 당한 채 오해와 의심 속에 갇혀 있는 자신의 처지를 비유한 것이다.

당신과 우리 아이들을 위한 이 깊고도 커다란 애정을 표현하기 위해, 사랑하는 당신 부모님과 우리의 모든 형제자매, 그러니까 이 끔찍하고 기나긴 고난을 견디고 있는 모든 가족을 위한 내 애정을 표현하기 위해 이제 내가 무엇을 더 할 수 있을까?

나 자신에 대해, 사소한 모든 것에 대해 당신에게 길게 이야기하는 것은 쓸데없는 일이지. 나는 때때로 내 의지와 상관없이 그렇게 하기도 하는데, 그건 마음이 저항할 수 없는 반항을 하기 때문이야. 고귀하고 아름다운 삶을 이루는 모든 것이 이토록 무시되는 것을 볼 때, 원하든 원하지 않든 어쩔 수 없이 쓴맛이 마음에서 입술로 올라오거든. 만약 나만, 나 자신의 일신만 관련되었다면, 분명히 오래전에 나는 내가 본 것, 내가 들은 것, 내가 매일 보는 것을 무덤의 평화 속에서 잊으려 했을 거야.

나는 당신을, 당신들 모두를 내 불굴의 의지로 지지하기 위해 살았어. 더 이상 내 삶이 문제가 아니라, 내 명예, 우리 모두의 명예, 우리 아이들의 삶에 관한 것이었기 때문이지. 나는 흔들림 없이 머리를 숙이지 않은 채 모든 것을 견뎌냈고, 마음을 억눌렀어. 나는 날마다 존재의 모든 반항을 억제하고, 지치지도 않고 허세를 부리지도 않으며 모두에게 항상 또 진실을 요구하고 있지.

하지만 가엾은 내 사랑, 나는 우리 둘을 위해, 모두를 위해 누구의 노력이든 곧 결실을 맺기를 바라. 오래전부터 기다리고 있는 우리 모두를 위해 마침내 정의의 빛이 비치기를.

당신에게 편지를 쓸 때마다, 나는 거의 펜을 내려놓을 수가 없어. 당신에게 할 말이 있어서가 아니라… 기나긴 나날 동안 다시 당신을 떠나서 오직 당신과 아이들 생각, 모든 가족에 대한 생각으로만 살아갈

게.

하지만 사랑하는 우리 아이들, 사랑하는 당신 부모님, 우리의 모든 형제자매와 함께 당신에게 키스를 보내며, 온 힘을 다해 당신을 내 품에 안으며, 그리고 내게 생명의 숨결이 붙어 있는 한 무엇에도 흔들리지 않는 에너지로 "용기, 용기와 의지를!"이라고 당신에게 반복해서 말하며 이만 마칠게.

또다시 수많은 키스를.

당신의 충실한 남편,

알프레드

사랑하는 부모님, 사랑하는 형제자매, 모두를 위해 그 무엇에도 흔들리지 않고 약해지지 않는 불굴의 의지와 용기를.

1897년 10월 2일

사랑하는 뤼시,

당신의 소중한 8월 편지들과 가족의 편지 몇 통을 방금 받았어.

나는 당신과 함께, 당신을 위해, 우리 모두를 위해 정의의 빛이 마침내 비치기를, 길고도 끔찍했던 고난의 끝을 마침내 우리가 보게 되기를 바라. 게다가 긴 편지에서 이미 말했듯이, 내 신념과 용기는 절대 흔들리지 않았고, 앞으로도 흔들리지 않을 거야. 한편으로 나는 당신들 모두가 힘차게 자신의 의무를 다하고 정의와 진리에 대한 자신의 권리 또한 단호하게 요구하리라는 것을 알고 있기 때문이고, 다른 한편으로 내 조국에게 절대적인 의무가 있다면 그건 이 비극적인 사건에 대해 온전하고 환한 빛을 비추고 이 끔찍한 오류를 바로잡는 것이기 때문이야.

사실 나는 당신이 약해지거나 당신 또한 그런 고통의 무게에 짓눌리는 것을 막기 위해 이런 괴로움 앞에서의 내 비참함을 당신에게 종종 숨겼어. 인간적인 나약함이 허락하는 한도 안에서 말이야. 죽음 앞에서는 의연할 수 있어도—나는 종종 간절히 죽음을 원하기도 했어—죽음과도 같은 부당한 고통이 느리게 이어지는 매 순간 의연하기는 어려운 법이니까.

내가 몇 달 전부터 더 이상 당신에게 아무것도 숨기지 않는다면, 당신이 언제나 모든 것에 대비해야 한다고 생각하기 때문이야. 당신은 영웅적으로 꿋꿋하게 수행해야 할 어머니의 의무에서 모든 것을 견뎌낼 힘을 얻어야 해. 강하고 굳센 마음으로, 당신과 우리 아이들이 지닌 이름에서 그 치욕스러운 오점을 씻어내려는 흔들림 없는 의지를 가지고 말이야.

이제 그만하자, 안 그래, 여보? 두려움과 뒤틀린 생각은 그것을 가진 자들에게 내버려두자. 내 영혼은 항상 굳건하고 마지막 숨을 내쉴 때까지 그럴 테지만, 내 안에서는 모든 것이 고갈되었어. 지난날의 고통뿐만 아니라 그 정도로 잘못 알고 있는 당신을 보면서 내 심장은 터질 듯 부풀어 올라. 작은 충격 하나에도, 사소한 사건 하나에도 머리가 휘청거리고 흔들리지. 게다가 이미 당신에게 말한 것처럼, 나의 긴 편지들은 내 감정뿐만 아니라 변함없는 내 의지에 관한 진심 어린 속마음을 표현한 것이므로, 다시 언급할 필요는 없을 거야. 그 편지들은 마치 나의 정신적 유언과도 같아.

그러니 사랑하는 뤼시, 당신을 위해서나 모두를 위해서나 항상 당신들의 의무를 다하고, 프랑스 전체를 위해 완전한 빛이 밝혀질 때까지 정의와 진실에 대한 권리를 요구해야 해. 그 빛은 살아서든 죽어서든 틀림없이 밝혀질 거야. 나는 뱅쿠오의 유령[27]처럼 무덤에서 나와 당신들 모두에게 온 영혼을 다해 항상 "용기, 용기를!"이라고 또 외칠 것이거든. 어떤 인간의 뇌도 이렇게 오래도록 이런 상황을 견뎌낼 수는 없을 테니까 — 내가 지금까지 버텨낼 수 있었던 것은 기적이지. 감히 말하건대 나를 이렇게 고통스럽게 만들고 희생시키는 조국에게 상기시키기 위해서, 수행해야 할 의무가 있다는 것을 조국에

---

27. 뱅쿠오(Banquo)는 윌리엄 셰익스피어의 희곡 『맥베스』에 등장하는 인물로, 주인공 맥베스와 함께 세 명의 마녀를 만나 예언을 듣는다. 마녀들은 맥베스가 왕이 될 것이고, 뱅쿠오는 왕은 되지 못하지만 그 후손이 왕이 될 것이라 예언한다. 그 뒤 던컨왕을 죽이고 왕이 된 맥베스는 마녀의 예언을 기억하고 뱅쿠오 일족을 멸족시키려 뱅쿠오와 그의 아들에게 각각 자객을 보낸다. 뱅쿠오는 죽고 아들은 살아 도망친다. 이후 뱅쿠오는 맥베스의 연회장에 유령으로 나타나 맥베스를 놀라게 한다.

게 상기시키기 위해서 말이야. 그 의무는 바로 이 비극적인 이야기의 진실을 환히 밝히고 이렇게 오랫동안 지속되는 이 끔찍한 오류를 바로잡는 것이지.

그러니, 여보, 확신해도 좋아. 당신들의 노력에 의해서든 모든 의무를 이행하는 조국의 노력에 의해서든, 당신의 찬란한 영광의 날, 최고로 기쁜 날은 반드시 올 거야. 만약 내가 그때 없다면 — 어쩌겠어, 여보? 국가의 희생자들은 있게 마련인데, 내가 견디고 있는 내내 상황이 정말로 너무 가혹하고 극도로 힘드니까 — 그렇다면, 피에르가 나를 대신할 거야!

나는 아이들에 대해 이야기하지 않을 거야. 게다가 이미 8월의 편지들에서 길게 이야기했어. 그리고 나는 당신을 너무 잘 알아서 아이들에 대해 걱정하지 않아. 당신이 내 온 힘과 내 모든 영혼으로 아이들을 안아줘. 당신 곁에서 보내는 이 순간이 너무도 짧고 빨리 지나가는 바람에 당신 곁에서 떨어져야 하는 것이 항상 내게 커다란 고통이긴 하지만, 이제 당신 곁을 떠날게.

또다시 용기를 내라고 반복하고 이 모든 것이 마침내 끝나기를 바라면서, 당신을 사랑하는 만큼 당신과 사랑하는 우리 아이들에게 내 애정의 모든 힘으로 온 힘을 다해 키스를 보내.

당신의 충실한 남편,

알프레드

사랑하는 당신 부모님과 모든 우리 가족에게 최고의 키스를. 아르튀르와 뤼시에게 내 애도를 전해줘. 나는 그들에게 편지 쓸 용기가 나지 않아.

1897년 10월 22일

사랑하는 착한 뤼시,

내 마음만 따른다면, 나는 하루 종일 매 순간 당신에게 편지를 쓸 거야. 내 생각은 당신과 사랑하는 우리 아이들, 그리고 모두에게서 벗어날 수 없기 때문이지. 하지만 그러면 단지 우리의 공통된 고통의 표현만 반복할 텐데, 너무나 긴 우리의 고난을 표현할 말도 더 이상 남아 있지 않아!

당신에게 쓴 편지에서 나는 내 감정과 의지를 표현했는데, 내 고통이나 내 삶과 무관하게 그 의지는 당신의 것이기도 하고 당신들의 것이기도 하다는 것을 알고 있어. 물론 고통의 외침도 있었지. 밤낮으로 끊임없이 이렇게 고통을 겪으면, 그것이 나보다 당신과 사랑하는 우리 아이들을 위한 것이라면 더욱더, 머릿속이 불바다가 되니까. 나 자신의 고통으로 이미 충분하지 않다면, 당시의 기후만으로도 그렇게 되기에 충분했을 거야. 마음도 비워질 필요가 있고, 인간은 자신의 고뇌와 좌절을 소리칠 필요가 있지.

그러나 그 모든 것에 대해 되돌아보지 말자. 내가 항상 당신에게 말하고 싶은 것은 이 비극적인 이야기에 대한 빚을 당신이 요구하고, 원하고, 단호하게 추구해야 한다는 것뿐이야. 허풍을 떨거나 흥분하지 말고, 당신의 권리에 대한 확고한 감정으로, 끔찍하게 상처받고 난도질 당한 아내이자 어머니의 마음으로, 당신의 고통과 함께 날마다 커지는 의지와 에너지를 가지고 말이야.

그래서 오늘 나는 당신의 소중한 편지를 기다리면서, 당신을 사랑하는 만큼 내 온 마음과 온 힘을 다해 당신과 사랑하는 우리 아이들에게 그저 키스를 보낼 뿐이야. 언제나 그렇듯, 우리의 끔찍한 고난이 마침내 끝나기를 바라며, 계속해서 수없이 당신에게 반복하고 싶어. 용기 내!

수많은 키스를 또 보내며,

알프레드

1897년 11월 4일

사랑하는 착한 뤼시,

방금 당신의 편지를 받았어. 여보, 당신의 소중한 글씨를 보는 순간 내 마음에서 솟아오르는, 가슴을 찌르는 듯한 감격을 말로 다 표현할 수가 없어. 하지만 바로 그 감격이 내 안에서 일깨우는 강한 애정의 감정은 마침내 이 음울하고 끔찍한 비극의 진실이 밝혀질 최고의 날을 기다릴 힘을 내게 주지.

당신의 편지에 깊은 신뢰감이 담겨 있어서, 당신과 사랑하는 우리 아이들을 위해 고통받는 내 마음이 평온해졌어.

가엾은 당신, 당신은 내게 더 이상 생각하려 하지 말라고, 이해하려 하지 말라고 당부했지. 오! 나는 결코 이해하려고 해본 적이 없어. 그것은 내게 불가능한 일이야. 하지만 어떻게 더 이상 생각하지 않을 수 있겠어? 내가 할 수 있는 유일한 것은, 당신에게 말했듯이, 진실이 밝혀질 최고의 날을 기다리는 것뿐이야.

지난 몇 달 동안, 나는 긴 편지를 쓰면서 터질 듯했던 마음이 누그러졌어. 어쩌겠어, 3년 전부터 나는 나와 무관한 수많은 사건의 노리개가 된 나 자신을 보고 있는걸. 나는 나 자신에게 부여한 절대적인 행동 원칙, 나라에 충성하고 헌신하는 군인의 양심이 필연적으로 내게 강요한 행동 원칙에서 벗어나지 않았는데 말이야. 그러다 보니, 아무리 애써도 쓴맛이 마음속에서 입술로 올라오고, 때때로 분노가 목을 조이며 고통의 외침이 터져 나오네. 나는 절대 나 자신에 대해 이야기하지 않겠다고, 모든 것에 대해 눈을 감겠다고 예전에 다짐했었지. 당신처럼,

모든 사람처럼, 내가 가질 수 있는 유일한 궁극적인 위안은 진실과 완전한 빛이 주는 위안뿐이니까.

그러나 너무도 긴 고통, 끔찍한 상황, 그 자체로 뇌를 태워버릴 듯한 기후, 이 모든 것이 결코 내 의무를 잊게 하지는 않았지만 결국 나는 신경과 뇌의 극심한 흥분 상태에 빠지고 말았어. 여보, 당신이 내게 자세한 내용을 말해줄 수 없다는 것도 충분히 이해해. 중대한 이해관계가 걸린 그런 문제에서는 침묵이 필요하고 불가피하니까.

나는 당신에게 할 말이 없는데도 이렇게 당신과 이야기하고 있어. 하지만 그것은 내 마음을 편안하게 하고 신경을 안정시켜 주니까 내게 도움이 돼. 당신과 우리 아이들을 생각할 때면 종종 내 마음은 날카로운 고통으로 오그라들어. 그러면 나는 내가 이 세상에서 무슨 죄를 지었기에 내가 가장 사랑하는 사람들, 내 피를 한 방울 한 방울 기꺼이 줄 수 있는 그들이 이토록 고난을 겪어야 하는 걸까 하고 나 자신에게 묻지.

그러나 너무 가득 찬 잔이 흘러넘칠 때조차, 나는 여전히 당신을 생각하며, 우리 아이들을 생각하며, 내 온 존재를 떨리게 하고 진동시키며 가장 높은 능력으로 끌어올리는 그 생각들에서 다시 일어날 힘을 얻어. 자신을 위해서, 자기 가족을 위해서 오래전부터 오직 정의와 진실만, 오로지 진실만 요구하는 사람이 호소하는 떨리는 외침을 내지르려고 말이야.

게다가 나는 내 의지를 분명히 표현했는데, 그것은 그 무엇에도 약해진 적이 없는 당신의 의지, 당신들의 의지라는 것을 알고 있어.

그런 감정은 내 모든 의무감과 결합하여 나를 살아가게 했지. 내가 당신을 위해, 모두를 위해, 모든 개인적인 문제와 모든 정념을 초월하여,

정의와 회복을 위한 단순한 작업에서 그 어느 때보다 강력한 모두의
노력과 모든 협력을 요청하게 만든 것도 바로 그 감정이야.

내 모든 애정에 대해 당신에게 또 말해야 할까? 그럴 필요 없겠지.
당신은 잘 알고 있으니까. 하지만 일전에 너무도 기나긴 시간을 잠시라
도 사랑하는 사람의 마음 곁에서 보내려고 당신의 모든 편지를 다시
읽었는데, 당신의 훌륭함과 용기에 대한 엄청난 감탄이 내 안에서
솟구쳤다는 것은 당신에게 또 말하고 싶어. 큰 불행의 시련은 아름다운
영혼을 가리는 시금석이라면, 오! 여보, 당신의 영혼은 꿈꿀 수 있는
가장 아름답고 고귀한 영혼 중 하나야.

M에게 몇 마디 감사의 말을 전해줘. 내가 그에게 할 수 있는 모든
말은 내 마음속과 마찬가지로 당신 마음속에도 있으니까.

그러니, 여보, 언제나 또 용기를 내. 오래전, 아, 너무 오래전이네,
오래전에 내가 프랑스를 떠나기 전에 당신에게 말했던 것처럼, 우리의
개인적 존재는 완전히 부차적인 것에 불과해야 하고, 우리 아이들이
미래야. 사랑하는 아이들 머리 위에 단 하나의 얼룩도 남아서는 안
되고, 아주 작은 그늘도 드리워져서는 안 돼. 바로 이것이 그 무엇보다
중요시되어야 해.

당신을 사랑하는 만큼 온 힘을 다해 당신과 소중하고 사랑스러운
우리 아이들에게 키스를 보내며.

당신의 충실한 남편,

알프레드

1897년 11월 24일

사랑하는 뤼시,

나는 지난 몇 달 내내 당신에게 정말 긴 편지를 썼어. 그 편지에서, 억눌린 내 마음은 우리가 공통으로 겪는 너무도 긴 고통을 모두 쏟아냈지. 항상 자신에게서 벗어나 매 순간의 고통을 초월하는 것은 역시 불가능한 일이야. 당신이 겪는 모든 고통을 생각할 때, 사랑하는 우리 아이들을 생각할 때, 내 온 존재는 떨리지 않을 수 없고 심지어 고통으로 울부짖지 않을 수 없어. 내가 쓰러질 때마다 언제나 다시 일어나는 것은 당신과 아이들을 위해 떨리는 호소의 외침을 내지르기 위해서야.

그러니 몸도, 뇌도, 마음도 모두 지쳤다 하더라도, 영혼은 고스란히 남아 있어서 언제나 강렬하고, 의지는 굳건해. 자신과 가족을 위해 정의와 진실을 요구하는 모든 인간의 권리에서 힘을 얻기 때문이지.

정의와 회복을 위한 이 단순한 조치에 모든 노력과 모든 수단을 동원해 협력하는 것은 모두의 의무야. 그래서 많은 사람의 너무도 길고 끔찍한 고난을 마침내 끝내는 것이지.

따라서 여보, 나는 우리의 끔찍한 형벌이 곧 끝나기를 바라.

사랑하는 당신 부모님과 모든 우리 가족의 편지를 이번 달에 받고, 답장했어. 모두에게 나의 최고의 키스를.

당신과 사랑하는 우리 아이들을 위해, 내 마음의 모든 다정함, 모든 애정, 단 한 순간도 가족들을 떠나지 않는 내 모든 생각을 보내.

또 수많은 키스를.

알프레드

1897년 12월 6일

사랑하는 착한 뤼시,

우편선이 출발하기 전에 당신에게 편지를 쓰고 싶어. 사실 항상 같은 말을 반복하기 위해서지만.

오랫동안 이야기했듯이, 나는 오직 신경과 의지의 극심한 긴장 속에서 살아가고 있어. 이런 고통의 무게에 짓눌릴 때, 당신과 아이들 생각이 나를 다시 일어나게 해. 이 세상에서 우리에게 가장 소중한 것, 우리의 명예, 우리 아이들의 명예, 우리 모두의 명예 앞에서 고통과 의지로 떨리는 나를 말이야. 그리고 나는 이 음울한 비극의 첫날부터 오직 진실만을 요구하는 사람이 호소하는 떨리는 외침을 다시 내지르지.

그러니까 모든 정념을 초월하여 모두에게 강력히 요구되는 정의의 과업이 존재하고, 그건 반드시 이루어져야 해. 하지만 여보, 나는 우리 둘을 위해서 그것이 마침내 이루어지기를, 너무나 길고도 끔찍한 우리의 고통이 마침내 끝나기를 바라.

당신을 사랑하는 만큼 내 애정의 모든 힘으로 소중하고 사랑스러운 우리 아이들과 당신에게 키스를 보내며.

당신의 충실한 남편,

알프레드

사랑하는 당신 부모님과 우리 모든 가족에게 최고의 키스를.

1897년 12월 25일

사랑하는 뤼시,

그 어느 때보다 더 끔찍한 순간들이 찾아와 머릿속이 미칠 지경이야. 그래서 당신에게 편지를 쓰는 거야. 내 이야기를 하려는 것이 아니라, 당신에게 꼭 해야 한다고 생각되는 조언을 계속 또 하려고.

우리의 상황처럼 비극적인 상황에서는, 한 가족의 명예와 아이들의 삶이 달린 상황에서는, 여보, 언제나 모든 것을 초월해야 해. 개인적인 문제나 신경을 건드리는 문제를 모두 논쟁에서 배제하고, 모든 협력과 선의를 당신에게 끌어와야 해. 그것이 때때로 어렵다는 것을 나는 누구보다 잘 알고 있어. 상처를 느끼지 않는 것은 불가능하지만, 그래도 그렇게 해야 해. 굴복하거나 비굴해지라는 것이 아니라, 헛된 외침에 빠져 길을 잃어서는 안 된다는 거야. 소리치는 것은 이성이 아니니까.

단지 약해지지 말고 위엄 있게 자신의 권리, 결백함의 권리를 지키고 힘차게 주장하는 것이 중요해. 아내이자 어머니의 마음으로, 비참하게 훼손되고 상처받은 마음으로 행동해야 해.

나는 너무 많은 고통을 겪었고, 엄청난 타격에 너무도 자주 얼이 빠졌어. 그래서 그런 태도, 유일하게 올바르고 합리적인 태도를 언제나 유지할 수 없었지. 종종 내가 어디에 있는지도 모를 정도로 정신을 못 차리기 때문에, 시간이 너무나도 무겁게 느껴지기 때문에, 바로 그 때문에 나는 당신에게 마음을 털어놓고 싶어.

이번 달 내내, 나는 당신과 우리 아이들을 위해 열렬한 호소를 수없이 다시 했어. 나는 이 끔찍한 고난이 마침내 끝나기를 바라고,

우리가 너무도 오래전부터 겪고 있는 이 무시무시한 악몽에서 마침내 벗어나기를 간절히 바라고 있어. 그러나 내가 의심할 수 없는 것, 의심할 권리조차 없는 것은, 모든 협력이 당신에게 주어질 거라는 것, 정의와 회복의 이 과업이 계속되고 완성될 거라는 사실이야.

요컨대, 여보, 내가 지극한 노력으로 나 자신을 완전히 배제한 채 당신에게 말하고 싶은 것은 자신의 권리를 힘차게 지켜야 한다는 거야. 너무 많은 사람이 이렇게 고통받는 것을 보는 것은 끔찍한 일이니까. 자라나는 불행한 우리 아이들을 생각해야 하니까. 하지만 거기에 어떤 정념도 개입시키지 말고, 신경을 건드리는 문제나 개인적인 문제도 일절 덧붙이지 말아야 해.

당신의 사랑스러운 모습과 우리 아이들의 모습이 눈앞에 떠오르는데, 내 애정을 당신에게 또 이야기하고 싶지는 않아. 아마 단 한 순간도 그 모습이 안 보이는 적이 없을 거야. 내 심장이 마치 억눌린 눈물로 가득 찬 것처럼 무겁게 뛰는 게 느껴지네.

기나긴 하루와 긴 불면의 순간마다, 최후의 외침이 내 심장에서 끊임없이 솟구쳐. 내 마지막 순간에 솟구칠 최후의 외침이 있다면, 그것은 모든 사람에게 정의와 진실을 위한 위대한 노력을 호소하는 것이야. 정의롭고 명예로운 모든 사람이 마땅히 주어야 할, 헌신적이고 열렬한 협력을 당신에게 가져다줄 수 있도록 말이야. 그 호소를 나는 또 했어. 내가 당신에게 말했듯이, 그 호소가 들리리라는 것을 나는 믿어 의심치 않아. 그러니 반복할게, 용기 내!

이제 마지막 줄에는, 내 온 마음을, 당신과 우리 아이들과 모두에 대한 내 마음속의 모든 애정을 담고 싶어. 바로 그 감정들이 가장 절망적인 순간에 나를 구해주었고 내가 갈망했던 무덤에서 빠져나와

내 의무를 다하도록 노력하게 해 주었다는 것을 당신에게 말하고
싶어.

온 마음으로 당신에게 키스를 보내. 당신을 사랑하는 만큼, 당신을
내 품에 꼭 껴안고 싶어. 그리고 나를 대신해 소중하고 사랑스러운
우리 아이들, 사랑하는 당신 부모님, 사랑하는 내 형제자매들에게
다정하게 오래도록 키스해 주기를 부탁해.

또 수많은 키스를.

알프레드

1898년 1월 6일

사랑하는 뤼시,

나는 당신의 10월 편지도, 11월 편지도 아직 받지 못했어. 그러니까 내가 가지고 있는 당신의 마지막 소식은 9월 것이야.

그래서 나는 그 어느 때보다도 나에 대한 이야기를 덜 하려고 해. 어떤 인간의 말로도 줄일 수 없는 우리의 고통에 대해서도. 나는 며칠 전에 당신에게 편지를 썼는데, 내가 무슨 말을 했는지 한 마디도 기억나지 않는 그런 상태였어.

내몸과 정신은 완전히 지쳐 있지만, 영혼은 여전히 뜨겁게 타오르고 있어. 나는 당신의 흔들림 없는 용기를 지탱해 줄 말을 해 주고 싶어. 나는 우리의 운명, 우리 아이들의 운명, 3년 넘게 믿기지 않는 일과 싸우고 있는 결백한 사람들의 운명을 공화국 대통령과 전쟁부 장관의 손에 맡겼어. 우리의 끔찍한 고난을 마침내 끝내달라고 요청하기 위해서. 우리의 권리 보호를 전쟁부 장관의 손에 맡긴 거지. 결국 그가 너무도 길고 끔찍한 이 오류를 바로잡아야 할 사람이니까.

나는 애타게 기다리고 있어. 이 땅에서 단 한 순간이라도 다시 행복을 누리게 되기를 바라. 하지만 내게 단 한 순간도 의심할 권리가 없는 것은, 정의가 실현된다는 사실이야. 당신에게, 우리 아이들에게 정의가 회복되고, 최고 행복의 날이 당신에게 찾아올 거라는 사실 말이야.

그러니 내 영혼의 모든 힘을 다해 당신에게 반복할게, 용기, 용기를!

당신을 사랑하는 만큼, 내 애정의 모든 힘으로, 온 힘을 다해, 소중하고 사랑스러운 우리 아이들과 당신에게 키스를 보내며.

당신의 충실한 남편,

알프레드

사랑하는 당신 부모님과 모든 우리 가족에게 수많은 키스를.

1898년 1월 9일

끔찍하고 오랜 기다림 끝에, 10월과 11월의 편지를 동시에 받았어. 너무나 사랑하는 사람들, 내 피를 한 방울 한 방울 기꺼이 줄 수 있는 사람들, 요컨대 내가 살아가는 이유가 되는 사람들의 글을 읽으며 내가 얼마나 말로 표현할 수 없는 감정에 휩싸였는지 굳이 말할 필요는 없겠지.

여보, 만약 내가 나 혼자만 생각했다면, 나는 오래전에 무덤 속에 있었을 거야. 나를 지탱해 주고 내가 극심한 고통의 무게에 짓눌릴 때 다시 일으켜 주는 것은 당신과 아이들 생각이야. 지난 편지에서 나는 내가 했던 모든 일, 당신과 우리 아이들을 위해 내가 또 보냈던 모든 호소를 당신에게 이야기했어.

우리가 3년 넘게 기다리고 있는 빛이 비치지 않는다 해도, 우리가 알지 못하는 미래에는 비칠 거야.

편지에서 말했던 것처럼, 우리 아이들은 자라고 있고, 아이들의 상황과 우리의 상황은 끔찍하지. 내가 겪고 있는 상황은 정말 견디기 어려워. 그래서 나는 우리의 운명과 아이들의 운명을 전쟁부 장관의 손에 맡겼어. 우리의 참혹한 고난을 마침내 끝내달라고 요청하기 위해서 말이야. 전쟁부 장관에게 우리의 명예를 다시 요청했지.

나는 그 답변을 매우 애타게 기다리고, 이 끔찍한 고통이 드디어 끝나기를 바라고 있어.

당신을 사랑하는 만큼, 내 모든 사랑을 담아, 내 애정의 모든 힘으로 당신과 소중하고 사랑스러운 우리 아이들에게 키스를 보내며.

당신의 충실한 남편,

알프레드

사랑하는 당신 부모님과 모든 우리 가족에게 수많은 키스를.

사랑하는 착한 뤼시,

길게 쓰지 않을게, 당신과 우리 아이들을 위해 나는 너무나 고통받고 있거든. 당신의 끔찍한 고통과 가혹한 고난이 거리를 가로질러 너무나 잘 느껴져. 그것을 생각만 해도 내 심장은 마치 억눌린 눈물이 넘칠 듯 가득 찬 것처럼 무겁게 뛰어. 어떤 인간의 말도 그 끔찍함을 줄일 수 없을 거야.

나는 지난번 편지에서 내가 무엇을 했는지, 최근 며칠 동안 무엇을 다시 했는지 당신에게 말했어. 우리가 그토록 오래전부터 기다리고 있는 빛은 비치지 않고 있는데, 아무도 예상할 수 없는 미래에는 비칠 거야. 당신과 우리 아이들뿐만 아니라 모두에게 끔찍한 상황이지. 내게 어떤 상황인지는 말할 필요도 없고.

나는 공화국 대통령, 전쟁부 장관, 부아드프르 장군[28]에게 복권과 소송의 재심을 요청했어. 그들의 손에 수많은 결백한 희생자들의 운명과 우리 아이들의 운명을 맡겼어. 우리 아이들의 미래를 부아드프르 장군에게 부탁한 거야. 나는 남아 있는 모든 힘을 다해 그들의 답변을 열에 들떠 애타게 기다리고 있어.

이 땅에서 단 한 순간이라도 다시 행복을 누리게 되기를 바라고

· ·

28. Raoul Le Mouton de Boisdeffre (1839~1919). 1893년부터 1898년까지, 특히 드레퓌스 사건이 시작될 때 프랑스 육군 참모총장을 지냈다. 드레퓌스 사건에서는 드레퓌스 대위의 유죄를 주장하며 군의 명예를 지키려 했지만, 결정적인 증거가 위조된 것으로 드러나자 1898년 참모총장직에서 사임하고 공직에서 은퇴했다.

싶어. 하지만 내게 의심할 권리조차 없는 것은 정의가 실현된다는 사실이야. 당신에게, 우리 아이들에게 정의가 회복된다는 사실 말이야. 그러니 당신에게 말할게, 용기와 신뢰를 가져!

당신을 사랑하는 만큼, 당신과 사랑스러운 우리 아이들과 사랑하는 당신 부모님과 모든 우리 가족에 대해 내 마음이 품고 있는 깊은 애정을 모두 담아 키스를 보내며.

충실한 당신 남편의 수많은 키스를 또 보내.

알프레드

1898년 1월 26일

사랑하는 뤼시,

당신에게 쓴 지난번 편지에서, 내가 무엇을 했고 우리의 운명과 아이들의 운명을 누구에게 맡겼는지, 어떤 호소를 했는지 말했지. 답변을 얼마나 초조하게 기다리고 있는지는 말할 필요도 없어. 시간의 흐름이 너무 무겁게 느껴질 정도야. 하지만 내 생각은 밤낮으로 당신과 우리 아이들을 향해 가고 있어서, 당신에게 해야 할 조언을 해 주려고 또 편지를 쓰려고 해.

당신 편지와 가족들의 편지를 모두 읽고 또 읽었는데, 오래전부터 우리가 여러 가지 이유로 인해 오해 속에서 살고 있다는 생각이 들어(당신 편지는 종종 나에게 수수께끼 같았어). 나를 둘러싼 절대적인 비밀, 내 뇌의 상태, 내가 아무것도 이해하지 못한 채 당한 타격, 어쩌면 저질러졌을지도 모르는 실수에서 비롯되는 오해 말이야.

하지만 내가 이해하기로는 다음과 같은 상황인데, 진실에서 동떨어진 것은 아니라고 생각해. 부아드프르 장군은 우리에게 정의를 되돌려 주기를 결코 거절하지 않았다고 믿어. 깊이 상처받은 우리는 그에게 빛을 요구하고 있는데, 빛을 비추는 일이 우리의 역량과 마찬가지로 그의 역량도 벗어났던 거야. 빛은 아무도 예측할 수 없는 미래에 밝혀질 거야.

아마 신경이 날카로워졌거나 어쩌면 실수가 있었는지도 몰라. 그 모든 것이 이미 너무 잔혹한 상황을 더욱 악화시켰어. 되짚어 보고, 모든 고통을 초월하여 단순히 우리의 상황을 검토해야 해.

그래, 나는 가장 큰 희생자로, 3년 넘게 모든 것과 모든 사람에게 희생되어 거의 죽어가는 상태로 여기 있어. 그런 내가 당신에게 해야 한다고 생각하는 지혜와 평온의 조언을 해 줄게. 오! 내 권리를 어떤 것도 포기하지 말고, 약해지지 말고, 허세도 부리지 마.

내가 말했듯이, 빛을 비추는 것은 당신들의 역량과 마찬가지로 부아드프르 장군의 역량도 벗어나는 것이었어. 그 빛은 아무도 예측할 수 없는 미래에 밝혀질 거야.

그래서 나는 장군에게 단순히 복권을 요청했어. 우리의 끔찍한 고난에 종지부를 찍는 것이지. 당신이 이런 고통을 감내하는 것, 내가 결코 저지를 수 없는 그런 범죄로 인해 우리 아이들이 불명예스럽게 성장하는 것을 용납할 수 없으니까.

나는 시간을 거의 분 단위로 세면서 남은 힘을 다해 답변을 기다리고 있어.

답변이 곧 올지 안 올지 잘 모르겠어. 내 뇌와 신경의 탈진이 너무나 극심하여 내가 어떻게 살아가고 있는지는 더욱 모르겠어. 하지만 만약 내가 먼저 쓰러진다면, 오랜 세월 견뎌온 이 끔찍한 상황 앞에서 무너진다면, 나는 당신에게 직접 부아드프르 장군을 찾아갈 것을 절대적인 의무로 부여해. 그에게 여러 통의 편지를 쓴 후, 나는 그의 마음 깊은 곳에 우리에게 복권을 허락하고자 하는 감정이 있다고 확신해. 빛이란 오랜 시간이 걸리는 작업이고 언제 그 결실을 맺을지 예측할 수 없는 것임을 당신이 충분히 이해하게 되었을 때, 그가 즉시 재심을 허락하고 당신과 우리 아이들을 위해 이 끔찍한 상황을 바로 끝내리라는 것을 나는 조금도 의심하지 않아. 나는 또한 내 무덤 위에서 그가 내 과거의 올바름뿐만 아니라 지난 3년 동안 내 행동의 절대적인 올바름에 대해서도 경의를 표해 주기 바라. 모든 고통과 형벌 속에서도 나는 내가 누구인지 결코 잊지 않았어. 조국에 충성하고 헌신하는 군인이라는 것을 말이야. 나는 입을 다문 채 모든 것을 받아들였고, 모든 것을 견뎌냈어. 나는 그것을 자랑하지 않아. 사실 내 의무, 단지 내 의무를 다했을 뿐이니까.

이제 당신과 헤어지려니 아쉽네. 내 생각은 밤낮으로 당신과 우리 아이들과 함께 있고, 오직 그 생각만이 나를 아직 살아 있게 해. 나는 기나긴 하루와 긴 불면의 순간마다 지금처럼 이렇게 이야기하고 싶어.

나는 그저 이 소망을 반복할 수밖에 없어. 이 모든 것이 마침내 끝나고, 모든 순간의 지옥 같은 고통이 끝나는 것 말이야. 하지만 당신이 내가 말한 대로 행동한다면, 내가 요구하는 것이니 그것이 당신의 의무인 것처럼 행동한다면, 당신과 우리 아이들의 끔찍한 고난이 끝날 것을 나는 조금도 의심하지 않아.

당신을 사랑하는 만큼 내 애정의 모든 힘으로 당신과 소중하고 사랑스러운 우리 아이들에게 키스를 보내며.

당신의 충실한 남편,

알프레드

사랑하는 당신 부모님께, 모두에게 키스를.

사랑하는 뤼시,

지난 두 달 동안 당신에게 쓴 수많은 편지에 더 덧붙일 말이 없네. 사실 이 모든 잡다한 것들은 몇 마디로 요약될 수 있지. 내 소송의 재심, 우리 아이들의 삶, 우리의 끔찍한 고난의 끝을 요청하기 위해 나는 공화국 대통령의 지대한 공정성과 정부의 공정성에 호소했어.

나는 재심을 촉구하기 위해 나를 유죄로 만든 이들의 충실성에 호소했어. 그리고 우리의 끔찍한 고통이 마침내 끝났다는 소식을 열렬히, 하지만 믿음을 가지고 기다리고 있어.

당신을 사랑하는 만큼 사랑하는 우리 아이들과 당신에게 키스를 보내며.

당신의 충실한 남편,

알프레드

사랑하는 당신 부모님께, 모든 우리 가족에게 수많은 키스를.

1898년 2월 7일

사랑하는 뤼시,

당신의 소중한 12월 편지를 방금 받았어. 너무 많은 부당한 고통 앞에서 내 마음이 부서지고 찢어지는 것만 같아. 이미 말했듯이, 당신과 우리 아이들 생각은 언제나 나를 다시 일으켜 세워. 고통에 떠는 나를, 우리가 세상에서 가장 소중히 여기는 우리의 명예와 우리 아이들의 삶 앞에서 최고의 의지로 떠는 나를 말이야. 자신과 가족을 위해 오직 정의만 요구하는 사람, 그리고 그럴 권리가 있는 사람의 점점 더 떨리는 호소를 외치라고.

나는 지난 석 달 동안 열병과 환각 속에서 당신과 우리 아이들을 위해 밤낮으로 고난을 견디며, 국가 원수, 정부, 나를 유죄 판결한 이들에게 끊임없이 호소했어. 마침내 정의를 얻고, 우리의 끔찍한 고난에 종지부를 찍기 위해서. 하지만 아직 어떤 해결도 얻지 못했지.

오늘 나는 국가 원수와 정부에 대한 나의 예전 요청을 최대한 더욱더 강하게 다시 했어. 당신이 이런 고난을 겪어서는 안 되고, 우리 아이들이 불명예 속에서 자라서는 안 되며, 나는 저지르지 않은 파렴치한 범죄로 감옥에서 죽어가면 안 되니까. 그리고 정의의 날이 마침내 우리에게 밝았다는 소식을 나는 날마다 기다리고 있어.

당신을 사랑하는 만큼 내 애정의 모든 힘으로 소중하고 사랑스러운 우리 아이들과 당신에게 키스를 보내며.

당신의 충실한 남편,

알프레드

사랑하는 당신 부모님께, 모든 우리 가족에게 수많은 키스를.

1898년 2월 25일

사랑하는 뤼시,

당신과 마찬가지로 내 생각도 낮이고 밤이고 단 한 순간도 당신을 떠나지 않아. 내가 내 마음의 소리만 따른다면, 나는 매 순간, 매 시간 당신에게 편지를 쓸 거야.

당신이 내 고통의 메아리라면, 나는 당신의 고통, 모든 가족의 고통의 메아리야. 이보다 더 많은 고통을 겪은 인간이 있었을까 의심스러워. 당신과 아이들 생각, 언제나 당신과 아이들을 향하는 내 의지는 내 뇌를 압박하고 내 마음을 억누를 힘을 항상 내게 주고 있어.

나는 지난 몇 달 동안 당신에게 많은 편지를 썼어. 그 편지들에 뭔가를 더 추가하는 것은 불필요할 거야. 지난 11월 이후로 내 복권과 수많은 결백한 희생자들을 위한 정의를 요구하기 위해 내가 보낸 모든 호소를 당신에게 이야기했지.

지난 편지 중 한 편지에서, 나는 정부에 보낸 마지막 호소를 이야기했어. 그 어느 때보다 더 감동적이고 열정적인 호소였지. 그래서 나는 복권이 이루어졌다는 소식, 끔찍하고 부당한 우리의 고통이 끝났다는 소식, 정의의 날이 마침내 우리에게 밝았다는 소식을 날마다 기다리고 있어. 그러므로 오늘은 그저 당신을 사랑하는 만큼 온 힘과 온 마음을 다해 당신과 소중하고 사랑스러운 우리 아이들에게 키스를 보내고 싶어.

당신의 충실한 남편,

알프레드

사랑하는 당신 부모님께, 모든 우리 친척에게, 우리의 모든 형제자매에게 수많은 키스를.

1898년 3월 5일

사랑하는 뤼시,

당신의 소중한 1월 편지를 방금 받았어. 언제나처럼 마음과 감정과 고귀함이 담긴 감탄스러운 편지였지. 지난 3개월 동안 내가 써온 긴 편지들에 더 덧붙일 말은 없어. 마지막 편지들은 아마 신경질적이고, 초조함과 고통과 고뇌로 가득 차 있었을 거야. 하지만 이 모든 것이 너무나 끔찍하고, 책임을 규명해야 했어.

따라서 나는 끝없이 같은 말을 반복하고 싶지 않아. 너무 오랫동안 수많은 결백한 희생자들이 감당해 온 이 비극적이고 부당한 상황을 고려하여, 나는 정부에 내 복권을 요청하고 또 요청하고 있어. 그리고 정의의 날이 마침내 우리에게 밝았다는 소식을 날마다 기다려.

당신을 사랑하는 만큼 내 애정의 모든 힘으로 사랑하는 우리 아이들과 당신에게 키스를 보내며.

당신의 충실한 남편,

알프레드

사랑하는 당신 부모님께, 모든 우리 가족에게 수많은 키스를.

부록

드레퓌스의 재심 군사재판(1899년)

셰르슈미디 교도소에서의
드레퓌스 대위

페르디낭 포르지네티[1]

구금의 과정

1894년 10월 14일, 나는 전쟁부 장관으로부터 비밀 서신을 받았다. 나에게 기밀 통보를 할 책임을 맡은 한 고위 군 장교가 다음 날인 15일 아침 7시에 교도소를 방문한다는 것을 알려주는 내용이었다.

15일 아침, 군복 차림의 아보빌Aboville 중령이 나타나 14일자로 작성된 서신을 내게 전달했다. 그 서신은 포병 제14연대 소속으로 참모부 연수 중이던 드레퓌스 대위가 "반역죄"의 피의자로 오전에 수감될 것이며, 내가 그의 신변을 개인적으로 책임지게 되었다는 내용이었다.

• •

1. Ferdinand Forzinetti (1839~1909). 프랑스의 군 장교로, 1890년부터 파리 군사 교도소의 책임자로 근무하며 1894년에 드레퓌스 대위를 수감했다. 그는 드레퓌스가 무죄일 가능성이 높다고 믿었으며, 드레퓌스의 절망적인 상태에 깊은 우려를 표했고, 이후 드레퓌스의 결백을 주장하는 증언을 했다. 1895년 강제 퇴역 후, 드레퓌스 지지자들과 교류하면서 군에서 배제되었다. 1906년의 드레퓌스 명예 회복을 기뻐하며 "이 복수는 아름답다"라고 표현한 그는 군인의 엄격한 의무와 인도적 가치를 조화롭게 실천한 인물로 평가받는다.

아보빌 중령은 나에게 명예를 걸고 장관의 지시를 철저히 따를 것을 약속해달라고 요청했고, 그 지시는 서면뿐만 아니라 구두로도 내게 전달되었다.

전달 사항 중 하나는 수감자를 완전히 고립된 독방에 가두고, 그가 칼, 종이, 펜, 잉크, 연필 등을 일절 소지하지 못하도록 감시하라는 명령이었다.

또한 그는 유죄 판결을 받은 죄수들과 똑같은 생활을 해야 했으나, 내가 그것이 부당하다고 지적하자 그 조치는 철회되었다.

중령은 나에게 교도소 안팎에 수감 사실이 알려지지 않도록 필요하다고 생각되는 대비책을 취하라고 명령했지만, 그 대비책들을 구체적으로 지시하지는 않았다.

그는 장교들에게 배정된 공간을 방문하길 원했고, 드레퓌스 대위가 사용할 공간을 지정했다.

그는 나에게 "고위직 유대인들"이 수감 사실을 알게 되면 시도할 가능성이 있는 행동들에 대해 경고했다.

나는 아무도 보지 못했고, 내 주변에서 어떤 행동도 행해지지 않았다. 이 문제로 다시 돌아가지 않기 위해 덧붙이자면, 죄수의 구금 기간 내내 나는 주임 직원의 동행 없이는 결코 그의 감방에 들어가거나 머문 적이 없었다. 그 직원만이 그 감방의 열쇠를 가지고 있었다.

정오쯤, 드레퓌스 대위는 사복 차림으로 마차를 타고 도착했다. 앙리 소령과 보안국 요원 한 명이 동행했다. 이 고위 장교는 나에게 구금 명령서를 건넸는데, 그 명령서는 장관 본인이 서명한 것이었고 14일자로 되어 있었다. 이는 대위를 직접 만나거나 심문하기도 전에 이미 체포가 결정되었다는 것을 증명한다. 또한 이 수감은 파리 총독[2]

모르게 이루어졌다는 것을 말해준다. 총독은 그 사실을 알리기 위해 파견된 참모부의 한 고위 장교에게 통지받았다. 내가 직접 이 사실을 알리는 것은 금지되어 있었기 때문이다.

내 지시를 받은 교도소 주임 직원은 수감 장부에 그가 누구인지 알 수 있는 다른 표시 없이 "드레퓌스"라는 이름을 기재한 후 대위를 지정된 방으로 안내했다.

그 순간부터 드레퓌스는 자신의 방에 격리되어 살았다. 아무도 그를 볼 수 없었고, 그가 셰르슈미디에서 머무는 내내 그의 감방문은 오직 내 앞에서만 열려야 했다.

잠시 후, 나는 드레퓌스 대위에게 갔다. 그는 극도로 흥분한 상태였고, 충혈된 눈으로 방 안을 완전히 뒤엎어 놓은 그는 진짜 정신병자처럼 보였다. 나는 그를 진정시키는 데 많은 어려움을 겪었다.

나는 이 장교가 결백하다는 것을 직감했다. 그는 나에게 글을 쓸 도구를 달라고 간청했고, 아니면 내가 직접 글을 써서 전쟁부 장관에게 장관이나 전쟁부의 장성 중 한 명에게 말할 수 있게 요청해달라고 부탁했다.

그는 자신의 체포 과정을 내게 이야기했는데, 그것은 합당하지도 않았고 군대식도 아니었다.

10월 18일부터 24일까지, 드레퓌스를 전쟁부에서 체포했던 뒤 파티 드 클람 소령이 전쟁부 장관의 특별 허가를 받아 그를 심문하러 왔다.

<hr>

2. 파리 군사 총독(Gouverneur militaire de Paris)을 말한다. 프랑스 군대 내의 공식 직책으로, 파리 주둔군을 지휘하고 국가 주요 행사에서 군을 대표하는 역할을 한다. 역사적으로는 왕정 시대부터 존재했으며, 프랑스 혁명 당시 폐지되었다가 나폴레옹에 의해 1804년에 부활한 직책이다.

드레퓌스를 만나기 전에, 그는 조용히 드레퓌스의 감방에 들어갈 수 있는지 나에게 물었다. 그는 강렬한 빛을 발하는 램프를 들고 가서 대위의 얼굴에 강한 조명을 비춰 그를 당황하게 만드는 식으로 불시에 방문하고자 했다. 나는 불가능하다고 대답했다.

그는 드레퓌스를 두 차례 심문했고, 매번 고발당한 문서에서 발췌한 일부 문구를 드레퓌스에게 받아쓰게 했다. 필적을 비교하려는 목적이었다.

이 기간에 드레퓌스 대위의 극도의 흥분 상태는 계속되었다. 복도에서는 그가 신음하고 소리치고 큰 목소리로 결백을 주장하는 소리가 들렸다. 그는 가구와 벽에 몸을 부딪쳤고, 자신이 입은 타박상에도 무감각한 듯 보였다.

그는 한순간도 편히 쉬지 못했다. 고통과 피로에 짓눌려 옷을 입은 채로 침대에 몸을 던졌을 때도, 그의 잠은 끔찍한 악몽에 시달렸다.

그는 침대에서 떨어진 적이 있었을 정도로 경련을 일으켰다.

정말 죽을 듯이 고통스러워하는 9일 동안, 그는 오직 국물과 단맛이 나는 포도주만 섭취했고 어떤 음식에도 손대지 않았다.

24일 아침, 그의 정신 상태는 거의 정신 착란에 가까웠고 너무 심각해 보였다. 나는 책임 추궁을 당할까 걱정되어 이를 전쟁부 장관과 파리 총독에게 직접 보고했다.

오후에 나는 호출을 받아 부아드프르 장군에게 갔고, 그를 따라 전쟁부 장관실로 갔다. 장군이 내 의견을 물었을 때, 나는 망설임 없이 대답했다.

"잘못된 길을 가고 있습니다. 그 장교는 죄가 없습니다."

그것은 나의 확신이었는데, 계속 확고해지기만 했다.

혼자서 장관의 집무실에 들어갔다가 몇 분 후에 나온 장군은 매우 난처한 듯이 나에게 말했다.

"장관님은 조카딸의 결혼식에 참석하러 떠나면서 나에게 '전권'을 맡겼소. 장관님이 돌아오실 때까지 내가 드레퓌스를 관리하도록 애써 주시오. 이후에는 장관님이 해결할 것이오."

나는 부아드프르 장군이 체포와 무관했거나 체포를 승인하지 않았다고 생각하게 되었다. 그러나 장군은 시설의 의사가 대위를 은밀히 방문하게 하라고 나에게 명령했고, 의사는 진정제를 처방하고 지속적인 감시를 지시했다.

27일부터 뒤 파티 드 클람 소령은 거의 매일 드레퓌스를 찾아와 새로운 심문과 필적 검사를 받게 했다. 매번 그 목적은 오직 자백을 받아내려는 것이었는데, 드레퓌스는 이에 대해 끊임없이 항의했다.

그 불행한 사람은 군사 재판소의 보고 담당 법관[3]에게 넘겨질 때까지, 자신이 "대역죄"로 고발되었다는 사실만 알고 있었을 뿐 그 죄의 성격은 알지 못했다.

심리는 길고 세밀하게 이루어졌고, 심리가 진행되는 동안 드레퓌스는 자신이 재판에 회부될 것이라 거의 믿지 않았고, 유죄 판결을 받을 것이라고는 더더욱 생각하지 않았다. 그는 여러 번 이렇게 말했다.

"내가 어떤 보상을 요구할까요? 나는 훈장을 요청하고 사임할 것입니다. 나는 이 말을 뒤 파티 소령에게 했고, 그는 이를 장관님께 제출하는 보고서에 기록했지요. 그는 나에 대한 어떤 증거도 찾아낼 수 없었어요.

---

3. magistrat rapporteur. 재판 과정에서 사건을 조사하고 보고서를 작성하여 합의부나 재판장에게 제출하는 역할을 맡은 법관을 의미한다. 이는 한국의 수명법관(受命法官)과 유사한 개념으로, 증거 조사, 증인 심문, 화해 권고 등 특정 소송 행위를 담당한다.

왜냐하면 증거가 있을 수 없기 때문입니다. 보고 담당자 역시 자신의 보고서에서 단지 추론과 가정만 할 뿐, 어떤 것도 명확히 밝히거나 단언하지 못했습니다.”

재판관들 앞에 출두하기 직전에, 그는 이렇게 말했다.

“내 고난이 끝나고 곧 가족의 품에 안기게 되기를 바랍니다.”

불행하게도 상황은 달랐다. 판결이 내려진 후, 드레퓌스는 밤 12시쯤 내가 기다리고 있던 그의 감방으로 되돌아왔다. 나를 보자, 그가 소리쳤다. “내 유일한 죄는 유대인으로 태어난 것뿐입니다! 평생의 노력과 수고가 나를 데려온 곳이 바로 여기군요. 맙소사! 왜 나는 사관학교에 들어갔을까요? 왜 나는 가족들이 그렇게 원했던 사표를 내지 않았을까요?” 그의 절망이 어찌나 극심했는지, 나는 치명적인 결말을 우려하여 감시를 강화해야 했다.

다음 날, 그의 변호인이 그를 찾아왔다. 드망주 변호사는 방에 들어오자 두 팔을 벌리고 눈물을 흘리며 그를 가슴에 끌어안고 말했다.

“내 친구, 당신의 유죄 판결은 이 시대 최대의 치욕입니다!”

나는 깊은 충격을 받았다.

그날부터, 가족의 소식을 듣지 못한 채 지내던 드레퓌스는 처음으로 가족과 서신을 주고받을 수 있도록 허락받았다. 그러나 발송 및 수신된 모든 편지는 정부 위원의 검열을 받아야 했다. 나는 단 두 차례 허락된 그의 아내와의 면회, 그리고 장모와의 면회를 지켜보았다. 감동적인 면회였다.

상고 소식이 알려지자마자, 뒤 파티 소령이 드레퓌스와 자유롭게 소통하게 하라고 명령하는 장관의 특별 허가를 가지고 다시 찾아왔다.

그는 유죄 판결을 받은 사람의 “심리 상태”를 문의한 후, 드레퓌스에

게 가까이 갔다. 그러면서 필요할 경우 즉각 대응할 수 있는 거리에서
대기하라고 주임 직원에게 지시했다.

드레퓌스가 즉시 전쟁부 장관에게 쓴 편지의 내용을 보면, 이 마지막
면담에서 뒤 파티 소령은 유죄 자백 혹은 최소한 "실마리가 되는
부주의한 행동"에 대한 자백이라도 얻어내려고 노력했다는 것을 알
수 있다.

드레퓌스는 결코 누구에게도 속임수를 쓴 적이 없으며 결백하다고
대답했다.

1895년 1월 4일, 나는 내게 주어진 무거운 책임에서 벗어났다.

나는 드레퓌스 대위와 악수한 후 그를 헌병들에게 넘겼고, 그들은
그에게 수갑을 채운 채 군사학교로 데려갔다. 거기서 그는 자신의
결백을 외치면서 강등―사형보다 더 끔찍한 형벌―당한 뒤 유배되었
다.

말하자면 거의 3개월 동안 그 불행한 사람의 생활을 함께하면서,
나는 지극히 괴롭고 슬픈 임무를 수행해야 했다. 나는 그의 모든 식사에
반드시 참석해야 한다는 엄명을 받았고, 외부의 어떤 문서도 음식
안에 숨겨져 그에게 전달되지 못하도록 철저히 감시해야 했다.

나는 이미 퇴직했음에도 불구하고 명예롭게 선택되어 아주 오래전부
터 여러 교정 시설의 책임자로 남아 있던 덕분에, 죄수들에 대한 많은
경험을 쌓았다. 나는 끔찍한 잘못이 저질러졌다고 큰 소리로 두려움
없이 말하고 단언한다. 그러니까 나는 결코 드레퓌스 대위를 조국과
군복을 배신한 자로 여기지 않았다.

처음부터 나의 직속상관들과 여러 다른 사람들은 내 의견을 알게
되었다. 나는 고위 공무원들과 정치인들 앞에서, 그리고 모든 계급의

수많은 장교, 기자들, 문인들에게 내 의견을 표명했다.

더 말하자면, 정부 또한 내 의견을 알고 있었다. 강등이 있기 전날, 내무부의 한 국장이 장관인 뒤퓌Dupuy 씨를 대신해 드레퓌스에 대한 몇 가지 정보를 내게 요청하러 왔었기 때문이다. 나는 똑같은 관점에서 그에게 대답했다.

그 공무원은 자신의 상사들에게 그것을 반복해서 보고했을 것이다. 그런데 단언하건대, 지난 11월 5일까지 나는 내 상사 중 누구에게서도 어떤 지적도, 침묵하라는 명령도 받은 적이 없었다. 나는 언제나 계속해서 드레퓌스의 결백을 주장했다. 그는 설명할 수도, 이해할 수도 없는 불운한 운명의 희생자거나 아니면 의도적으로 조작된 거대한 음모의 희생자이다.

드레퓌스가 스스로 목숨을 끊지 않은 것은 비겁함 때문이 아니라는 것도 말해야겠다. 그는 절대적으로 자살하기 불가능한 상황에 놓여 있었고, 나의 간곡한 권유와 슬픔에 잠긴 가족들의 간청에 굴복한 것이다.

또한 이 질문을 받은 바 있기에, 나는 베르나르 라자르[4] 씨를 처음 알게 된 것은 그의 첫 번째 소책자가 출간되기 이틀 전이었다는 것을 분명히 밝힌다. 그 소책자는 "사법적 오류, 드레퓌스 대위에 대한

4. Bernard Lazare (1865~1903). 프랑스의 문학 비평가이자 정치 저널리스트로서, 드레퓌스 사건의 최초의 옹호자로 알려져 있으며 반유대주의와 싸운 선구적인 인물이다. 그는 1896년 벨기에에서 『사법적 오류: 드레퓌스 사건의 진실(*Une erreur judiciaire: La vérité sur l'affaire Dreyfus*)』(본문에서는 제목이 약간 다르게 언급되었다)이라는 소책자를 출판하여 드레퓌스의 결백을 논리적으로 증명했다. 이 책은 드레퓌스 사건을 세상에 알리는 중요한 역할을 했으며, 이후 에밀 졸라(Émile Zola)의 유명한 글 「나는 고발한다(J'accuse)」에도 영향을 미쳤다.

진실"이라는 제목이었는데, 나는 그것을 직접적으로든 간접적으로든 알지 못했다. 작년에 내가 앙리 로슈포르[5]의 신문사가 아니라 개인 거처로 그와 동행한 것은 정의로운 모든 사람이 이해할 수 있는 자연스러운 감정에 따른 것이었다. 그것은 부당하게 처벌받고 자신이 저지르지 않은 범죄의 대가를 치르는 한 결백한 사람을 위해 증언하려는 마음이었다.

모든 신념은 진지하고 사심이 없을 때 존중받을 가치가 있다. 드레퓌스의 유죄를 확신하는 사람들이 있다면, 민간 및 군부의 지도층 내부에 나처럼, 나만큼 드레퓌스의 결백을 확신하는 사람들도 아주 많다는 것을 인정해야 할 것이다. 나는 그렇게 단언할 수 있다. 그러나 인간적인 비겁함 때문에 그들은 공개적으로 큰 소리로 말하지 못한 것이다. 나는 그런 사람들 중 하나가 되고 싶지 않았다.

아직 국회의 일원인, 내가 이름을 말할 수 없는 한 고위직 정치인이 말했다.

"드레퓌스 소송은 정치적 범죄에 접목된 반유대주의 소송이다."

나도 같은 의견이다.

하느님께서 바위섬에서 극심한 고통을 받으며 죽어가고 있는 이 불행한 사람이 언젠가 명예를 회복할 수 있도록 해 주시길. 그것은 그의 가족과 아이들의 명예를 위한 것일 뿐만 아니라 군대를 위한

5. Henri Rochefort (1831~1913). 프랑스의 저널리스트, 극작가, 정치인으로, 논쟁적인 글과 강한 정치적 입장으로 유명했다. 그는 극좌파에서 시작해 점차 민족주의적 성향을 띠게 되었고, 특히 드레퓌스 사건 당시 반드레퓌스파의 대표적인 인물 중 하나였다. 그는 자신의 신문을 통해 드레퓌스 사건을 반유대주의적 관점에서 다루며 드레퓌스의 유죄를 주장했고, 드레퓌스의 무죄를 주장하는 지식인들과 대립했다.

것이기도 하다!

포르지네티,
퇴역한 대대장이자 파리 군사 교도소의 전직 지휘관

중상모략

소위 말하는 드레퓌스 대위의 자백

1. 드레퓌스 부인이 G. 카베냐크[6] 씨에게

파리, 1898년 1월 14일

의원님께,

1898년 1월 13일의 회의에서, 의원님은 한 장교 즉 르브룅르노 Lebrun-Renault 대위가 끔찍한 고통의 날에 내 남편의 입에서 다음과 같은 말을 들었다고 주장했습니다. "내가 중요하지 않은 문서를 외국

6. Godefroy Cavaignac (1853~1905). 카베냐크 장군이라는 이름으로 유명한 루이 외젠 카베냐크(Louis Eugène Cavaignac)의 아들로, 1870년 프랑스–프로이센 전쟁에 참전하여 군사 훈장을 받았다. 1882년 사르트(Sarthe) 지역에서 공화당 소속으로 국회의원에 당선되어 정치에 입문했으며 제3공화국 시절 여러 번 장관직을 역임했다. 드레퓌스 사건에서는 반드레퓌스파로 활동하며, 군의 명예를 지키려 한 인물이다. 1898년 7월, 전쟁부 장관에 임명된 그는 드레퓌스의 유죄를 입증할 문서를 공개했지만, 이후 해당 문서가 위조된 것임이 밝혀졌다. 이 사건으로 인해 그는 전쟁부 장관직에서 사임했으며, 이후에도 드레퓌스의 유죄를 주장하며 국수주의 정치를 펼쳤다.

권력에 넘겼다면, 그것은 다른 문서를 얻기 위한 희망에서였다.”

저는 이 주장에 대해 단호하고 절대적인 반박을 합니다.

만약—남편이 고통을 영웅적으로 견디면서도 끊임없이 자신의 결백을 강하게 주장한 바로 다음 날—어떤 신문이 이를 아무런 검증과 증거 없이 기사로 작성한 것을 의원님이 의회 연단에서 그대로 반복했다면, 그 신문은 진실을 왜곡한 것입니다.

저는 르브륑르노 대위가 풍문에 따라 자신이 한 것으로 되어 있는 발언을 즉각 부인했다고 들었습니다. 그는 상관들에게 진실을, 즉 제 남편이 오직 결백만 주장했다는 것을 말했는데, 그 장교에게 명령에 의해 침묵이 강요되었다고 말입니다.

저는 제가 들은 것이 정확한지 아닌지 모르고, 그것을 확인할 수도 없습니다. 의원님이 1895년 1월의 신문을 참조하는 수고를 하신다면, 1월 5일 르브륑르노 대위와 남편 사이의 대화에 대해 완전히 다른 이야기를 먼저 발견하시게 될 것입니다. “목격자의 이야기”라는 제목으로 외젠 클리송^{Eugène Clisson} 씨가 작성한 〈르 피가로〉의 기사는 다음과 같습니다.

그런 순서로 호송대는 7시 50분에 군사학교에 도착했다. 드레퓌스는 학교의 한 방으로 이송되어 르브륑르노 대위의 감시에 맡겨졌다. 그 방에서 다음과 같은 대화가 시작되었다.

“자살을 생각해 본 적이 없습니까, 드레퓌스 씨?” 르브륑르노 대위가 물었다.

“생각해 봤죠, 대위님. 하지만 그것은 오직 내가 유죄 판결을 받던 날뿐이었습니다. 그 후 나는 깊이 생각했습니다. 내가 결백하므로 스스로 목숨을 끊을 권리가 없다는 생각이 들었지요. 정의가 내게 돌아오는 것을 3년 안에 볼 것입니다." 드레퓌스가 대답했다.

"그럼 당신은 결백합니까?"

"자, 대위님, 들어보십시오. 한 대사관의 작은 서랍장에서 네 개의 문서를 보냈다는 내용이 적힌 종이가 발견되었습니다. 그 종이를 전문가들에게 감정하게 했더니, 세 명은 내 필적이라고 인정하고, 두 명은 내 필적이 아니라고 선언했지요. 그런데 바로 그것을 근거로 내가 유죄 판결을 받았습니다!

나는 열여덟 살에 에콜 폴리테크닉에 입학했고, 내 앞에는 화려한 군사적 미래가 펼쳐져 있었습니다. 30만 프랑의 재산과 미래에 5만 프랑의 연금을 받는다는 확신도 있었고요. 나는 절대 여자를 쫓아다니는 사람이 아니었고, 평생 카드에 손을 댄 적도 없습니다. 그러므로 돈이 필요하지 않았습니다. 내가 왜 반역을 했겠어요? 돈 때문에? 아닙니다, 그럼 무엇 때문일까요?"

"보냈다고 하는 그 문서들은 대체 어떤 것이었습니까?"

"하나는 기밀문서였고, 나머지 세 개는 덜 중요한 것이었습니다."

"그것을 어떻게 아십니까?"

"재판에서 들었습니다. 아! 그 비공개 재판, 공개 재판이었다면, 백일하에 진행되었다면 얼마나 좋았을까요! 그러면 분명히 여론이 뒤바뀌었을 겁니다."

"감옥에서 신문을 읽으십니까?"

"아뇨, 전혀. 언론이 내 일에 많이 관여하고, 몇몇 신문은 이

터무니없는 고발을 이용해 반유대주의 캠페인을 벌이고 있다고
들었습니다. 나는 아무것도 읽고 싶지 않았습니다."

그런 다음, 그는 돌연 무관심한 듯한 태도로 덧붙였다. "이제
끝입니다. 나는 뒤코 반도[7]로 보내질 것이고, 석 달 후 내 아내가
거기로 나를 찾아올 것입니다."

르브룅르노 대위가 다시 물었다. "조금 있다가 발언할 생각이
있습니까?"

"네, 저는 공개적으로 제 결백을 주장하고 싶습니다."

분명하게 표현된 이 선언을 듣고, 대위는 다라스Darras 장군에게
드레퓌스의 결심을 알렸다. 게다가 그의 발언은 이미 예정된 것이
었고, 필요한 경우 그의 말을 끊기 위해 북소리가 울릴 터였다.
8시 50분, 네 명의 포병이 방으로 들어왔다.

"여기 당신을 데려갈 병사들이 왔습니다." 르브룅르노 대위가
말했다.

"알겠습니다, 대위님. 그들을 따라가지요. 하지만 눈을 똑바로
보면서 다시 말씀드립니다. 저는 결백합니다."

그리고 그는 병사들을 따라갔다.

다음 날, 아바스 통신사[8]는 언론에 다음과 같은 단평을 전달했습니다.

<hr>

7. 뉴칼레도니아의 누메아에 위치한 반도로, 19세기 프랑스의 유배지 중 하나로 유명하
   다. 이 반도는 1854년 당시 해군 및 식민지 장관이던 테오도르 뒤코(Théodore Ducos)의
   이름을 따서 명명되었는데, 1872년 프랑스 정부는 이곳을 유배지로 지정하여 정치범
   들을 수용하는 여러 요새화된 캠프를 설치했다.
8. Agence Havas. 1835년 프랑스에서 설립된 세계 최초의 뉴스 통신사로, 외국 신문의

르브룅르노 대위가 직접 언론에 어떤 정보도 제공하지 않았다는 것만
밝히는 내용이었습니다.

　　전쟁부 장관은 공화국 경비대의 르브룅르노 대위에게, 드레퓌
스 전 대위와의 대화와 관련하여 몇몇 신문에서 그가 했다고 주장
하는 단언에 대해 질문했다. 르브룅르노 대위는 어떤 언론 기관이
나 기자에게도 정보를 제공한 적이 전혀 없다고 장관에게 확언했
다.

　　〈르 피가로〉는 이 단평을 그대로 게재하며 다음과 같은 문장을
덧붙였습니다.

　　이는 절대적으로 정확한 것으로, 르브룅르노 대위는 "어떤 언
론 기관이나 기자에게도 정보를 제공한 적이 전혀 없다"라고 장
관에게 단언하면서 진실을 말한 것이다. 사실을 말하자면, 가장
믿을 만하고 정직한 그 장교가 몇몇 사람들 앞에서 나눈 단순한
"대화"가 있었을 뿐이다. 그는 그 사람들이 그 대화를 발설하리라
고 의심하지 않았다. 게다가 우리는 군인이 가족이나 친구들과
그런 종류의 대화를 나누는 것이 규칙으로 금지되어 있다고 생각
하지 않는다.

뉴스를 번역하고 프랑스 신문의 정보를 종합하여 제공하기 위한 목적으로 설립되었
다. 1940년에 프랑스 정부에 의해 국유화되어 프랑스 정보국(Office français d'infor-
mation)으로 개편되었고, 1944년에 광고 그룹 Havas와 뉴스 통신사 AFP(Agence
France-Presse)로 분리되었다.

오직 1월 8일자 〈라 코카르드〉에만 카스틀랭 주니어 씨의 서명 아래 의원님이 재현한 발언이 실렸습니다. 그러나 그 신문은 그것을 르브룅르노 대위가 아닌 다른 장교에게 전가했습니다.

더구나 의원님이 국회 연단에서 발표한 이야기의 비현실성은 제 남편의 서류에 들어있는 문서, 부인할 수 없는 그 문서로 인해 지극히 명백하게 드러나지 않습니까? 그 문서는 의원님이 모를 수 없는 것으로, 전쟁부에서 근무하는 동안 틀림없이 인지하셨을 것입니다.

상고가 기각된 바로 그날, 남편에게 모든 희망이 사라진 순간, 가장 참혹한 고통을 앞둔 전날 밤, 제 남편은 교도소에서 뒤 파티 드 클람 소령의 방문을 받았습니다. 의원님도 잘 아시는 그 소령은 체포 전 예비 조사를 지휘했던 인물인데, 전쟁부 장관의 이름으로 드레퓌스 대위에게 죄를 인정할 의사가 있는지를 물으러 온 것입니다.

“나는 결백합니다. 아무것도 자백할 것이 없습니다.”라고 남편은 대답했지요.

“경솔한 행동을 한 적은 없습니까? 외국 요원을 유인하려고 했던 적은 없어요?” 뒤 파티 씨가 물었습니다.

“나는 어떤 요원도 알지 못합니다. 그런 관계를 맺어 본 적이 없습니다. 나는 누구도 유인하려고 한 적이 없으며, 내게 제기된 혐의에 대해 결백합니다.” 드레퓌스 대위가 대답했습니다.

“그렇다면, 만약 당신이 진실을 말하고 있다면, 당신은 이 시대의 가장 위대한 순교자입니다!” 남편의 형을 집행한 사람, 저를, 불행한 여자인 저를 지극히 잔인하게 괴롭혔던 그 사람은 그렇게 선언했습니다.

뒤 파티 드 클람 씨가 이 대화를 부인할 수도 있습니다. 그러나 이를 입증해 주는 편지가 있습니다. 메르시에[9] 장군이 보낸 사람이 셰르슈미디 교도소를 떠난 후 작성된 편지로, 장관에게 전달되었고 전쟁부의 서류에 들어 있습니다. 제가 다시 말씀드립니다만, 의원님은 틀림없이 그 편지를 알고 계셨을 테고, 따라서 국회 연단에서 그런 주장을 하시지 말았어야 합니다.

제 남편은 메르시에 장군에게 다음과 같이 편지를 썼습니다.

> 장관님께,
>
> 장관님의 명령에 따라 뒤 파티 드 클람 소령의 방문을 받고, 저는 결백하며 경솔한 행동을 조금도 한 적이 없다고 그에게 다시 진술하였습니다. 저는 유죄 판결을 받았고, 어떠한 자비도 요청하지 않습니다. 하지만 언젠가 되찾게 되기를 바라는 제 명예를 고려하여, 저는 장관님께 조사를 계속해 주실 것을 간곡히 부탁드릴 수밖에 없습니다.
>
> 제가 떠난 후에도, 계속 조사해 주십시오. 그것이 제가 요청하는 단 하나의 은혜입니다.
>
> 알프레드 드레퓌스

그리고 바로 그 편지를 쓴 다음 날, 의원님이 의회에서 희생자에 대한, 결백한 사람에 대한 유죄의 증거로 제시한 그 고백을 제 남편이

----

9. Auguste Mercier (1833~1921). 프랑스의 군인이자 정치인으로, 특히 드레퓌스 사건 당시 전쟁부 장관(1893~1895년 재직)을 맡았던 인물이다. 따라서 여기서 메르시에 장군과 전쟁부 장관은 동일인을 가리킨다.

했다는 말씀이십니까!

뒤 파티 드 클랍 씨의 행동은 법을 위반하고 군사 재판소의 장교들을 속이지 않고서는 유죄 판결을 내리게 할 수 없었던 사람의 유죄에 대해 마지막까지 메르시에 장군이 의심했다는 것을 증명합니다.

제 남편의 편지 진본은 남편이 했다고 하는 말을 반박합니다.

의원님께 각별한 경의를 표하며,

뤼시 드레퓌스

2. 드레퓌스 부인이 G. 카베냐크 씨에게

1898년 1월 16일

의원님께,

의원님은 르브룅르노 대위의 진술에 대한 서면 증언이 전쟁부 장관님의 수중에 있다고 말씀하셨습니다.

저는 제 남편, 제 아이들, 그리고 진실을 위해 의원님 답변의 모호함을 밝히지 않을 수 없습니다.

의원님이 갑작스럽게 공개한 그 서면 증언, 게다가 장관님은 제시하지 않은 그 서면 증언은 르브룅르노 대위의 것입니까, 아니면 그 대위의 것이 아닙니까?

르브룅르노 대위의 것이 아니라면, 그것은 가치가 없습니다. 뒤 파티 드 클랍 씨가 첫날부터 해온 모든 거짓말에 덧붙여진 또 하나의 거짓말에 불과합니다. 그가 한 거짓말의 예를 들면, 그는 제 남편이 구술을 받아쓰면서 떨기 시작했다고 주장했지만, 그날 남편이 쓴 페이지에는 충분히 설명될 수 있었을 그런 감정의 흔적이 전혀 없었습니다. 또한 그는 제 남편의 범죄가 공화국 대통령과 장관들에게 알려졌다고 주장했지만, 카시미르페리에 씨와 소시에 장군은 한참 후에야 남편의 체포 사실을 알았습니다.

그러나 르브룅르노 대위는 결코 그런 말을 한 적이 없습니다. 제게는 이를 증명해 줄 증인으로 르브룅르노 대위에게 직접 의원님의 주장에 대한 단호한 반박을 들은 포르지네티 소령이 있습니다. 그의 공정함에 대해서는 소시에 장군이 말해줄 수 있을 것입니다.

바로 그날 〈르 피가로〉에 르브룅르노 대위와 제 남편의 대화를 사실 그대로 작성한 클리송 씨도 증인입니다. 또한 제게는 다른 증인들도 있는데, 그들 역시 진실을 말하고 입증할 용기를 낼 것입니다. 그들은 내일 법정에서, 선서하에, 르브룅르노 대위가 그 중상모략에 맞서 한결같이 해온 반박을 반복할 것입니다. 그리고 르브룅르노 대위도 선서하에, 법정에서, 진실을 확인해 줄 것입니다.

의원님은 식민지 장관 르봉 씨에게 편지들을 보여달라고 요청하실 수 있습니다. 그가 제게는 사본만 보내어 그 소중한 필체를 직접 볼 수 없게 만든 편지들 말입니다.

그 편지들을 읽어보십시오. 의원님은 부당한 형벌의 끔찍한 고통 속에서 오직 긴 항의의 외침, 기나긴 결백의 주장, 프랑스에 대한 불굴의 사랑만 발견하실 것입니다.

살아서든 죽어서든, 불행한 제 남편은 반드시 명예를 회복할 것입니다. 모든 중상모략은 사라지고, 온전한 진실이 알려질 것입니다. 저도, 우리 친구들도, 제가 이름만 알고 있을 뿐인 정의에 몰두하는 모든 사람도 그때까지 절대 포기하지 않을 것입니다.

의원님께 각별한 마음을 표하며,

뤼시 드레퓌스

3. 드레퓌스 대위가 드망주 변호사에게[10]

1898년 1월 20일

부인,

부인의 불행한 남편이 3년 전, 강등당하기 전날과 바로 그날 밤에 제게 쓴 편지를 영광스럽게도 부인께 전달합니다. 이것은 그가 자신의 결백을 주장하는 것을 결코 멈추지 않았다는 명백한 증거입니다.

존경하는 마음으로,

에드가르 드망주

＊＊

1895년 1월 3일(목요일 정오)

변호사님,

저는 내일 군인에게 가해질 수 있는 가장 치욕적인 모욕을 당할 것이라는 통보를 받았습니다.

• •

10. 드레퓌스 대위의 변호를 맡았던 드망주 변호사가 드레퓌스의 아내인 뤼시에게 편지를 써(아래 첫 번째 편지) 자신이 3년 전 드레퓌스 대위로부터 받았던 편지 두 통을 전달한다.

저는 그것을 예상했고 준비도 했지만, 그래도 그 충격은 끔찍했습니다. 어떤 일이 있더라도, 마지막 순간까지, 저는 하늘이 도운 우연에 의해 진짜 범인이 밝혀지기를 바랐습니다.

저는 죽음보다 더한 그 지독한 형벌을 향해 창피해하지 않고 당당하게 머리를 들고 걸어갈 것입니다.

제가 땀 흘려 얻은 명예의 휘장을 빼앗길 때, 제 마음이 끔찍하게 고통받지 않을 거라고 말한다면, 그건 거짓말일 것입니다.

저는 분명 천 번이라도 죽음을 택했을 것입니다.

하지만 변호사님이 저에게 제 의무를 가르쳐 주셨지요. 어떤 고통이 기다리고 있더라도 저는 그것을 피할 수 없습니다. 변호사님은 저에게 희망을 심어주셨고, 결백한 자가 영원히 유죄 판결을 받은 채로 남을 수 없다는 생각을 불어넣어 주셨고, 믿음을 주셨습니다.

변호사님, 결백한 자를 위해 해 주신 모든 것에 대해 다시 한번 감사드립니다.

내일 저는 라 상테 교도소로 이송될 것입니다.

변호사님이 따뜻하고 설득력 있는 말로 저에게 위안을 주시고 부서진 제 마음에 생기를 불어넣어 주실 수 있다면, 큰 행복이 될 것입니다.

이 끔찍한 미스터리를 풀기 위해 저는 항상 변호사님과 제 가족을 믿고 있습니다.

제가 어디를 가든, 변호사님의 기억은 저를 따라다닐 것이며, 그것은 제가 기다리는 행복, 즉 완전하고 철저한 명예 회복을 위한 별이 될 것입니다.

변호사님께 깊은 존경과 공감을 표하며,

A. 드레퓌스

방금 강등이 토요일에나 진행된다는 소식을 들었습니다. 어쨌든 이 편지를 보냅니다.

**

라 상테 교도소(토요일)

변호사님,

저는 변호사님께 한 약속을 지켰습니다.

결백한 저는 군인에게 가해질 수 있는 가장 끔찍한 고난에 맞섰습니다. 저를 둘러싼 군중의 멸시를 느꼈고, 상상할 수 있는 가장 참혹한 고문을 겪었습니다. 차라리 무덤 속이 더 행복했을 것입니다! 모든 것이 끝나고, 아무것도 들리지 않으며, 고요 속에서 내 모든 고통을 잊을 테니까요.

하지만 슬프게도! 의무가 저에게 그것을 허락하지 않습니다. 변호사님이 아주 잘 일러주셨듯이.

저는 살아야만 합니다. 진실을 밝혀내고 제 이름의 명예를 회복하기 위해서, 오래도록 계속 고난을 겪을 수밖에 없습니다.

아아! 이 모든 것이 언제 끝날까요? 언제 다시 행복해질 수 있을까요?

어떻든 저는 변호사님을 믿습니다. 오늘 제가 견뎌낸 모든 것에 대한 기억에, 아직도 저를 기다리는 모든 고통에 저는 여전히 몸서리칩니다.

변호사님, 따뜻하고 설득력 있는 말로 저를 지지해 주십시오. 이 고난이 끝나게, 제가 가능한 한 빨리 그곳으로 보내지게 해 주십시오. 거기서 저는 아내와 함께 이 음울한 사건의 진실이 밝혀져 제 명예가 회복되기를 간절하게 기다릴 것입니다.

지금 당장 제가 바라는 유일한 은혜는 그것뿐입니다. 사람들이 의심한다고 해도, 저의 결백을 믿는다 해도, 지금으로서는 저는 단 한 가지만 요청합니다. 그것은 공기, 그리고 제 아내와 함께하는 것입니다. 그러면 저는 저를 사랑하는 모든 사람이 이 음울한 사건을 밝혀내기를 기다릴 것입니다. 하지만 최대한 빨리 밝히기를 바랍니다. 저는 점점 저항할 힘을 잃어가고 있거든요. 결백한데도 이렇게 끔찍한 범죄로 유죄 판결을 받는 것은 정말 너무나도 비극적이고 잔인한 일입니다.

산만한 문체를 용서해 주십시오. 아직 제 생각이 정리되지 않았고, 육체적으로나 정신적으로 극도로 지쳐 있어서요. 오늘 제 마음은 너무도 많은 피를 흘렸습니다.

그러니 변호사님, 제발 제 부당한 형벌이 단축되기를 바랍니다.

그동안 변호사님은 진실을 찾으려 애쓰시겠지요. 저는 그렇게 믿고 속으로 확신하고 있습니다. 변호사님은 밝혀내실 겁니다.

항상 저를 믿어 주세요. 변호사님께 충실한 불행한 사람,

A. 드레퓌스

드레퓌스 가족. 왼쪽부터 딸 잔느, 아내 뤼시, 드레퓌스, 아들 피에르(1905년경)

드레퓌스 사건 주요 일지

이 사건 일지는 옮긴이가 정리한 것이다.

1894년

9월 27일	프랑스 정보국이 독일 대사관에서 프랑스 군사기밀 누설을 시사하는 문서(명세서) 입수.
10월 15일	유대인 장교 드레퓌스가 필적의 유사성을 이유로 의심받고 간첩 혐의로 체포됨.
11월~12월	프랑스 장교가 국가 반역 혐의로 체포되었다는 소식이 보도된 후 국수주의적이고 반유대주의적인 성향의 언론은 대대적인 선전 캠페인 조직. 반유대주의 여론이 강하게 작용.
12월 22일	군사 재판에서 전원 일치 판결로 군 계급 박탈과 함께 종신형으로 프랑스령 기아나로 유배형 선고(이 재판에서 있었던 불법 행위: 피고와 변호인도 모르게 군사 재판소에 비밀문서가 제출됨).
12월 31일	프랑스 파기원은 드레퓌스가 제출한 상고를 기각함.

1895년

1월 5일	파리 연병장에서 드레퓌스의 군적 박탈식 진행.

1월 17일	드레퓌스 생마르탱 드 레로 출발.
2월 21일	드레퓌스 프랑스령 기아나로 출발.
3월 12일	드레퓌스 기아나 도착.
4월 12일	드레퓌스 악마의 섬으로 이송됨.

1896년

3월 2일	피카르 중령은 독일 대사관의 슈바르츠코펜이 에스테라지 소령에게 보낸 암호화된 전보 발견, 에스테라지를 대상으로 비밀 조사 진행. 그 결과 명세서의 실제 작성자가 드레퓌스가 아닌 에스테라지라는 결론에 도달.
8월 5일	피카르는 상관들과 전쟁부 장관에게 명세서가 에스테라지 소령의 필적임을 공식 보고.
9월 1일	피카르는 비밀문서 검토 후, 상관들에게 드레퓌스를 유죄로 입증할 만한 증거가 전혀 없다고 보고.
9월 14일	〈레클레르〉 신문은 드레퓌스의 유죄를 "반박할 수 없는" 방식으로 입증하려는 의도에서, 군사 재판소 판사들에게 비밀문서가 전달되었다는 사실 폭로(피고와 변호인 측이 해당 문서의 존재조차 알지 못한 채 재판이 진행되었음을 알게 됨).
9월 16일	드레퓌스 부인은 절차 규정 위반을 이유로 남편 재판에 대한 재심을 공식 요청.
11월 1일	앙리 소령은 드레퓌스 사건의 비밀문서를 위조문서로 보완하기로 결정. 그가 만든 위조문서 중 하나는 나중에 "앙리의 위조 문서faux Henry"라고 불림.
11월 6일	베르나르 라자르가 저술한 소책자 『사법적 오류: 드레퓌스 사건의 진실』이 브뤼셀에서 출간됨.
11월 10일	〈르 마탱le Matin〉 신문이 "명세서"의 복사본 공개.
11월 14일	피카르 중령이 튀니지로 전근 명령을 받음.

1897년

1월	앙리 소령이 정보국 책임자로 임명됨.
6월 21일~29일	피카르 중령은 자신이 발견한 사항들을 친구이자 변호사인 루이 르블루아Louis Leblois에게 털어놓음.
7월 13일	르블루아 변호사는 상원 부의장 슈뢰르케스네르Scheurer-Kestner에게 비밀리에 피카르의 발견 내용을 털어놓고, 드레퓌스가 무죄임을 확신시키는 데 성공.
10월 16일	앙리와 뒤 파티 드 클람을 비롯한 장교들은 에스테라지 소령을 보호하기로 결정, 그가 곧 받게 될 혐의에 대해 미리 경고함.
11월 5일	가브리엘 모노Gabriel Monod는 〈르 탕Le Temps〉 신문을 통해 드레퓌스가 사법적 오류의 희생자임을 공개적으로 주장.
11월 11일	마티외 드레퓌스가 명세서의 진짜 작성자가 누구인지 알게 된 후, 상원 부의장 슈뢰르케스네르를 찾아가 그 정보가 사실임을 확인받음.
11월 16일	아침 신문들이 마티외 드레퓌스가 전쟁부 장관에게 보낸 공개서한을 게재함. 그 서한에서 명세서의 진짜 작성자가 에스테라지 소령이라고 고발한 결과, 에스테라지에 대한 공식적인 조사가 착수됨.
11월 25일	에밀 졸라가 신문 〈르 피가로Le Figaro〉에 드레퓌스를 옹호하는 첫 번째 기사 발표(지식인 사회가 드레퓌스 사건에 본격 개입하는 시작점).
12월 14일	졸라는 〈르 피가로〉에 「청년에게 보내는 편지Lettre à la jeunesse」 발표. 그에 앞서 「조서Procès-verbal」도 같은 신문에 발표.
12월 26일	필적 감정사 벨롬, 바리나르, 쿠아르는 명세서를 분석한 뒤 에스테라지의 필적이 아니라는 보고서를 제출함.

1898년

1월 11일	군사 재판소는 비공개 재판을 통해 만장일치로 에스테라지

무죄 판결.

1월 13일	에밀 졸라가 「나는 고발한다J'accuse」라는 공개서한을 〈로로르L'Aurore〉 신문에 게재. 피카르는 요새 수감형 60일을 선고받고 몽 발레리앙 요새에 수감됨.
1월 18일	빌로Billot 장군이 에밀 졸라와 신문 〈로로르〉를 상대로 고소장 제출.
2월 23일	졸라는 명예훼손죄로 유죄 판결, 최고 형량인 징역 1년과 벌금 3,000프랑 선고받음.
2월 25일	피카르는 강제 퇴역당함.
3월 9일	졸라가 「나는 고발한다」에서 지목한 필적 감정사 3명이 졸라를 상대로 명예훼손 혐의로 제소한 재판이 열림.
4월 2일	프랑스 파기원이 졸라에 대한 2월 23일의 유죄 판결을 절차상의 하자로 파기 및 무효화 함.
4월 8일	군사 재판소가 정식 절차에 따라 에밀 졸라를 다시 고소.
6월 16일	졸라의 변호사 페르낭 라보리Femand Labori가 5월 23일에 제출한 상고 요청이 파기원에서 기각됨.
7월 7일	새로 임명된 전쟁부 장관 카베냐크는 하원 연설에서 드레퓌스 유죄를 입증하는 결정적 증거가 있다고 주장, 비밀문서에서 발췌한 세 개의 문서를 근거로 제시.
7월 9일	피카르는 총리에게 서한을 보내, 카베냐크가 제시한 세 문서 중 두 개는 의도적으로 날짜가 잘못 기재되었고, 나머지 하나는 위조된 문서라고 밝힘. 카베냐크는 피카르와 그의 변호사 르블루아를 간첩법 위반 혐의로 고소.
7월 13일	피카르가 라 상테 교도소에 수감됨.
7월 18일	에밀 졸라는 형사법원에서 유죄 판결, 징역형을 피하기 위해 영국으로 도피.
8월 10일	장 조레스Jean Jaurès가 〈라 프티트 레퓌블리크La Petite République〉에 「증거Les Preuves」라는 제목의 기사 시리즈를 게재하며 드레퓌스 사건의 진실을 밝히려는 여론 주도.
8월 12일	검사 푀이요레Feuilloley의 요청에 따라 재판부는 에스테라지

에 대해 불기소 결정. 에스테라지 석방.

8월 13일 카베냐크 장관의 군사 보좌관 쿠이네Cuignet 대위가 '앙리의 위조문서' 발견.

8월 30일 앙리는 카베냐크 앞에서 위조 사실 자백, 체포되어 몽 발레리앙 요새로 이송됨.

8월 31일 앙리가 감방에서 면도칼로 목을 그어 자살.

9월 3일 드레퓌스 사건의 여파로 정치적 책임을 지고 카베냐크 장관 사임.

9월 22일 피카르는 셰르슈미디 교도소에 수감됨.

10월 29일 프랑스 파기원은 재심 요청을 정식으로 접수, 본격적인 조사에 착수하기로 결정.

1899년

6월 1일 드레퓌스 사건의 초기 수사 책임자였던 뒤 파티 드 클람이 체포됨.

6월 3일 프랑스 파기원은 1894년 드레퓌스 유죄 판결을 무효화하고, 사건을 새로운 군사 재판소로 이관하기로 결정.

6월 9일 드레퓌스가 악마의 섬을 떠남.

6월 13일 피카르는 무혐의 처분을 받음.

7월 1일 드레퓌스는 프랑스에 도착하여 렌Rennes의 군사 교도소에 수감됨.

7월 18일 〈르 마탱〉이 에스테라지의 증언 보도. 그는 자신이 '명세서' 작성자임을 인정하면서도 상관의 지시에 따라 작성한 것이라고 주장.

8월 7일 드레퓌스의 재심 재판이 프랑스 렌의 군사 재판소에서 시작됨.

9월 9일 드레퓌스는 다시 유죄 판결을 받고 징역 10년 형을 선고받지만, 이번에는 '참작할 만한 사정'이 인정되어 형량이 완화됨.

9월 19일   에밀 루베Émile Loubet 대통령이 드레퓌스 특별 사면. 법적
                  무죄 판결은 아니지만, 드레퓌스는 자유의 몸이 됨.

11월 17일   프랑스 정부는 드레퓌스 사건 관련자 전원에게 면책을
                  주는 '사면법' 제출. 이 법안은 사건 조작에 관여한 인물들
                  까지 처벌을 면하게 하여 사회적 비판과 논란을 불러일으
                  킴.

1900~1906년

1900년 12월 24일 프랑스 상원이 드레퓌스 사건 관련 모든 행위에 대한 사면법
                  을 통과시켜, 사건 조작에 관여한 군인 및 민간인들이 법적
                  책임을 지지 않게 됨.

1902년 9월 29일   에밀 졸라가 파리 자택에서 일산화탄소 중독으로 사망.

1902년 10월 5일   에밀 졸라, 몽마르트르 묘지에 안장(1908년에 팡테옹으로
                  옮겨짐).

1903년 11월 26일 드레퓌스는 법무장관에게 렌 군사 재판의 재심을 요청하는
                  서한을 보냄.

1904년~1906년   프랑스 파기원은 정밀한 조사와 절차를 거쳐 재심 진행.

1906년 7월 12일   파기원 전원합의체는 렌 군사 재판의 유죄 판결을 파기하며,
                  드레퓌스의 유죄는 "잘못된 판결"이었다고 공식 선언.

1906년 7월 13일   프랑스 하원이 드레퓌스를 군에 복귀시키는 법안을 통과시
                  켜, 기병대장으로 복직됨. 피카르는 준장으로 승진.

1906년 7월 21일   드레퓌스에게 프랑스 최고 훈장인 레지옹 도뇌르 훈장이
                  수여됨.

2025년

2025년 7월 12일   프랑스 대통령 에마뉘엘 마크롱은 7월 12일을 국가 공식
                  기념일로 지정.

정의와 진실을 찾아서

1. 드레퓌스 사건의 개요

드레퓌스 사건은 알자스 출신 유대인 장교 알프레드 드레퓌스Alfred Dreyfus, 1859~1935가 1894년에 반역 혐의로 기소되었다가 12년 후인 1906년에 무죄로 밝혀진 사건을 말한다. 하지만 이 사건은 억울하게 누명을 쓰고 옥살이한 한 개인의 이야기를 넘어 제3공화국 시기의 프랑스를 뒤흔들어 놓은 중대한 갈등으로 발전하면서, 드레퓌스의 무죄를 주장하는 '드레퓌스파'와 그의 유죄를 믿는 '반드레퓌스파'라는 두 개의 대립 진영으로 프랑스 사회가 양분되어 격렬하게 투쟁했던 사회적·정치적 스캔들이다. 특히 국가 권력에 의해 자행된 대표적인 인권 유린이며 간첩 조작 사건인 까닭에 종종 국가 이익이라는 명분 아래 이루어진 불공정함에 대한 상징으로 여겨지며, 반유대주의와 군국주의, 언론의 역할, 지식인의 사회 참여 등 다양한 주제를 함축하고 있을 뿐만 아니라 언론과 여론이 결정적인 역할을 한 대표적인 사법 오류의 한 사례로 남아 있다.

드레퓌스를 유죄로 만들기 위한 조작과 불법 행위가 얼마나 끈질기고 집요하게 이루어졌는지는 이 책의 부록으로 수록한 '드레퓌스 사건 주요 일지'를 살펴보면 잘 알 수 있다.

1894년에 파리 주재 독일 대사관에서 빼돌린 문서의 필적과 드레퓌스 대위의 필적이 비슷하다는 이유만으로 드레퓌스가 체포됨으로써 시작된 사건은 사실 무리한 기소로서, 그 과정에서 보수적이고 반유대적인 언론과 여론이 결정적인 역할을 했고 심지어 재판에서 불법 행위까지 저질러졌다. 2년 후인 1896년에 피카르 중령이 진범을 찾아냈음에도 불구하고, 정의와 진실은 쉽사리 밝혀지지 않는다. 오히려 진실을 밝히려고 했던 피카르가 좌천되고, 사건을 은폐하기 위한 위조문서까지 만들어진다. 1897년부터 드레퓌스 가족과 에밀 졸라를 비롯한 지식인들이 재심 운동을 본격화하지만, 1898년에 진범 에스테라지는 어이없게도 무죄 판결을 받고 석방된다. 이에 에밀 졸라의 그 유명한 공개서한 「나는 고발한다」가 신문에 게재됨으로써, 사건 은폐 시도에 대한 언론의 관심을 촉발하는 분수령을 이룬다. 1898년은 그야말로 드레퓌스파(재심파)와 반드레퓌스파(재심 반대파)로 분열된 프랑스 사회가 격렬하게 대립한 최대 격동의 시기였다. 드디어 1899년에 드레퓌스의 재심이 진행되지만, 형량이 줄었을 뿐 여전히 유죄 판결을 받음으로써 진실의 왜곡과 은폐를 바로잡는 일이 얼마나 어려운지를 여실히 드러낸다. 드레퓌스는 곧바로 대통령의 특별 사면으로 풀려나지만, 정의와 진실을 향한 그의 여정은 거기서 멈추지 않는다. 그는 자신의 명예 회복을 위해 끝까지 투쟁했고, 드디어 12년 후인 1906년에 이르러 완전한 무죄 판결을 받고 복권된다.

정의와 진실을 향한 장장 12년에 걸친 길고 험난한 여정을 보면서,

우리는 한편으로 개인의 자유와 권리를 말살하는 군 당국의 끈질긴
조작과 은폐, 잘못된 여론과 사회적 편견의 폐해, 사법적 불공정에
분개하면서도 다른 한편으로는 자신에게 닥치는 불의를 두려워하지
않은 채 용감하게 진실을 밝히는 인물들이 존재함에 안도와 기쁨을
느끼게 된다. 그리고 정의와 진실을 향한 그들의 치열한 투쟁과 특별
사면으로 석방된 것에 만족하지 않고 끝까지 명예 회복을 위한 고군분
투를 멈추지 않은 드레퓌스의 불굴의 의지에 감탄하지 않을 수 없다.
비록 매우 늦긴 했어도, "잘못된 판결"이었음을 공식적으로 인정하는
프랑스 사법부에도 경의를 느낀다. 잘못을 인정하는 것은, 더군다나
권력을 가진 쪽에서 잘못을 시인하는 것은 대단한 용기와 올바른
이성 없이는 불가능한 일이기 때문이다.

2. 드레퓌스 사건의 역사적 의미와 영향

드레퓌스 사건은 단순한 간첩 누명 사건이 아니라, 프랑스 사회의
민족주의, 반유대주의, 권위주의가 충돌한 역사적 분기점이었다. 따라
서 이 사건은 여러 방면에서 깊은 영향을 남겼다.

첫째, 프랑스에 공화정이 안착하고 정교분리가 강화되는 결과를
낳았다. 드레퓌스파는 진보, 좌파, 공화파, 사회주의자들이었고, 반드
레퓌스파는 군부, 가톨릭교회, 왕당파들이 주류를 이루었는데, 드레퓌
스의 무죄가 인정됨으로써 프랑스 군부와 가톨릭교회가 사회적 신뢰에
큰 타격을 입게 되었기 때문이다. 그리하여 군부는 개혁이 진행되었으
며 왕당파 세력은 사라지고 공화정이 안착하게 된다. 또한 사건 이후
집권한 공화파 세력은 드레퓌스 사건 중에 진실을 외면한 채 거짓을
옹호하고 반유대주의 선동에 앞장섰던 프랑스 가톨릭교회에 대해

정교분리 정책을 과감하게 실시하여 공적 영역에서 가톨릭의 영향력을 철저하게 배제한다. 이로써 정교분리를 뜻하는 '라이시테laïcité 원칙'이 수립되었으며, 이는 오늘날 프랑스 세속주의 정책의 기초가 되었다.

둘째, 시오니즘 운동을 촉발한 계기가 되었다. 시오니즘은 세계 각지에 흩어져 살던 유대인들이 팔레스타인에 자신들의 민족 국가를 건설하려는 운동을 말하는데, '정치적 운동으로서의 진정한 시오니즘의 창시자'로 평가받는 테오도르 헤르츨Theodor Herzl, 1860~1904이 행동에 나서게 만든 사건이 바로 반유대주의의 민낯을 드러낸 드레퓌스 사건이었기 때문이다.[11] 오스트리아–헝가리의 유대계 기자, 법률가, 작가이자 정치 활동가인 테오도르 헤르츨은 특파원으로 파리에 주재하면서 드레퓌스 사건을 초기부터 취재했고, 1895년 드레퓌스의 군 계급 박탈식에도 직접 참석했다. 그는 사건과 함께 불거진 반유대주의의 물결을 목도하며, 유대인이 유럽에서 안전하게 살 수 없는 현실을 깨닫고 시오니즘 운동을 시작했다. 그리하여 그의 주도로 1897년 스위스 바젤에서 제1차 시오니스트 대회가 개최되었고 시오니스트 기구와 조직이 설치되었다. 이후 시오니스트 회의는 1901년까지 다섯 차례 개최되었고 헤르츨은 1904년에 사망했지만, 그의 행동은 1948년 이스라엘 건국의 씨앗이 된다.

셋째, 지식인의 사회 참여에 대한 인식이 확대되었다. 12년이라는 긴 시간 동안 소수의 정의로운 지식인들의 용기 있는 활동 덕분에 드레퓌스의 무죄가 밝혀지자, 지식인의 이미지가 긍정적으로 변화한 것이다. 기존의 전통적인 지식인이란 단순히 지식과 정보를 전달하는

●●

11. 테오도르 헤르츨, 『유대 국가』, 이신철 옮김(도서출판 b, 2012).

엘리트 지성인 계층이었다면, 드레퓌스 사건 이후에는 사회적 이상을 실현하기 위해 사회 문제에 대해 적극적으로 앞장서며 참여하는 계층이라는 이미지가 더해지게 된다. 특히 에밀 졸라가 「나는 고발한다」를 통해 권력에 맞서 진실을 외친 사건은 지식인의 사회적 책임을 각인시켰고, 지식인은 단순한 엘리트가 아니라 정의와 인권을 위해 행동하는 존재로 인식되면서 지식인의 역할이 재정의된다.

넷째, 드레퓌스 사건은 인권과 법치주의의 상징이다. 드레퓌스 사건은 국가 권력의 오남용과 인권 유린을 보여주는 대표적 사례로, 이후 법치주의와 재심 제도의 중요성을 강조하는 계기가 되었다. 그 상징성은 세월이 흘러도 퇴색하지 않아서, 2025년에는 드레퓌스의 유죄가 "잘못된 판결"이었다고 공식 선언한 7월 12일이 알프레드 드레퓌스 대위의 명예 회복을 기념하는 공식 기념일로 선언되었다. 프랑스 대통령 에마뉘엘 마크롱은 매년 7월 12일에 증오와 반유대주의에 맞서 정의와 진실이 승리한 드레퓌스 사건을 기념하는 추모식이 열릴 것이라고 선언했다. 드레퓌스 사건은 이미 지난 세기의 오래된 사건이지만, 그 상징성은 현재에 이르기까지 생생하게 살아남아 인권과 법치주의의 중요성을 현대인에게 일깨우는 역할을 한다.

3. 『드레퓌스 옥중 서신』, 출판 과정과 의의
『드레퓌스 옥중 서신』은 1894년 12월부터 1898년 3월 초까지 드레퓌스가 그의 아내에게 보낸 편지들을 모아놓은 것이다. 그러니까 그가 간첩 혐의로 수감된 때부터 파리의 교도소들과 대서양의 생마르탱 드 레를 거쳐 악마의 섬에 유배된 채 여전히 억울한 누명을 벗지 못했던 시기의 편지들이다. 따라서 드레퓌스 사건의 전모를 당사자의 입을 통해 알고자 하거나 미처 우리에게 알려지지 않은 정보를 얻기를 기대하는 독자는 이 책에서 원하는 바를 얻지 못할 수도 있다. 이 책은 드레퓌스 사건의 내막이 본격적으로 밝혀져 재심이 진행되기 이전 시기의 드레퓌스가 억울함을 호소하고 자신의 명예가 회복되기를 간절히 바라면서 고통과 괴로움을 토로하는 모습을 담고 있기 때문이다.

그러면 왜 굳이 1898년 3월 초까지의 편지를 모아 출판한 것일까? 사건이 종결된 후 전 시기의 편지들을 집대성했다면 더 가치 있는 작업이 아니었을까 하는 의구심을 갖게 된다. 하지만 『드레퓌스 옥중 서신』은 불행을 겪은 한 개인의 이야기를 담은 단순한 출판물이 아니라, 역사적 사건의 중심에서 탄생한 일종의 증언 문서이다. 이 책이 지닌 의미는 바로 거기에 있다. 이 책은 드레퓌스 사건이 여전히 곡절을 겪으면서 과연 진실이 밝혀질 수 있을지 예측할 수 없던 와중인 1898년에 처음 출간되었는데, 그 출판 과정 자체가 드레퓌스 사건의 진실을 밝히고자 하는 사회적·정치적 운동의 일부였다. 요컨대 반유대주의와 군부의 계속된 은폐로 인해 드레퓌스 사건에 대한 진실이 왜곡되고 있던 당시에, 이 책은 드레퓌스 본인의 목소리를 통해 직접 진실을 전달하고자 하는 목적으로 출판되었다. 편집자는 그런 분명한 목적을 가지고, 드레퓌스의 결백을 입증하고 여론을 환기하기 위해 편지들을 선별하고 편집한 후 서문을 붙인 것이다.

'진실의 증인이 전하는 한 사법적 오류의 역사'라는 제목의 서문은 진실의 증인임을 자처하는 익명의 저자가 쓴 것으로, 단순한 책 소개의 차원을 넘어 드레퓌스 사건의 사법적 부정의와 정치적 음모를 비판하고 당시 프랑스 사회의 언론 왜곡과 침묵의 공모를 날카롭게 지적한다.

드레퓌스가 비밀문서에 의해 부당하게 유죄 판결을 받은 과정을 상세히 설명하고, 정의 회복을 위한 여론의 각성을 촉구하는 것이다. 따라서 이 서문은 드레퓌스의 편지들과 함께 읽을 때, 단순한 개인의 고통을 넘어 사회 전체의 책임과 각성을 요구하는 강력한 정치적·윤리적 메시지로 작용한다. 즉 서문은 드레퓌스의 편지를 단순한 개인 기록이 아닌 사회적 고발의 문서로 위치시키는 역할을 한다.

1898년이라는 이 책의 출판 시기 역시 목적 달성을 극대화하기 위한 것이었다. 1898년은 에밀 졸라의 「나는 고발한다」가 발표된 해이기도 한데, 같은 해에 발표된 두 저작은 함께 드레퓌스 사건의 재심을 촉구하는 여론 형성에 결정적 역할을 했기 때문이다. 결론적으로 편집자는 이 책을 정의 회복을 위한 여론전의 도구로 활용하고자 했고, 출판 시기와 서문의 톤 등은 모두 정치적 메시지를 고려한 전략적 선택이었다.

이후 이 책은 영어판을 포함한 여러 언어로 번역되었고, 현대에는 온라인 플랫폼에서도 무료로 열람할 수 있으며 2012년에 Hachette Livre−BNF에서 복간판이 출간되기도 했다. 국내에는 이번에 처음 번역 소개됨으로써 우리 독자들도 드레퓌스의 생생한 목소리를 통해 부당한 고립 속에서도 진실과 인간 존엄을 지키려는 내면의 투쟁을 들을 수 있게 되었다.

이 책은 19세기 말에 출간되었지만, 긴 세월의 간격을 뛰어넘어 21세기를 살아가는 우리에게도 여전히 역사적·윤리적·문학적 가치를 지닌 중요한 저작이다. 드레퓌스가 자신의 결백을 주장하고 당시 프랑스 사회의 반유대주의적 편견과 절차적 부당함을 고발하는 편지들은 감옥에서의 단순한 기록이 아니라 정치적 탄압과 인권 침해에 맞선 저항의 문서로서, 개인의 목소리로 기록된 역사를 나타내기 때문이다. 또한 극한의 환경 속에서도 절망하지 않고 가족과 진실에 대한 믿음을 유지하는 드레퓌스는 절제되어 있으면서도 강한 감정을 담고 있는 문장을 통해 고통 속에서도 품위를 잃지 않는 인간의 모습을 보여줌으로써 인간의 존엄과 정신력의 상징을 나타낸다. 그리고 드레퓌스 사건의 재심과 명예 회복 과정에서 중요한 증거이자 여론을 움직이는 도구가 되었다는 점에서, 이 책은 사법 정의의 회복을 위한 증언이기도 하다.

드레퓌스는 이 책을 통해 "나는 침묵하지 않겠다"라는 메시지를 남겼고, 그 목소리는 100년이 넘는 시간이 지난 지금도 정의와 인권을 말할 때 반드시 돌아보게 되는 울림으로 남아 있다. 사법 정의와 법치주의를 수없이 부르짖으면서도 공허한 말로만 떠돌 뿐인 우리의 현실에도, 특히 개인이나 특정 단체의 이익을 위해 진실이 무참히 짓밟히고 거짓이 진실의 탈을 쓰고 각종 매체를 통해 전파되는 요즘의 우리 사회에도, 우리의 권력자들과 지식인들에게도 드레퓌스의 절절한 목소리가 울려 퍼질 수 있기를 기대해 본다.

드레퓌스 옥중 서신

초판 1쇄 발행 2026년 2월 12일

지은이 알프레드 드레퓌스
옮긴이 진인혜
펴낸이 조기조

펴낸곳 도서출판 b
등 록 2003년 2월 24일 제2023-000100호
주 소 서울시 금천구 가산디지털2로 169-23 가산모비우스타워 1501-2
전 화 02-6293-7070(대) | 팩시밀리 02-6293-8080
이메일 bbooks@naver.com | 홈페이지 b-book.co.kr

ISBN 979-11-92986-54-8   03920
 값   17,000원